国家社会科学基金教育学青年课题"'一带一路'战略背景下边境地区义务教育政策规划研究"（课题批准号 CGA170250）成果

边境地区义务教育政策规划

逻辑与方法

POLICY PLANNING
OF COMPULSORY EDUCATION
IN BORDER AREAS

李芳　/著

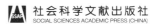
社会科学文献出版社
SOCIAL SCIENCES ACADEMIC PRESS (CHINA)

序

　　教育政策是教育管理较为常用的手段，相比较教育法律而言，教育政策调整的范围更为广泛、方式更为灵活，修改与废止更为容易。正是教育政策所具有的这些特点，使教育政策成为边境地区教育发展的主要管理手段，广泛用于教育权责分配，教育活动各种主体关系调整、行为规范等方面。可以说，教育政策是理顺教育发展各种关系、规范教育行为的重要手段，其意义和作用也是显而易见的。也正是由于教育政策灵活性的特点，我们可能会提出这样的问题：教育政策可以规划吗？事实上，我国的教育事业发展五年规划就是典型的教育政策规划。有了规划，教育政策的协调性、系统性就有了保障，能够有效避免发展无序、好高骛远、政策不切实际、政策打架、政策零散等问题。教育政策规划是政策研究的重要组成部分，同时规划意识是决策者基本的素养，是科学决策的前提。

　　治国必先治边。党的十八大以来，以习近平同志为核心的党中央坚持和发展中国特色社会主义，针对推进国家治理体系和治理能力现代化、维护总体国家安全、构建人类命运共同体等提出了明确要求，为边疆治理指明了方向。我国边境线较长，边疆地域辽阔，陆路边境地区涉及 9 个省（区）136 个县（市）。我国边境地区多是少数民族聚居的地区，而且资源、能源储备充足，民族文化多样性凸显。毋庸置疑，边境地区具有重要的战略地位，维护边境地区的团结稳定是国家治理能力现代化、总体国家安全的必然要求。边境地区治理必须坚持一般性和特殊性有机结合，在国家发展战略的总体布局下，正视边境地区自身的特点与实际问题，在坚持中国特色社会主义的前提下找到边境地区正确的发展道路与发展模式。

在我国教育事业体系中，边境地区义务教育是其重要的组成内容。由于边境地区具有鲜明的特殊性，其义务教育发展也相应体现出不同的特点与发展要求。在教育强国的格局下，我们需要什么样的边境地区教育，边境地区应确立怎样的教育结构体系、应构建怎样的教育政策体系，这是一个值得思考的问题。长期以来，我国边境地区由于历史欠账等原因，教育发展处于较为薄弱的状态，但同时，边境地区由于其重要的战略地位，补齐短板，提高边境地区义务教育发展水平，仅是其中的重要任务之一。除此之外，边境地区义务教育还有其他更为重要的功能与责任。在当今社会，随着新技术革命的深化，全球化的程度越来越深，边境地区"国门"的区位特点益发显现出来。边境地区义务教育承担着以立德树人为核心、提升人才培养成效、维护国家教育安全、树立教育大国形象等重要任务，特别是在"一带一路"建设、构建人类命运共同体等发展形势下，发挥着独特的作用。因此，需要"谋划"，从顶层设计谋划好边境地区义务教育的发展方向、功能作用、布局、结构、规模、路径。教育政策规划是沟通理想与现实的有效途径，应系统地谋划，描绘蓝图，并确定时间表与路线图。

李芳博士对边境地区义务教育发展的现状与问题进行了系统的梳理，所捕捉的问题是准确的，研究分析是深刻的。基于对现实问题、政策问题的分析，她所提出的教育政策规划的理论框架与若干设想具有一定的启发性。我对她严谨的治学态度、踏实刻苦的学习作风倍感欣慰。深入边境地区开展义务教育政策规划研究是一项富有挑战性的工作，李芳博士克服了诸多困难，四年来，持续调研了数十个边境县，收集了大量的第一手资料，走访了多个村落与学校，访谈了边民、教师、学生等各类群体，其中的艰难辛苦可想而知。所幸的是，她的调研和思考不断深入，完成了从实践到理论、从理论到实践的反复过程，表现出良好的教育科学研究素养。本书深入细致地分析了边境地区义务教育政策规划文本和过程，较为恰当地提炼了边境地区义务教育系统协作式政策规划模式，对于解释、解决边境地区义务教育发展问题具有较强的现实针对性与较高的理论指导价值。

在对李芳已有研究成果进行肯定的同时，作为她的老师，我也希望她能持续关注边境地区教育发展的现实问题，进一步展开前瞻性战略研究。学术无止境，对于边境地区义务教育这样的复杂问题更是如此。面对十九届五中全会提出的"建设高质量教育体系"的新要求，边境地区义务教育如何走上高质量发展之路，如何从教育内部发力，构建高质量教育结构体系；如何协调教育内外部关系，增强教育服务社会发展的能力。我相信作者能够在今后的研究中不断探索，得出更加振奋人心的答案，形成更多高质量的研究成果。

刘复兴

（中国人民大学教育学院院长、教授、博士生导师）

2021 年 1 月

CONTENTS

导　论

一　问题的提出

　　"一带一路"是指"丝绸之路经济带"和"21世纪海上丝绸之路"。"一带一路"贯穿亚欧非大陆，丝绸之路经济带重点畅通中国经中亚、俄罗斯至欧洲（波罗的海）；中国经中亚、西亚至波斯湾、地中海；中国至东南亚、南亚、印度洋。21世纪海上丝绸之路重点方向是从中国沿海港口过南海到印度洋，延伸至欧洲；从中国沿海港口过南海到南太平洋。"丝绸之路经济带"圈定新疆、重庆、陕西、甘肃、宁夏、青海、内蒙古、黑龙江、吉林、辽宁、广西、云南、西藏13省（自治区、直辖市）。"21世纪海上丝绸之路"圈定上海、福建、广东、浙江、海南5省（直辖市）。"丝绸之路经济带"和"海上丝绸之路"共涉及的18个省（自治区、直辖市）中，边境省（区）占一半的比例，即我国拥有陆地边境线的9个省（自治区）均被"一带一路"建设所囊括。同时，边境地区相比较沿海地区、东部地区等其他"一带一路"沿线地区，处于发展水平相对滞后、发展基础相对薄弱、教育治理能力相对欠缺的状态，亟须在"一带一路"建设中抓住发展机遇，迎头赶上，发挥出独特且重要的区位优势。

　　伴随"一带一路"建设落地实施、步入快车道，沿线地区尤其是边境地区将面临崭新的发展契机与巨大挑战。2014年习近平总书记在中央民族工作会议上指出，建设"一带一路"对民族地区特别是边疆地区是个大利好，要加快边疆开放开发步伐，拓展支撑国家发展的新空间。在多重利好叠加的情形下，边境地区与中原腹地、东部发达地区必将展开活跃的区域合作，也将与邻国展开更为频繁密切的教育文化交往。2015 年，《推动共建丝绸之路经济带和 21 世纪海上丝绸之路的愿景与行动》这一国家级规划的正式公布，标志着我国"一带一路"建设开始从政策倡议阶段进入政策规划阶段。① 2016 年，教育部印发《推进共建"一带一路"教育行动》的通知，提出聚力构建"一带一路"教育共同体。教育将在"一带一路"建设中发挥更大的作用，也将承担起更大的责任。"一带一路"建设赋予边境地区教育政策规划全新的使命与要求。

同时，促进边境地区义务教育发展已经成为国家级教育政策及政策规划关注的内容，这就要求进一步加强教育政策规划研究，能够形成更加完善的边境地区义务教育政策规划。党的十九大报告提出"加快边疆发展，确保边疆巩固、边境安全"。《教育现代化 2035》指出"支持边疆地区和边境地区教育发展，扶持建设一批高水平中小学"。《国务院关于加快发展民族教育的决定》（国发〔2015〕46 号）第 27 条专门就"支持边疆民族地区教育发展"作出规定，指出"国家教育经费向边疆省区倾斜，边疆省区教育经费向边境县倾斜，提高边疆民族地区义务教育阶段学校经费保障水平和生均公用经费标准。加强基础设施建设，改善基本办学条件，不断增强边境学校吸引力。支持边疆省区制定激励政策，鼓励引导高校毕业生、骨干教师到边境学校任教，提高教育质量"。可见，加强边境地区义务教育政策规划是国家教育发展的需要。

反观"一带一路"沿线边境地区义务教育发展的薄弱状态，与其重要的战略使命不相匹配。在当今我国全面推进义务教育均衡发展的大背景下，边境地区由于地理、历史、经济、政治、文化等多种原因，义务教育发展水平仍明显落后于全国平均水平，成为我国义务教育均衡发展的一块短板。我国边境沿线分布着 9 个省（自治区）的 136 个陆地边境县（市、

---

① 刘复兴. 做好与"一带一路"战略相适应的教育政策规划研究［J］. 比较教育研究，2015（6）：8 - 9.

旗)，其中 107 个县是民族自治地方，有 30 多个少数民族，占我国少数民族总数的 3/5 左右。① 边境地区特殊的地理位置及发展条件的制约，也在一定程度上减缓了义务教育发展的速度。边境地区义务教育水平成为短板上的洼地，是我国义务教育发展的最低点，这已经成为事实。边境地区义务教育除了底子薄、发展速度慢、水平低，还面对铸牢中华民族共同体意识、维护民族团结和国家教育安全等要求。这既是教育发展的要求，又是维护边疆稳定团结的要求，必须给予高度的重视。

由边境地区义务教育发展相对薄弱的状态及现行边境地区义务教育政策的不足，可以反推出教育政策规划尚不能起到引领教育发展促进"一带一路"建设的作用，仍有较大的提升空间。我国现行边境地区义务教育政策规划基于解决具体问题的线性思维、以经验判断为主，从顶层设计到发展路径的主动、系统、有效的"事先"教育政策规划不够充分。这是教育政策效果不显著、教育发展较为薄弱的首要原因。唯有在实施政策之前进行妥善的政策规划，充分体现社会需求、合理反映不同群体的利益、充分关注边境地区义务教育发展的生态环境、制定可行的政策，完善边境地区义务教育政策预警机制、研判机制、监测体系，才有可能发挥出教育政策规划的调节作用，实现预定的政策目标。

应对"一带一路"建设的机遇与挑战，边境地区必须顺势而为，改变教育发展的薄弱状态，寻求在新格局中的发展定位，形成区域教育、经济、生态、文化协调一体化的发展思路及相关政策规划。与边境地区社会经济发展规划相对应，义务教育除了均衡发展，必然要抓住"一带一路"建设的机遇，做好与之相适应的教育政策规划，这是发挥义务教育维护国家文化安全、铸牢中华民族共同体意识的必然要求。边境地区义务教育政策规划应对边境地区社会发展的状况进行充分研判，进一步聚焦边境地区义务教育发展中的实际困难与特殊诉求，在政策目标定位、决策模式选择、相关利益者需求表达等方面进一步调整，增强规划的针对性、科学性、有效性，使之能够发挥出促进边境地区教育发展的作用，能够更好地

---

① 格桑顿珠. 云南边境民族地区发展与稳定初探 [J]. 中国民族，2002 (2)：12 - 16.

响应"一带一路"建设的要求。

　　目前，学术界针对"一带一路"建设背景下边境地区义务教育政策规划的研究呈现出"三多三少"的特点。第一，研究"一带一路"建设对教育的影响较多，形成了较为丰富的成果，但以高等教育阶段教育合作交流为主，对义务教育阶段与"一带一路"建设的关系关注较少。第二，对边境地区义务教育发展现状、特殊困难等研究较多，进行了较为准确的梳理，如边境地区义务教育经费投入、边境国门学校、国家认同教育情况、民族团结进步教育现状、中小学布局结构调整、教师队伍建设等具体问题研究较多，但针对边境地区义务教育政策规划的系统探讨较为欠缺。第三，区域研究较多，即对某一特定边境地区教育发展及改进策略的研究较为常见，跨地域的视野较少、宏观思维的研究较少。可见，从宏观视野出发，对"一带一路"建设时空背景下，边境地区教育政策规划进行系统研究非常必要。基于对沿线边境地区义务教育发展具体问题背后各种制度障碍进行深度分析，才有可能从根本上做好与"一带一路"建设背景相适应的教育政策规划。教育政策规划是对促进教育自身发展、提升教育服务当地社会经济能力的总体构想。只有确定了总体构想与路线图，发展中的现实问题才有可能得到较为明确的制度安排，才有可能得以解决。因此，紧扣"一带一路"建设背景，开展边境地区义务教育政策规划的研究，具有较大的理论与现实意义。

二　核心概念

（一）"一带一路"建设

　　"一带一路"由"丝绸之路经济带"与"21世纪海上丝绸之路"构成。"丝绸之路经济带"第一次被提出是在2013年9月国家主席习近平访问哈萨克斯坦时发表《弘扬人民友谊　共创美好未来》的演讲上，习近平提出，"为了使我们欧亚各国经济联系更加紧密、相互合作更加深入、发展空间更加广阔，我们可以用创新的合作模式，共同建设'丝绸之路经济带'。这是一项造福沿途各国人民的大事业"。"21世纪海上丝绸之路"是同年 10 月习近平主席在亚太经合组织（APEC）领导人非正式会议上提出："东南亚地区自古以来就是'海上丝绸之路'的重要枢纽，中国愿同东盟国家加强海上合作，使用好中国政府设立的中国—东盟海上合作基金，发展好海洋合作伙伴关系，共同建设 21 世纪'海上丝绸之路'。"2015 年 3 月 28 日国家发改委、外交部、商务部联合发布《推动共建丝绸之路经济带和 21 世纪海上丝绸之路的愿景与行动》指出：共建"一带一路"旨在促进经济要素有序自由流动、资源高效配置和市场深度融合，推动沿线各国实现经济政策协调，开展更大范围、更高水平、更深层次的区域合作，共同打造开放、包容、均衡、普惠的区域经济合作架构。

"一带一路"不是一个实体和机制，而是合作发展的理念和倡议，是依靠中国与有关国家既有的双多边机制，借助既有的、行之有效的区域合作平台，旨在借用古代"丝绸之路"的历史符号，高举和平发展的旗帜，主动地发展与共建"一带一路"国家的经济合作伙伴关系，共同打造政治互信、经济融合、文化包容的利益共同体、命运共同体和责任共同体。①

（二）边境地区

边境地区即指拥有我国与毗邻国家陆路接壤边境线的地区，按照中华人民共和国中央人民政府官方网站 2019 年公布的"中国陆地边境县（旗）、市（市辖区）一览表"可见，我国共有 9 个省（区）拥有陆地边境地区。按照国家标准总局、国家统计局、国家计划委员会、公安部、民政部、国务院人口普查领导小组联合提出的《关于省、市、自治区排列顺序的请示报告》，这 9 个省（区）分别是：内蒙古自治区、辽宁省、吉林省、黑龙江省、广西壮族自治区、云南省、西藏自治区、甘肃省、新疆维吾尔自治区。这 9 个省（区）均包括在"一带一路"沿线地区中。

（三）教育政策规划

政策规划（Policy Plan）也称政策构建（Policy Formulation），许多学

---

① 王义桅．"一带一路"机遇与挑战［M］．北京：人民出版社，2015：9.

者从不同的角度给出界定。如朱志宏认为，政策规划是发展一套处理公共问题的行动方针，其主要目的是使应该解决、能够解决的问题，以最有效的方法解决。[①] 林水波等认为，政策规划是一个针对未来，为能付诸行动以解决公共问题，提出中肯并且可以接受的方案的动态过程。[②] 这些都属于广义界定。还有学者从狭义上进行界定，宁骚认为政策规划是指在建立有关政策议程后，为了实现一定的政策目标，政府组织力量草拟和评估政策方案与行动步骤的过程。[③] 谢明认为，政策规划过程往往被视为一个狭义的政策分析过程，它是指在既定原则指导下寻求方案优化的一系列分析和抉择活动。[④] 这种狭义的界定，将问题界定、目标确定、政策抉择等从"政策规划"这一概念中剔除出去。

　　上述广义与狭义的界定均有一定的合理性。在吸收已有概念界定的基础上，本课题认为，教育政策范畴属于公共政策的一环，教育政策规划（Educational Policy Plan）是指对教育政策进行统筹的动态过程，并最终以规划文本的形式得以呈现，其过程包括界定教育政策问题，确定政策目标，启动教育政策议程，提出相应具体替选方案、法案、配套措施以及执行措施，进行评估与监测等环节。政策规划是替政策问题寻找解决方案的艺术，连接运作手段与预定政策目标之间的因果关系，为教育政策制定过程中的重要阶段与枢纽[⑤]。

（四）规划体制

　　中国从"十一五"开始，计划改成了规划。改革开放后，特别是确立社会主义市场经济改革目标后，中国规划的内容已经发生根本性变化，主要表现为：向清晰界定政府和市场作用的规划转变；向科学区分目标性质的规划转变（从"十一五"规划开始，中国五年规划的指标已经改为预期

① 朱志宏. 公共政策 [M]. 台北：台湾三民书局，1995：132.
② 林水波，张世贤 [M]. 台北：台湾五南图书出版公司，1982：143.
③ 宁骚. 公共政策学 [M]. 北京：高等教育出版社，2003：335.
④ 谢明. 政策分析概论 [M]. 北京：中国人民大学出版社，2004：196.
⑤ 颜国梁. 台湾"十二年股民基本教育"政策规划探究——"国中教育"人员的观点 [J]. 世界教育信息，2015（1－2）：61－66；63－67.

性和约束性两类①）；向融入全球经济体系的规划转变；向更加重视人的发展和可持续发展的规划转变；向深化改革和制度建设的规划转变；向编制方法程序规范化、制度化的规划转变。同时，从规划体制的改革历程来看，规划体制改革的设想始于2001年，由规划司组织规划体制改革研究，确定了6个市县进行试点，后来形成了《关于规划体制改革若干问题的意见》，在此基础上形成了2005年国务院《关于加强国民经济和社会发展规划编制工作的若干意见》。习近平总书记在2014年中央经济工作会议上明确要求要加快规划体制改革，健全空间规划体系，积极推进市县"多规合一"，但现在加快规划体制改革的任务尚未落实。② 现在的"多规合一"，实际上是十几年前试点的继续。

　　同时，有学者将规划体制中存在的问题梳理为以下几个方面：规划体系紊乱，数量过多过滥；各规划定位不清晰，互相衔接不密切；规划审批程序不明确，编制程序不规范；规划思路和方法陈旧，规划内容时代性差；重规划的编制过程，轻规划的实施评估等。在规划工作中则具体体现为机械主义和形式主义；部门间各自为政、协调不够；规划内容交叉重叠甚至相互矛盾；下级规划模仿上级规划、脱离本地实际；墙上挂的规划多，可操作实施的规划少等。③ 规划体制改革的主要任务包括：第一，减少规划数量；第二，改革规划内容；第三，界定规划功能；第四，健全空间规划体系；第五，推进市县"多规合一"；第六，规范规划编制程序。④

　　由以上规划体制的转变、存在的问题以及改革方向，可以看出规划体

---

① 预期性指标是国家期望的发展目标，主要依靠市场主体的自主行为实现。约束性指标是政府履行职责的指标，是中央政府在涉及公共利益领域对地方政府和中央政府有关部门提出的要求。预期性指标主要集中在经济发展领域，约束性指标主要集中在公共服务和资源环境领域。

② 改革规划体制，更好发挥规划的作用——杨伟民在规划与中国发展研讨会的演讲［EB/OL］.（2018 – 10 – 20）［2019 – 01 – 24］. http://www. sppm. tsinghua. edu. cn/xwzx/lbxw/26efe4896683e05501668f070e780016. html.

③ 沈左权. 宁夏新材料产业规划编制、政策体系及组织实施研究［D］. 天津：天津大学，2004：19.

④ 改革规划体制，更好发挥规划的作用——杨伟民在规划与中国发展研讨会的演讲［EB/OL］.（2018 – 10 – 20）［2019 – 01 – 24］. http://www. sppm. tsinghua. edu. cn/xwzx/lbxw/26efe4896683e05501668f070e780016. html.

制是规划运行的框架。本课题认为，规划体制是规划得以启动、编制、确立过程中的指导性框架，是规划得以生存的整体制度环境总和。包括：思想层面的宏观指导原则等上层建筑；制度层面的国家整体制度体系与行业系统的制度体系；认知层面的规划原则、立场、价值选择等思路；方法论层面的规划过程中中观与微观的规划主体、规划模式、规划方法、程序规则等规范条件。规划体制的要素包括：政策规划的指导思想、规划机构与主体、规划方法、规划模式、规划程序、规划内容、规划工作机制等。与当今社会发展较为契合的规划体制具有如下特点。第一，重视经济社会综合性规划和空间规划相结合，突出空间规划。第二，加强规划之间的整合，不同规划之间的功能分工和相互衔接，避免交叉、重合、矛盾。第三，规划内容关注公共政策领域，注重公共资源与公共服务的分配。第四，规划主体与规划模式更加注重第三方机构与公民参与，建立由规划部门牵头协调，以社会重要研究机构为支撑，吸收相关知名专家和政府部门人员参与的规划编制工作体系①。第五，规划方法注重技术路线，由经验走向科学，定性、定量和定位研究相结合。第六，规划管理的法制化，通过出台《规划法》明确规划的一般要素与管理办法，如规划地位、性质、功能、编制主体、内容、体系、编制程序、审批、颁布、实施、评估、调整等。

（五）教育公共性

关于公共性的演变，哈贝马斯认为，在古希腊城邦中，公与私之间泾渭分明。"公"代表国家，是一种政治性的共同生活，通过交谈与实践来实现，但是古希腊城邦中没有也无法形成真正的公共领域；"私"代表家庭和市民社会。在中世纪，公私不分，公吞没私，不允许私的存在，公共性等同于"所有权"。近代以来，在资产阶级私人领域的基础上诞生了公共领域，才有了真正意义上的公共性。② 同时，随着资产阶级社会的发展

---

① 沈左权. 宁夏新材料产业规划编制、政策体系及组织实施研究［D］. 天津：天津大学，2004.

② 哈贝马斯. 公共领域的结构转型［M］. 曹卫东，译. 上海：学林出版社，1999：2－16.

变化，出现了公共领域的结构转型。① 公共性越来越深入社会领域，同时也失去了其政治功能，也就是说，失去了让公开事实接受具有批判意识的公众监督的政治功能。②随着哲学、社会理论的发展，特别是政治的进步，公共性已成为民主政治和公共行政的起点，被赋予丰富的内涵。公共性是一种公有性而非私有性，一种共享性而非排他性，一种共同性而非差异性。③ 同一社会成员（国民、居民）有着共同的必要利益（对社会的有用性和必要性），公共资源、公共利益必须有可能开放给全体成员共同消费及利用。④

综合诸多学者的观点，本课题认为公共性已成为一种分析工具的"公共性"、一种公共精神的"公共性"、体现最新理念的"公共性"、更加凸显价值基础的"公共性"、彰显公平与正义的"公共性"和一种具有理性与法的"公共性"。

教育公共性是由教育的产品属性决定的。教育是一种准公共产品，而义务教育则是公共产品。由此，劳凯声先生提出教育公益性，他认为，教育从根本上说是培养人的一种社会活动，通过对个体传递社会生产和生活经验，促进个体身心发展，使个体社会化，并最终使社会得以延续和发展。因此，举办学校从根本上说不是为了谋求经济利益、获得利润，而是为了造福他人、社会乃至整个人类，是从文化、精神、体质、社会诸方面开发人的潜能，为人类社会生存和发展创造各种基本条件的事业。特别是进入现代社会以后，教育已经成为一项关系国计民生的宏大事业，由公益性取代以往教育的私事性就是现代教育区别于以往任何一种教育的一个基本的价值前提。教育的公益性决定了它不可能像商品一样完全通过市场来提供，而必须通过市场以外的资源配置机制来提供，在现代国家中，则主

① 哈贝马斯理论中的公共性一词，可以译成公共性，也可以译为公共领域，二者没有实质差异。但倾向于用公共性指称政治层面，而用公共领域指称社会层面。
② 哈贝马斯. 公共领域的结构转型［M］. 曹卫东，译. 上海：学林出版社，1999：2-16.
③ 伯顿·克拉克. 教育新论：多学科的研究［M］. 王承绪，徐辉，译. 杭州：浙江教育出版社，2001：23.
④ 鲍传友，邓涛. 论市场经济条件下义务教育的公共性［J］. 中国教育学刊，2006（3）：10-13.

要是通过政府举办的公立学校系统来实现的。公立学校之所以会成为教育提供的主要形式，是因为通过公立学校这种公共选择机制，可以有效地解决由教育产品的非排他性所带来的无人付费消费的问题。同时，通过无偿或低价提供教育服务产品，政府还可以解决由教育产品的非竞争性所带来的定价问题。因此，可以说公立学校系统是实现教育公益性的最重要的保障机制。[①]

刘复兴教授将教育公益性列为教育公共性的内涵之一，他认为教育的公共性具有三个基本的内涵。一是教育的公益性，即教育活动尤其是政府举办的教育必须满足国家、社会的公共利益，惠及全体公民；二是教育的公共参与，即教育活动必须为所有的教育利益相关者参与教育公共治理提供相应的机会；三是教育公平，即教育利益的分配和教育公共参与机会的分配必须符合社会公平的基本原则，具有公平性。其中，教育公平是教育公共性的必要条件，没有教育利益的分配和教育公共参与机会分配的公平性，就不可能实现教育的公共性。政府承担公共教育责任的方式之一就是制定和实施教育政策。所以，"公平"的教育政策是政府保障教育公共性的最重要手段。[②]

余雅风教授认为，公共性可谓现代教育最基本的特征，教育的公共性是指教育涉及社会公众、公共经费以及社会资源的使用，影响社会成员共同的必要利益，其共同消费和利用的可能性开放给全体成员，其结果为全体社会成员得以共享的性质。基于教育的公共性，对所有具有潜能的学生提供经济和教育方面的帮助以及提供平等的教育机会；致力于新知识的探索，保证和提高教育质量，为社会提供知识、技术、文化等方面的社会服务；国家对学校和学生提供经费支持，以维护学校教育质量和学术质量，同时保证具有潜能的学生能进入学校学习；有效率地使用公共经费，提高教育质量和学术水平，使教育为社会服务；保证教育的中立性，实现教育

[①] 劳凯声. 教育体制改革的公益性诉求 [J]. 理论视野，2008（7）：23–26.

[②] 刘复兴. 政府的基本教育责任：供给"公平"的教育政策 [J]. 北京师范大学学报（社会科学版），2008（4）：5–10.

与政治、宗教的分离；等等，就成为各国规制教育公共性的核心内容。①

结合学者对教育产品属性、教育公共性、教育公益性的理解，本课题认为，边境地区义务教育阶段教育政策规划要充分体现教育公共性这一特征。一是落实政府责任，政府在教育公共产品的生产和供给中承担主要的职责、履行相应的职能。二是教育政策的输出以满足广大公民（包括被监护人如未成年子女等）及其组织特定的教育需求为宗旨，以教育公平为导向，对公共教育资源进行优化配置，实现为社会培养人才、提高公民素质、促进经济发展、建设和谐社会的目标。三是教育政策规划中正视公民在教育公共服务过程中的主体地位。教育政策规划以满足公民教育需求为根本目标设计教育政策的输出，为公民参与决策提供通道，公民通过合法合理的途径向教育提供机构提出需求或政策建议，这有利于教育服务提供的针对性与有效性。同时，公民拥有受教育的基本权利，在帮助公民参与教育公共服务中，发挥公民主体的作用，有效监督教育公共服务供给的过程与方法，考察教育公共服务的效率与效果。可以说公民作为教育公共服务中的参与主体，是提高教育质量、保障教育公平、优化教育资源配置必不可少的重要环节。

（六）中华民族共同体意识

习近平总书记在 2014 年第二次新疆工作座谈会上，明确提出"牢固树立中华民族共同体意识"。在同年印发的《关于加强和改进新形势下民族工作的意见》中明确提出"积极培育中华民族共同体意识"，"坚持打牢中华民族共同体的思想基础"。党的十九大报告提出"全面贯彻党的民族政策，深化民族团结进步教育，铸牢中华民族共同体意识"；并将之写入 2017 年党的十九大通过的《中国共产党章程（修正案）》里。2019 年中共中央办公厅、国务院办公厅印发的《关于全面深入持久开展民族团结进步创建工作铸牢中华民族共同体意识的意见》要求"新时代民族团结进步创建工作要坚持以铸牢中华民族共同体意识为根本方向"，并要求"加强中

---

① 余雅风. 教育立法必须以教育的公共性为价值基础［J］. 北京师范大学学报（社会科学版），2005（1）：30 – 39.

华民族共同体教育"。可见，党中央对中华民族共同体意识的论述，经历了从"牢固树立"到"积极培育""打牢""铸牢"，再到"加强中华民族共同体教育"的发展。新时代、新形势下，铸牢中华民族共同体意识是马克思主义民族理论中国化的发展与创新，是关于民族团结、民族关系集大成的思想理念，是解决民族问题的重要指导思想与根本思路，是民族工作及民族教育工作的重要遵循。本课题认为中华民族共同体意识的内涵可从四个维度把握。

第一，统一的多民族国家的社会基础。我国统一的多民族国家的基本国情是中华民族共同体意识的社会基础。统一的多民族国家首先是民族结构的多样化，其次是基于民族结构多样化事实的相互交融，形成了"一体化"。多民族的"一体化"体现在古往今来的"大杂居小聚居"的分布特点、"茶马互市"的经济往来、"胡服骑射"的文化交流、"昭君出塞"的情感交融。中华民族共同体意识就是在统一的多民族国家中各民族繁衍生息、追求理想的过程中不断凝聚起来的。习近平总书记在 2019 年全国民族团结进步表彰大会上对中华民族几千年的文明史进行了重点回顾，深刻指出，"一部中国史，就是一部各民族交融汇聚成多元一体中华民族的历史，就是各民族共同缔造、发展、巩固统一的伟大祖国的历史"，强调"我们辽阔的疆域是各民族共同开拓的"，"我们悠久的历史是各民族共同书写的"，"我们灿烂的文化是各民族共同创造的"，"我们伟大的精神是各民族共同培育的"，强调"各民族之所以团结融合，多元之所以聚为一体，源自各民族文化上的兼收并蓄、经济上的相互依存、情感上的相互亲近，源自中华民族追求团结统一的内生动力"①。

第二，"你中有我、我中有你、谁也离不开谁"的民族关系。首先，准确揭示了中华民族与各民族之间的关系，即中华民族和各民族的关系是一个大家庭和家庭成员的关系；其次，指出 56 个民族之间的关系，即各民族的关系是一个大家庭里不同成员的关系。汉族和少数民族是一个"共同体"，坚决反对大汉族主义和狭隘民族主义，让各民族在中华民族大家庭

---

① 习近平在全国民族团结进步表彰大会上的讲话 ［EB/OL］. (2019 - 09 - 27) ［2020 - 03 - 09］http://www.xinhuanet.com//politics/2019 - 09/27/c_1125049000.htm.

中手足相亲、守望相助。

第三，民族团结的基础地位。各民族亲密无间的关系决定了中华民族大团结，各民族要像石榴籽一样团结在一起。民族团结是各民族水乳交融、唇齿相依、休戚相关、荣辱与共的实现路径。铸牢中华民族共同体意识关系到祖国统一和边疆巩固，是关系国家长治久安和中华民族繁荣昌盛的大事。民族团结是为实现中华民族命运共同体而凝聚各民族的力量，这种强大的凝聚力以中华民族的认同感为前提，在各民族不断铸牢中华民族共同体意识的过程中，向心力逐渐增强，实现"同心共筑中国梦"[①]。

第四，加强民族交往、交流、交融的实践载体。从历史传统上，我国少数民族的分布就是"大杂居小聚居"，在新时代，随着全球信息化、经济一体化的推动，各民族的地理边界越来越模糊，劳动力流动将越来越频繁。各民族交往、交流、交融是铸牢中华民族共同体意识的有效实践路径。在交往、交流、交融的实践中，促进各民族在中华民族伟大复兴这一共同理想的指引下，增进了解，求同存异，尊重差异、包容多样，创新载体和方式，引导各族群众牢固树立正确的祖国观、历史观、民族观。在交往、交流、交融的实践中，将尊重、继承和弘扬少数民族优秀传统文化，与传承、建设各民族共享的中华文化有机结合，不断增大本民族文化与中华文化的公约数。

铸牢中华民族共同体意识首先以中国境内的各族人民群众为对象，是56个民族所有个体的"共同体意识"。中华民族共同体意识的对象不是特指少数民族，也不是特指汉族，中华民族全体成员是铸牢中华民族共同体意识的对象。正如习近平总书记所指出的"我国56个民族都是中华民族大家庭的平等一员，共同构成了你中有我、我中有你、谁也离不开谁的中华民族命运共同体"[②]。其次，中国境外具有共同民族意识的群体，包括港、澳、台的华人及全球华人，也是铸牢中华民族共同体意识的主体和对

---

① 李芳. 新时代中小学民族团结进步教育政策的创新与发展 [J]. 民族教育研究，2019 (3)：53 - 61.

② 习近平在会见基层民族团结优秀代表时强调中华民族一家亲　同心共筑中国梦 [EB/OL]. (2015 - 09 - 30) [2020 - 03 - 23] http://www.xinhuanet.com//politics/2015 - 09/30/c_1116727894.htm.

象。同时，跨境民族这一特殊群体是铸牢中华民族共同体意识的重点对象。中华民族共同体意识对于跨境民族群体具有强大的感召力与凝聚力。跨境民族应首先解决个人与集体、个体与民族、个体与国家、民族与国家关系的处理问题，树立起中华民族共同体意识，从而保持国家认同与民族认同的平衡①，使得这些跨国居住的民族成为构筑中华民族共同体不可或缺的重要组成部分②。

三　文献综述

课题组在中国知网上以"一带一路与教育"为主题，对 2015～2020年的文献进行检索，共有 5372 篇；以"教育政策规划"为主题，同一时间段共有 5372 篇；以"边境教育"为主题，同期共有 492 篇文献。现将已有文献按研究内容进行分类整理，将主要观点梳理如下。

（一）"一带一路"建设背景下教育的发展趋势与要求

1. "一带一路"背景下民族教育发展理念转变

有学者认为，教育系统将在"一带一路"建设的指导下，进一步加快教育对外开放的进程；在"一带一路"的建设进程中，将更加注重发挥教育在有效弥合多元文化差异方面的突出效能；在"一带一路"教育行动中，中国高等教育应加强落实立德树人的根本任务，培养兼具国际水平和民族属性的时代新人。③

有学者指出，"一带一路"背景下民族教育被赋予新的时代内涵，民族教育需要进行创新性的价值建构，既要打造区域教育发展共同体带动民族教育的快速发展，又要加强对外合作驱动国际国内教育联动发展；既要

---

① 李芳. 跨境民族青少年国家认同学校教育探析——基于总体国家安全观的视角 [J]. 云南师范大学学报（哲学社会科学版），2020（1）：148－156.
② 麻国庆. 民族研究的新时代与铸牢中华民族共同体意识 [J]. 中央民族大学学报（哲学社会科学版），2017（6）：21－27.
③ 郭霄鹏，张笑予. "一带一路"教育学类研究的热点主题与未来展望——基于 CSSCI 文献分析（2013－2019 年）[J]. 西安财经大学学报，2020（4）：98－104.

增强和平合作的价值共识维护边境地区社会繁荣稳定，又要强化开放包容的发展取向促进与周边国家的民心相通。随着"一带一路"的深入发展，民族教育显现出新的时代特征，表现为从单一民族教育拓展为复合教育，从边境落后教育转变为前沿教育，从内陆封闭教育转向国际开放教育。因此，为了深入推进民族教育在新时代的持续健康发展，需要秉承"一带一路"建设的指导思想，重构民族教育的结构体系；提升民族教育的整体质量，构筑共建"一带一路"国家的教育支点；汇聚各方社会力量，推动民族教育与社会的协同发展；探索信息技术与教育的有机整合，促进民族教育的互联互通。①

2. "一带一路"背景下边境地区区域教育发展转变

有学者通过分析"一带一路"倡议的教育要义和云南省在"一带一路"背景下的发展优势，对"一带一路"背景下推进云南边境教育发展的路径进行了思考，提出加强边境地区同共建"一带一路"国家的跨文化交往教育，建立人才培养与队伍建设机制，大力发展国家通用语言文字和民族语言文字、多语及非通用语言教育，重视边境少数民族国家与民族认同，加强边境民族教育发展的制度保障，推动云南边境教育在"一带一路"背景下跨越式发展。②

有学者通过对云南25个边境县中边境一线各类学校的考察，提出构建云南边境教育体系，包含：巩固寄宿制学校、民族中学、民族班，采取特殊办学形式发展教育；开展国家通用语言文字和民族语言文字教育；实施民族地区学校教师"安居乐业"工程；加强爱国主义和民族团结进步教育，围绕云南边境地区教育的内涵目标，有计划、有步骤、有重点地落实和解决云南边境地区教育发展所急需解决的各种问题。③

有学者基于对广西边境地区村落的考察，围绕广西边境地区"乡土

①　陈时见，王远．从"边境"到"跨境"："一带一路"背景下民族教育的转型发展［J］．华东师范大学学报（教育科学版），2020（4）：18－29．

②　尚苗．"一带一路"战略背景下云南边境民族教育发展路径研究［J］．兰州教育学院学报，2016（7）：48－49．

③　杨俊．对促进云南边境民族教育体系发展的几点认识［J］．中国民族博览，2018（8）：69－70．

性""边境性""民族性"等地域与文化特殊性，对边境家庭教育投资观念中面临读书无用的选择困境、边境学校师生身份认同中面临亲城疏农的办学困境、边境村落教育发展规划中面临乡土剥离的文化困境等三方面的价值困境进行探讨，并在教育个体价值与社会价值、离农价值与为农价值相统一的基础上提出"广西边境乡村教育本土化"的路向思考。①

有学者认为，在"一带一路"建设背景下，边境地区应发挥出跨民族教育的优势，必须以促进"民族和谐"，增强国家认同感，实现中华民族认同与国家认同的和谐共生。跨文化教育的历史使命包括加强政治文化认同，培养理性爱国主义情怀的政治使命；促进中华民族文化整合，培养当代中华民族情感的文化使命；以民主法制为核心，以民族情感为纽带，培养具有批判理性意识和民族乡土情怀的爱国公民。②

（二）关于政策规划及教育政策规划基本理论的研究

1. 政策规划的特征

关于政策规划的特征，国外学者论述较多。如查尔斯·琼斯（Charles Jones）认为：政策规划明显特征在于要提出对于人们感知的社会现实问题的解决办法来；其他特征包括：（1）规划者不必仅限于一套人马，最好由两套以上的人马提出竞争性的建议；（2）规划可以在对问题的清晰界定之前进行，也可以在规划者还没有与相关群体深入接触之前进行；（3）尽管规划常常由官僚机构来做，但规划并非一定要由特定的机构来做；（4）规划和再规划可能花了很长的时间也不能对任何一种方案提供充分的支持；（5）对于那些在任何层级的规划中利益有所损失的人常常有一些补偿；（6）规划过程本身从来没有中立的效应，即使在科学研究中也会有人失利有人得利。③

---

① 王瑜，郭蒙蒙. 论广西边境地区基础教育发展的价值困境及路向思考 [J]. 民族教育研究，2017（6）：20 – 26.
② 钟海青，王瑜. 论民族地区跨文化教育的历史使命 [J]. 广西民族大学学报（哲学社会科学版），2016（1）：137 – 141.
③ Michael Howlett，M. Ramesh. *Studying Public Policy：Policy Cycles and Policy Subsystems* [M]. New York：Oxford Univ. Press，1995：122 – 123.

国内学者宁骚认为，政策规划的特征应强调政策规划的主体特征及时间进程特征。政策规划的主体多元化和政府主导并存，参与政策规划的主体通常是多元的，但其中政府往往起着发起规划、组织规划、帮助规划（提供规划中的经济、信息等条件）等作用。从时间进程来看，政策规划主要存在于政策目标的确定与政策抉择之间。它仅仅涉及对于有关政策目标实施方案的构建和评估，也即仅涉及方案设计和方案择优两个方面。①

2. 政策规划的主体

究竟有哪些主体会参与到公共政策的规划中去呢？对此问题的研究，国外有学者主要强调政府或执行机构（含总统和官僚机构）、立法机关、司法机构、参与投票的公众以及一些社会权力代理者（如一些社会组织）等的作用。② 有的从政策系统（Policy System）的复杂性出发，强调政策规划的次系统和次主体，如在美国就有基于利益驱动的由利益集团、议会委员会和政府执行局（Government Agency）之间的所谓"铁三角"关系，也有如海克鲁（Heclo）主张的一些基于论点驱动的政策构建网络（Issue Networks），还有将政策构建系统称之为由享有一套基本信仰（含政策目标等）和试图影响政府规则、预算和人事以长期实现其目标的各级政府的各类公司机构组成的"支持联盟"（Advocacy Coalitions）或政策共同体（Policy Community）等。③

我国也有学者对此进行了研究。如林水波和张世贤认为，介入政策规划的主体包括行政机关、立法机关、研究机构和利益团体四类。④ 宁骚认为，政策规划主体要特别强调政策规划的政府主导化，尽可能避免政府地位对规划方案带来的负面影响；政策规划的主体多元化，除了机密性和紧急性程度很高的政策规划可以由政府独自完成，政策规划主体的多元化是

① 宁骚. 公共政策学［M］. 北京：高等教育出版社，2003：335.
② Larry N. Gerston. *Public Policy Marking：Process and Principles*［M］. New York：M. E. Sharpe Inc.，1997：10 – 13；77 – 93.
③ Michael Howlett，M. Ramesh. *Studying Public Policy*［M］. New York：Oxford Univ. Press，1995：124 – 129.
④ 林水波，张世贤. 公共政策［M］. 台北：台湾五南图书出版公司，1982：143.

各国通行的模式。① 谢明提出，政策规划主体既有单一型也有多元型。前者通常是指规划在政府系统内部进行，后者则是指规划不仅有政府参与而且扩展到社会领域，表现为多种主体的合法介入。在多元性主体结构中，还需要正确区分直接主体与间接主体，直接主体不仅享有决策的法定权利，而且要承担由此带来的一些政治、法律、经济和道义方面的责任，间接主体则只享有政策方案的拟定、推荐和评判权，不需要对后果承担任何责任。②

3. 政策规划的基本原则

谢明收集了政策规划正反两方面的案例，对政策规划的问题、成功经验进行点评，总结归纳了政策规划的十大原则：信息原则、系统原则、预测原则、客观原则、智囊原则、优化原则、效益原则、可行原则、兼听原则、时效原则，并提出政策规划的四大思维方法：经验思维、逻辑思维、直觉思维、创新思维，具体阐释了头脑风暴法、哥顿法、"零起点"方法、角色互换法、综摄法五种具体的创新方法。③ 宁骚提出了紧扣政策目标、规划多重方案、方案彼此独立、方案要有创新、方案切实可行的政策规划基本原则。④

4. 政策规划中的政策转移

在全球化程度日益加深的今天，在公共政策领域，政策转移（Policy Transfer）已经成为非常重要的政策来源的方式。简单地说，政策转移就是一个政策借用国（Borrowing Country）采纳其他国家的公共政策、行政体制、制度及思想等来解决本国所面临的政策问题。政策转移可以发生在议程建立阶段，也可以发生在政策规划和政策执行阶段，而在政策规划阶段，政策转移的作用尤为重要。目前，关于政策转移的研究已经很多，英国学者戴维·多洛维茨（David P. Dolowitz）和戴维·马什（David Marsh）在这方面的研究具有代表性。

---

① 宁骚. 公共政策学 [M]. 北京：高等教育出版社，2003：336.
② 谢明. 政策分析概论 [M]. 北京：中国人民大学出版社，2004：196.
③ 谢明. 政策分析概论 [M]. 北京：中国人民大学出版社，2004：197 – 216.
④ 宁骚. 公共政策学 [M]. 北京：高等教育出版社，2003：340 – 342.

政策转移的增长存在很多原因。在全球化的时代，没有哪个国家能够脱离全球的经济体系及摆脱全球的经济压力。公共政策目前不仅在民族国家政治体系内发生，同时也在世界体系中发生。① 也由于全球化的发展，各个国家面临许多类似的政策问题，有些问题甚至是共同的，如环境污染、能源、人口膨胀等问题。相似的问题可以由相似的政策来加以解决，这是政策转移能够产生的基础。另外，通信技术的发展，也使得各国间在知识、观念等方面的交流变得更通畅快捷。这是政策转移的一个重要的前提条件。

政策转移对于政策制定的明显优势在于政策方案规划的快速、便捷，同时又成本低廉。这方面的特征使得政策转移得到了政策制定者的青睐。因此，如果政府在寻求新问题或者变化的问题的解决方案时，它们可能日益向国外寻找这种方案。因为随着各种沟通形式的发展，这种方式比以往更加便捷。②

在公共政策方面，政策目标、政策内容以及政策工具等，都能够成为转移的对象。在政策规划阶段，对于政策内容方面的政策转移，对于政策方案的规划起到了重要的作用。首先，其他国家的相关政策方案对于本国的方案制定具有启发性，也会提供不同的思路。其次，其他国家政策在执行过程中暴露的缺陷，也能够给本国政策方案的制定提供经验和教训，避免重蹈覆辙。最后，在政策规划阶段，各种政策主体都参与到政策形成中，如政治领袖、官僚、利益集团以及其他利益相关者。其他国家成功的公共政策容易得到各方的认同，并且各主体会依据本国的情况，对政策作出相应的修改。

这就涉及政策转移的程度问题。一个国家对其他的政治体系的政策借鉴，一是复制（Copying），即指政策直接的完全的转移；二是效法（Emulation），即借鉴公共政策背后的思想观念；三是混合（Combinations），混合不同的公共政策；四是启发（Inspiration），即其他国家的政策可能导致

---

① Prsons, W. *Public Policy* [M]. Aldershot, Hants: Edward Elgar, 1995: 234.

② Dolowitz, David P., David Marsh. *Leraning From Abroad: The Role of Policy Transfer in Contemporary Policy-making* [M]. Governance, 2000: 5 – 24.

本国政策的变化。① 不同程度的政策转移可以发生在政策制定的不同阶段。在政策规划阶段，更多出现政策的复制和混合。这是因为这样使得政策规划节省时间、更为迅速。政策的转移可以发生在不同层次。国家层次的政策可以借鉴他国国家层次或者地方层次的政策，同样本国地方政府的政策可以借鉴他国国家层次或地方层次的政策。

从政策制定者的意愿角度，可以简单地将政策转移分为自愿的政策转移（Voluntary Transfer）和被迫的政策转移（Coercive Transfer）。但这种分类过于简化，更好的办法是将政策转移视为处于从自愿的学习到被迫接受他国政策的一个政策转移连续体（A Policy Transfer Continuum）。② 从这种观点看，许多政策转移的案例可以在这一连续体中确定自己所处的位置。另外，从不同政策主体的角度看，政策转移就处在这个连续体的不同位置。有时候，政治家可能会认为一项政策是自愿接受的，然后其他主体会认为它带有过多的被迫成分。另外，有些政策转移可能刚开始是被迫的，但随着时间的推移，政策起到了应有的效果，强迫的压力越来越小，自愿的因素越来越多。

政策转移过程中存在政策失败（Policy Failure）。因此，在政策规划阶段，尤其要注意影响到政策失败的一些因素。有研究显示，至少三方面的因素导致了政策失败：（1）信息不全的政策转移（Uniformed Transfer），是指政策借用国对于该政策的信息了解不充分，不清楚它在原国家是如何运行的。（2）不完全的政策转移（Incomplete Transfer），是指虽然政策转移发生，但是使得该政策在原国家获得成功的某些重要因素却没有被采纳。（3）不当的政策转移（Inappropriate Transfer），是指没有充分注意到政策借用国与政策输出国之间在经济、社会、政治和意识形态背景方面的不同。③

---

① Dolowitz, David P., David Marsh. *Leraning From Abroad: The Role of Policy Transfer in Contemporary Policy-making* [M]. Governance, 2000: 5 – 24.

② Dolowitz, David P., David Marsh. *Leraning From Abroad: The Role of Policy Transfer in Contemporary Policy-making* [M]. Governance, 2000: 5 – 24.

③ Dolowitz, David P., David Marsh. *Leraning From Abroad: The Role of Policy Transfer in Contemporary Policy-making* [M]. Governance, 2000: 5 – 24.

5. 政策方案的评估与择优

有学者认为，政策方案本身并不是行动，而是行动之前对行动的内容、程序、方式、方法等进行的设计。评估就是对所有设计出的政策方案进行全面的分析和评价。由于这种评估活动发生于政策执行之前，所以带有明显的预测性质。政策方案的评估与择优涉及预测性评估和可行性评估。①

能用于预测性评估的方法非常多，有定性的方法，也有定量的方法；有直观的预测，也有非直观的预测；有演绎式预测，也有归纳式预测等。威廉·N. 邓恩曾经归纳为三种预测方法，即外推预测、理论预测、判断预测。② 有学者指出预测性评估可通过专家会议法、德尔菲法、投入—产出分析、时间序列法、回归分析法、趋势外推法、马尔可夫模型等方法实现。

学者们对政策方案可行性分析的对象尽管有一些不同看法，但基本上还是一致的，在政治可行性、经济可行性、行政可行性、法律可行性、技术可行性、社会可行性等方面都有更大的认同。台湾学者林水波和张世贤提出政策方案的可行性评估应考虑适当、可能、可行和实验四个层次的内容。③

有学者就评估和择优的标准问题进行讨论，提出评估标准是从政策目标细化而来，沿着总目标、具体目标、评估标准（Criteria）和测量标准（Measures）等线路逐步细化。评估应遵循的通用标准包括技术可行性、经济与财政可能性、政治可行性、行政可操作性等。④ 方案的评估与择优是在比较的基础上进行的判断和选择，所谓比较就是既要抓住诸方案间的共同点，又要注意诸方案间的差异，专注于研究它们的异同点在政策执行过程中可能造成的影响。这种比较必然会得出"最佳""较佳""较差""最

① 谢明. 政策分析概论 [M]. 北京：中国人民大学出版社，2004：222 – 226.
② 威廉·N. 邓恩. 公共政策分析导论（第 2 版）[M]. 谢明，等，译. 北京：中国人民大学出版社，2002：225.
③ 林水波，张世贤. 公共政策 [M]. 台北：台湾五南图书出版公司，1982.
④ 卡尔·帕顿，大为·沙维奇. 政策分析和规划的初步方法 [M]. 孙兰芝，等，译. 北京：华夏出版社，2001：186 – 187；205.

差"等结果。①

政策方案的选择是在对备选方案进行全面评估的基础上择优的过程。择优有时候还表现为一种综合的活动，即以一个较好的政策方案为蓝本，吸取其他一些方案的长处，创新出一个更为满意的政策方案。谢明提出群体决策的择案规则，即一票否决、多数原则、孔多塞标准、博尔达计数、赞成投票制、淘汰投票制、正负表决法、等级决定原则。并且认为，决策群体选定最终政策方案的程序和方法，对最终选择有着非常大的影响，就同一个组织而言，运用不同的择案规则很可能会导致完全不同的选择结果。②

（三）边境地区义务教育具体问题及教育政策规划研究

1. 具体教育问题研究

第一，边境地区义务教育阶段教育资源配置及教育均衡发展研究。有学者以新疆南疆地区为例，运用SWOT分析方法，对其优质教育资源协同发展所面临的优势、劣势、机遇等因素进行全面分析，认为当务之急是搭建南疆优质教育资源协同发展的合作平台，并从平台的组织架构、主体职能、推行模式以及合作理念、运行机制、资源共享等方面，对南疆优质教育资源协同发展的路径进行了初步探索，为边疆地区优质教育资源协同发展提供参照。③ 有学者对云南25个边境县义务教育资源及其配置结构进行分析，提出统筹县域间义务教育资源配置结构、实现边境县间协调发展的优化思路与导向。④ 有学者指出滇西边境片区义务教育均衡发展问题主要表现在教育经费投入的不均衡、义务教育基础设施不均衡、师资力量配备不均衡、教师发展水平不均衡、受教育机会不均等及滇西边境片区的特殊情况等几个方面。通过政府增强义务教育均衡发展的制度保障、对滇西边

---

① 宁骚. 公共政策学［M］. 北京：高等教育出版社，2003：344 – 345.
② 谢明. 政策分析概论［M］. 北京：中国人民大学出版社，2004：231 – 239.
③ 吴小伟，郑刚. 边疆地区优质教育资源协同发展的SWOT分析——以新疆南疆地区为例［J］. 民族教育研究，2014（12）：16 – 22.
④ 潘玉君，姚辉. 县域义务教育资源配置结构及空间差异实证——以云南25个边境县为例［J］. 学术探索，2017（4）：151 – 156.

境片区的教育资源统筹兼顾、合理均衡配置教师资源、努力提高教师队伍建设、提高农村教师待遇、强化督导评估、建立义务教育均衡发展激励机制等措施促进滇西边境片区义务教育均衡发展。① 有学者专门对临沧市镇康县、耿马傣族佤族自治县、沧源佤族自治县进行调研，认为边境地区具有更为特殊的地缘、文化等客观背景并由此带来更多教育发展上的变量与诉求，而教育资金短缺、学校管理难度增加、优质教师资源缺乏以及城乡办学差异性大，是边境地区义务教育均衡发展当前面临的最突出挑战，为此应通过针对性加大教育投入、完善教育保障机制、提升教育管理现代化水平、加大教育扶贫力度、强化家校联结机制等政策及措施，促进民族地区义务教育均衡提质提速发展。② 有学者对广西边境地区龙州县寄宿制学校的调研发现，边境寄宿制学校建设虽然取得一定的成绩，但仍然面临着硬件设施、师资力量、学生管理等方面的困境，影响其健康可持续发展。因此，政府需加大对边境寄宿制学校的重视和投资力度，合理分担办学成本；适当放宽教师编制，进一步完善师资配比，加强教师培训；充分保障学生的人身安全和心理健康，为学生提供一个舒适安全的寄宿环境。③ 有学者以洛扎县为案例，基于相关文献和田野调查资料，就县域基础教育发展的现状和问题作了分析考察，认为目前存在的主要问题是师资结构性失衡、代课教师待遇偏低、教师职业缺乏社会吸引力、集中办学困难、学前教育滞后等。④

　　第二，边境地区学生思想成长状态研究。有学者对滇西边山区中小学德育成效进行调研，发现该区域学校道德教育的"困难性"，即道德教育目标与学生品德实际之间的"距离感"、学生对学校道德教育的"接受性障碍"、不同渠道道德教育之间的"离散性"、教师道德示范作用的弱

---

① 周莉俐. 滇西边境片区义务教育均衡发展问题的对策研究 [J]. 课程教育研究，2019（40）：24 - 25.

② 钱春富，罗青，吕游. 民族地区义务教育均衡发展的现状及对策——以云南省临沧市为例 [J]. 楚雄师范学院学报，2018（2）：91 - 99.

③ 王瑜，张静. 广西边境寄宿制学校的困境及思考 [J]. 民族高等教育研究，2018（2）：38 - 43.

④ 吴玉珍，梁景之. 西藏边境县基础教育发展现状调查分析——以山南地区洛扎县为例 [J]. 西藏民族大学学报（哲学社会科学版），2015（5）：50 - 55.

化、中小学道德教育的实效性较低、中小学道德教育的"应试化"色彩较浓厚。并提出消解滇西边境山区中小学德育"困难性"的若干策略，如优化德育要素、强化教师"育德"意识和能力、充分发挥教学主渠道的作用、构建区域性道德教育合力。① 有学者对我国中越边境学生国家认同教育进行调研，发现：我国中越边境地区学生的国家认同教育面临整体效果不佳、学校中国家认同教育偏差、家庭与社区中国家认同教育缺失的困境。②

第三，边境地区外国籍小留学生来我国接受义务教育现象与相关制度研究。云南边境地区是外国籍小留学生来我国接受义务教育较为集中的地区，一些学者对此展开了研究。有学者深入调研云南周边缅甸、老挝、越南3国外国籍小留学生来我国接受义务教育的情况，提出在"一带一路"建设背景下，站在国家战略的高度，从构建国家命运共同体的角度出发，在政策法律、边境安全等方面加强对外籍学生管理。形成边境地区教育的特殊扶持和特色治理，贯通教育路径，建设特色国门学校，创建协同联动管理机制等，为中国和周边国家共享共赢共同发展奠定坚实基础③。有学者通过调研，认为云南民族地区学校招收缅籍学生能够促进睦邻友好与文化交流、推进区域教育对外开放与国际化、带动民族地区经贸往来。但是，云南民族地区学校招收缅籍学生面临管理制度缺失、办学条件不足等困境，需要强化政府责任、上移责任主体，保障教育投入；出台政策法规，规范外籍学生管理；破解升学难题，助力外籍学生成才。④ 有学者提出，中缅边境地区教育作为"民心相通"工程重要措施，须贯彻陆地边疆软治理理念，构建教育主体流向监管体系；发掘民族认同正向价值，构建

---

① 褚远辉，辉进宇 . 滇西边境山区中小学道德教育"困难性"的研究［J］. 教育与教学研究，2018（1）：5 – 13.

② 黄健毅，王枬 . 边境地区国家认同教育的困境与对策——基于对中越边境学生的调查［J］. 广西师范大学学报（哲学社会科学版），2014（4）：1 – 5.

③ 尤伟琼，张学敏 . 云南边境地区周边国家就读外籍学生管理问题研究［J］. 云南师范大学学报（哲学社会科学版），2018（3）：102 – 109.

④ 王艳玲，等 ."一带一路"背景下云南民族地区学校教育的衍生功能及其实现条件——基于对缅籍学生入学现象的调查分析［J］. 云南农业大学学报（社会科学），2018，12（1）：105 – 111.

"教育共同体"认知基础；着力文化软实力建设、系统推进教育体系发展。①

第四，边境地区教师队伍建设及相关教育政策研究。有学者提出，当前边境民族地区乡村教师队伍建设存在招不到、留不住、教不好的问题，这是由当地的自然、政策、文化和社会诸因素以及乡村教师个人心理因素综合引起的。本土化是解决边境民族地区乡村教师队伍建设问题的重要路径。边境民族地区乡村教师本土化可从创新定向培养、顶岗培养方式，打牢乡村教师的专业思想，增强他们的专业素质；采取倾斜政策适当扩大本地应聘的比例；推进边境民族地区乡村教师职称评定、改革提拔晋升政策，加大职业道德、育人业绩教学经历的考核权重；创设荣誉奖励，构建良好生活环境，注重人文管理、感情留人，促使外来的乡村教师本土化等环节加以改进。② 有学者认为，我国边境教师队伍中存在的问题，已经成了边境国门教育事业发展的瓶颈，导致年轻教师进不来、留不住，许多教师专业发展积极性不高、主动性不强。针对边境教师结构性缺编、留不住等问题，有学者提出，修订完善边境中小学教职工编制标准，对边境教师编制设置采取相对灵活的政策。适当提高边境地区教师编制比例，缓解边境中小学教师结构性缺编及学科教师断层等突出问题。把"边境国门教育"单列为一种教育类型予以关注，建立国家级边境教师荣誉制度和职称晋升制度。③ 有学者对云南省河口、金平、沧源、耿马、贡山5个边境民族自治县抽样开展"义务教育阶段公办教师队伍稳定性问卷调查"，发现教师队伍的实际离职比例并不高，教师队伍具有较好的稳定性，但在职教师的流动倾向非常明显，流动意愿相当强烈，教师队伍的稳定性基础并不坚实。学生安全责任重，经济压力大，工作成就感、子女教育和就业等切身利益保障不足，职业社会地位低，职称评定压力大，工作负担重等是影

---

① 梅英. 中缅边境地区教育安全研究 [J]. 当代教育与文化，2018（3）：102 – 109.

② 钟海青，江玲丽. 本土化：边境民族地区乡村教师队伍建设的重要途径——基于广西边境民族地区的教育调查 [J]. 民族教育研究，2017（6）：5 – 11.

③ 钟海青. 加强教师队伍建设：边境民族教育脱贫的重要基础 [J]. 中国民族教育，2017（1）：16 – 19.

响教师队伍稳定性的主要原因。①

第五，边境地区教育脱贫攻坚政策及其成效研究。有学者认为边境地区是脱贫攻坚的最后一公里。边境地区能否顺利脱贫是我国脱贫攻坚取得全面胜利的关键环节，也是国家安全、区域经济发展与社会和谐的重大议题。地形地貌限制、机会与资源有限且分配模式相对固化是其贫困文化的内核。同时，以云南省怒江傈僳族自治州和德宏傣族景颇族自治州两个边境少数民族地区的教育脱贫攻坚政策实践为例，阐释了边境地区的贫困特征与特殊挑战，从杜绝因学致贫、阻断代际贫困、促进民族团结、辐射边境教育等方面分析了教育脱贫攻坚政策的效能。②

2. 边境地区县域教育政策及政策规划研究

有学者对广西边境民族地区 C 县的县域教育发展规划进行分析，认为在国家和省（区）教育发展规划的引领和带动下，制定和实施了相应的教育发展规划及配套措施，虽然取得了显著成效，但仍存在凭"经验"编制规划、规划实施缺乏自主性和相对独立性等问题。应建立上下联动、统筹协调、特殊保障、评估考核、执行监督等有效机制，以提升边境地区县域教育发展规划制定与实施的能力和水平。③

一些学者对边境地区与毗邻国家义务教育政策进行了比较分析。在2015 年之前，有学者对西北边境地区教育有所关注，如有学者以西北边境地区的民族教育为论述点，对新疆阿勒泰地区与哈萨克斯坦地区的教育政策进行了比较研究。④ 有学者描述了蒙古国教育的制约因素以及成功的经验。希望通过加强中蒙两国的文化交流与沟通，来促进教育发展。有学者对云南金平县和越南莱州省教育现状及优惠政策进行对比分析，梳理了越南莱州省办学模式、教育经费投入、民族教育、升学就业、教师管理等

①　彭义敏，等.滇西边境山区义务教育教师队伍稳定性研究——基于云南 5 个边境民族自治县的抽样调查分析［J］.云南开放大学学报，2014（1）：28－32.

②　杨舒涵.边境少数民族地区教育脱贫攻坚政策实践与效能研究［J］.教育文化论坛，2020（1）：48－53.

③　张进清，张宏宇.边境民族地区县域教育发展规划研究——以广西边境民族地区 C 县为例［J］.民族教育研究，2017（6）：12－19.

④　杨丽.我国民族教育研究——以新疆阿勒泰地区哈萨克族为例［D］.北京：中央民族大学.2012.

政策。

（四）文献评述

上述学术成果是学界对"一带一路"建设与教育、教育政策规划及边境地区义务教育发展研究的缩影，已有研究成果内容非常丰富。从研究内容来看，"一带一路"建设对教育的影响主要体现在教育对外交流上，高等教育阶段是重点关注的环节，由于高等教育培养高端人才的特点，教育通过人才培养这一手段，服务于共建"一带一路"国家需要的跨文化人才。在义务教育阶段，教育对外交流主要聚焦于教师参加国际交流与培训等方面。教育政策规划的研究主要集中在基础理论方面，多是对国外关于公共政策规划基本概念、原理的梳理，对某些影响力较大的教育政策规划文本和过程的分析，对县域教育政策规划的分析。系统分析边境地区义务教育政策规划的研究较少，边境地区义务教育政策的研究多从具体问题展开，关注某一个现实问题，进而对其现状、政策、原因进行分析，最后提出相关对策建议。

从研究方法来看，理论论证推理、经验总结较为常见，针对某一具体问题的区域调研较为常见，尤其是对西南边境地区和西北边境地区的教育发展问题调研较多，东北边境地区的相关研究较为少见。

从研究结论来看，将西方公共政策规划相关理论与中国特色教育实践相结合的研究比较少。体现西方公共政策话语体系的研究较多，一些研究运用西方公共政策分析的理论框架分析中国特色的教育问题。在分析过程中，对于一些中国特色的教育政策理论适用性并不强，所得出的结论对于改进我国教育政策存在针对性不强、效果有限等问题。尤其是对"一带一路"沿线边境地区情境较为复杂的教育政策规划分析，其政策环境、相关利益主体的诉求、政策方案执行的现实条件都具有鲜明的中国特色，亟须探索中国特色的教育政策规划理论框架与话语体系。

从研究趋势来看，教育政策规划促进教育发展的作用越来越被重视，相关学者对教育协同治理模式、公共治理格局以及教育政策的系统性等展开研究，规划思维已经渗透在其中。

基于上述特点，将"一带一路"建设这一影响教育政策规划生态环境的因素考虑进去，从复杂情境的真实问题出发，对教育政策规划进行系统研究，既有丰富的研究素材积累与理论方法支撑，又符合学界对教育政策中国化模式、中国教育治理经验等问题进行探索的研究趋势。在今后的研究中，"一带一路"沿线边境地区相关教育政策的系统性、本土化、特色化等特点，会更加凸显；教育政策规划的功能也会被更加重视。

四　研究设计

（一）研究内容

本课题从"一带一路"建设对教育发展的影响谈起，选择"一带一路"沿线地区中教育发展状态最薄弱、教育政策环境最复杂、教育政策规划最欠缺的边境地区进行实证研究，进而实现反身抽象，构建出教育政策系统协作式规划模型，并应用此模型对复杂情境教育政策规划的政策方案进行设计。具体研究内容如下。

1. "一带一路"建设对教育发展影响的分析

"一带一路"建设是对教育政策规划环境影响较大的国家级规划。本课题梳理"一带一路"建设的核心理念与主要的教育行动，分析"一带一路"建设对沿线边境地区区位功能的定位与要求、对边境地区义务教育发展的影响，描述"一带一路"建设背景下边境地区义务教育发展的现状、发展反差及现实需求，分析教育政策规划在"一带一路"建设背景下边境地区义务教育发展中的作用。

2. 对边境地区义务教育政策规划的实践研究

本课题从边境地区义务教育阶段的现实问题、政策问题入手，反推出教育政策规划的问题，即边境地区义务教育存在的现有问题及教育政策存在的不足可归因于教育政策规划的欠缺。在这样的基础上，对教育政策规划进行系统研究。包括：从静态层面，对边境地区义务教育政策规划文本及其他政策文本进行分析，对政策规划文本的内容、特点及不足进行梳理；从动态层面，对边境地区义务教育政策规划的理念、过程、技术方法等进行分析，探究可改进的空间；从主体诉求层面，对不同群体对教育政策规划的利益诉求进行分析。

3. 建构中华民族共同体视野下的教育政策规划研究框架

这是本课题最关键的部分，研究框架来源于理论基础与实践研究，所构建的研究框架可应用于指导具体的教育政策规划过程。本课题从生态学的视角，对教育生态学和政策生态学的理论进行梳理，在此基础上分析教育政策规划的生态系统结构及保持生态平衡的机制。构建出教育政策系统协作式规划模型，对其政策环境回应、核心理念、环节及规划过程、主要框架进行分析。针对"一带一路"建设背景下边境地区教育政策规划政策方案设计提出具体的对策建议。

（二）研究目标

第一，梳理"一带一路"建设对沿线边境地区义务教育发展的要求与影响，分析"一带一路"建设所带来的独特教育政策规划环境。

第二，摸清边境地区义务教育政策规划中存在的突出问题，并探讨教育政策规划对于推动"一带一路"建设、推动边境地区义务教育发展的功能与意义。

第三，探索教育政策规划的理论模型，对其政策生态环境、政策生态机制（核心理念）、政策链（教育政策规划重点环节）等主要内容进行分析，并对复杂情境下边境地区义务教育政策规划适应"一带一路"建设的要求提出相应的对策建议。

（三）研究思路、方法与框架

本课题从政策生态学的视角对"一带一路"建设背景下的教育政策规划进行研究。对"一带一路"沿线边境地区义务教育政策规划进行深入分析，立足实践，从边境地区义务教育阶段目前所执行的教育政策中发现问题、分析问题；以教育生态学、政策生态学的理论为指导，合理运用于教育政策规划的研究中，进而提出较为科学合理的教育政策规划研究框架（详见图1）。

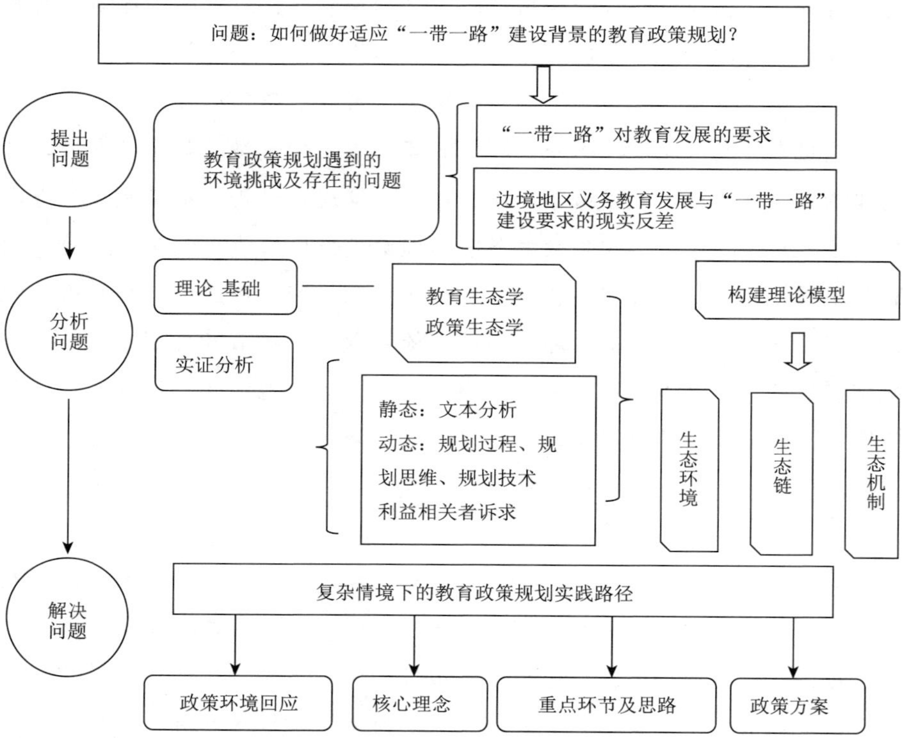

图 1　研究思路图

第一，以实践研究为切入点，抓住边境地区义务教育阶段现行的教育政策的关键问题，由教育政策的问题反观教育政策规划的不足，进而讨论边境地区义务教育阶段现行教育政策规划的内容、现状、特点与改进空间。教育政策规划研究属于教育政策过程分析的范围，是教育政策研究的重要环节。立足实践，从教育实践中发现问题是本课题的起点。因此，本课题从地域维度上，坚持跨地域原则，选择云南省（临沧地区镇康县、沧源县、耿马县；文山州麻栗坡县、马关县、富宁县；红河州金平县、河口县；西双版纳州景洪市、勐海县、勐腊县；德宏州潞西市、瑞丽市、盈江市、陇川县；怒江州泸水县）、广西壮族自治区（靖西县、大新县、龙州县、那坡县、凭祥市、宁明县、防城区、东兴市）、吉林省（延边州珲春市）、内蒙古自治区（兴安盟科尔沁右翼前旗）、新疆维吾尔自治区（克州阿图什市、阿克陶县）、西藏自治区（林芝地区墨脱县）进行实地调研，共计 6 省（区）29 个边境县（市），对其当地现行的义务教育阶段的教育政策规划现状进行研究，归纳总结其中存在的问题。

第二，以生态学理论为指导，建立教育政策规划的理论模型。探讨"一带一路"建设背景下，教育生态的结构、边境地区义务教育政策生态的结构，建构教育政策系统协作式规划模型。

第三，以服务实践为目标，构建教育政策规划的框架，梳理教育政策规划的核心理念及重要环节，设计适合于复杂情境的教育政策规划制度安排。适应"一带一路"建设理念与我国国情的边境地区义务教育政策规划如何适应政策环境，政策问题、政策目标是什么，政策规划的重点环节及思路有哪些，政策措施如何安排？回答这些重要问题，本课题将上述理论探讨和实践调研相结合，综合各利益相关者对边境地区义务教育政策规划的诉求，进行全面系统分析，进而完成从顶层设计到系统措施的教育政策规划。

本课题以文献法、问卷调查法、深度访谈法、政策文本分析法、案例分析法等为主要研究方法，了解相关教育政策规划的政策环境和政策链的实际情况，并对其政策目标实现效果进行分析，进而找到与"一带一路"建设相适应的、适用于边境地区复杂教育情境的教育政策规划研究框架。

文献法。收集、研读学界关于"一带一路"建设对教育影响、教育政策规划、边境地区义务教育政策及政策规划等方面的学术文献资料，重点对现有研究成果的研究思路、研究内容、研究方法等进行梳理，增强课题设计的科学性，凸显出本课题的创新点。

问卷调查法。本课题发放教育行政人员、教师、家长、学生四类自编问卷，对不同群体对教育政策规划的理解、当地义务教育发展情况、自身发展状况、关于教育政策规划的满意度及诉求等进行了解。共回收有效问卷：教育行政人员问卷 329 份，教师问卷 6145 份，家长问卷 4794 份，学生问卷 9128 份。本课题的所有数据均采用 IBM SPSS22.0 英文版及 Excel 对收集到的有效问卷进行数据处理与分析。

深度访谈法。本课题将选择教育行政部门、政府相关部门、中小学教师及管理人员、家长为访谈对象，通过结构性访谈，重点了解不同利益群体对现有教育政策规划的满意度；了解不同利益群体对边境地区义务教育政策规划最迫切解决问题的诉求；了解不同利益群体对教育政策规划的认识与参与积极性。

政策文本分析法。收集国家和边境 9 省（区）教育政策规划文本；收集国家、部委、各级地方政府（省区、地市、县）等关于边境地区义务教育的政策文件。对收集到的教育政策规划及教育政策文本从规划意识、制度安排、层级响应模式等维度进行分析。对边境地区义务教育阶段关注度较高的教育政策进行内容分析。

案例分析法。采用实地调研的方式，案例选择坚持典型性和代表性，重点分析案例中不同群体的利益诉求、对教育政策规划的接受认同程度、心理活动、对教育政策规划制定与执行的影响等，从中抽取构建教育政策规划理论模型的普遍性要素。

（四）创新点

1. 研究对象：抓住教育领域最为薄弱的地带和核心问题

"一带一路"建设所覆盖的地区中，沿线边境地区是最为薄弱的地带，而由于其特殊的地缘位置和战略地位，又承担着非常重要的维护国家教育安全、边疆稳定的功能。现有针对边境地区义务教育的研究偏向于具体问题的探讨，多是对教育发展现状、问题的描述，从教育政策规划层面展开系统而深入的研究相对薄弱。因此，本课题选择边境地区义务教育政策规划进行研究，抓住了教育领域薄弱的地带，同时找到了促进教育发展的核心问题，即教育政策规划。义务教育均衡发展、师资队伍培养等具体问题，必须从制度问题入手，特别要从政策统筹的角度加以分析，才有可能迎刃而解。本研究抓住复杂情境下解决具体问题的总开关，以系统论思维从教育政策规划层面入手，形成教育政策之间相互支撑的关系，以发挥合力。

2. 研究内容：突出教育政策规划研究的重要性

教育政策规划是突破就事论事政策模式的重要途径，倡导对教育政策环境的研判、教育政策问题的聚焦、教育政策体系的统筹。尤其是在"一带一路"建设背景下，国内外形势发生较大变化，教育政策规划的作用更加凸显。事实上，现行的针对边境地区义务教育特有问题而制定的教育政策规划相对薄弱，对其特殊战略意义重视不足，对其特有困难解决针对性不强。这就导致了边境地区义务教育阶段教育政策的科学化、系统性不足，政策执行出现决策矛盾、政策脱离实际难以执行等问题，难以有效引导边境地区义务教育的发展。在现有教育政策规划体系中，缺乏专门的边境地区义务教育发展的教育政策及教育政策规划。本课题关注教育政策规划对于"一带一路"建设背景下边境地区这一复杂情境下教育政策体系构建的重要作用。

3. 研究结论：提出复杂情境下教育政策规划的理论逻辑与实践方法

教育政策系统协作式规划模型建立在教育生态学、政策生态学的理论基础上，以政策生态环境、政策机制、政策链为三个维度，强调多元利益相关者的对话沟通、多元利益主体的需求调和、对政策环境的综合判断、教育政策方案的统筹安排。因此，本课题尝试构建的教育政策系统协作式规划理论模型可适用于"一带一路"建设背景下边境地区这一复杂情境下的教育政策规划，对教育政策规划实践起到促进作用。本课题从环境回应（政策生态环境）、核心理念（政策机制）、重点环节与思路（政策链）、政策方案设计（政策链）四个方面提出的实践路径，抓住了问题的实质，具有较强的理论价值和现实针对性。

第一章

"一带一路"建设给教育发展带来的机遇与挑战

　　2017 年，"一带一路"国际合作高峰论坛在北京召开，中国国家主席习近平出席开幕式并发表主旨演讲。习近平指出，"'国之交在于民相亲，民相亲在于心相通。''一带一路'建设参与国弘扬丝绸之路精神，开展智力丝绸之路、健康丝绸之路等建设，在科学、教育、文化、卫生、民间交往等各领域广泛开展合作，为'一带一路'建设夯实民意基础，筑牢社会根基"。因此，"一带一路"既是经济发展之路，又是人文交流、教育合作交流发展之路。"一带一路"建设势必对共建国家和地区教育发展格局带来改变、对教育发展提出新的要求，做好与"一带一路"建设相匹配的教育政策规划显得非常重要。

一　"一带一路"建设的主要理念与教育行动

　　"一带一路"建设顺应世界多极化、经济全球化、文化多样化、社会信息化的潮流，秉持开放的区域合作精神，致力于维护全球自由贸易体系和开放型世界经济。对于实现"两个一百年"奋斗目标，实现中华民族伟大复兴的中国梦，促进世界繁荣发展与和平稳定，都具有重大而深远的意义。《国家教育事业发展"十三五"规划》明确提出，实施共建"一带一路"教育行动：积极倡议共建"一带一路"各国构建教育共同体，开展教育互联互通、人才培养培训、丝路合作机制建设等方面重点合作，对接各国意愿，互鉴先进教育经验，共享优质教育资源。可见，"一带一路"建设教育行动属于国家级行动，是双边、多边的教育国际合作交流行动。"一带一路"建设所涉及的领域是广泛的，所倡导的理念是先进的，对教育产生的影响是深远的。国内外研究者也将"一带一路"称为中国自1979年以来的"第二次开放"。①

（一）"一带一路"建设的政策脉络与主要思路

2013年，习近平主席在出访中亚和东南亚国家期间，先后提出共建"丝绸之路经济带"和"21世纪海上丝绸之路"的重大倡议。

在我国《推动共建丝绸之路经济带和21世纪海上丝绸之路的愿景与行动》文件中，突出体现了"一带一路"建设的四大重点。第一，以打造政治互信、经济融合、文化包容的利益共同体、命运共同体和责任共同体为核心目标。第二，形成共建"一带一路"国家的全领域合作，将政策沟通、道路联通、贸易畅通、货币流通、民心相通作为合作重点。第三，构建国际国内的全范围合作态势。从国际上看，相关国家基于但不限于古代丝绸之路的范围，各国和国际、地区组织均可参与，让共建成果惠及更广泛的区域。从国内范围看，覆盖边疆（西北、东北、西南）、沿海和港澳台、内陆地区，形成全中国各地区的开放态势。第四，强调教育在共建"一带一路"中的基础性与先导性作用。强调民心相通是"一带一路"建设的社会根基；指出"一带一路"是增进理解信任、加强全方位交流的和平友谊之路。在人文交流广泛深入、不同文明互鉴共荣的过程中，教育无疑发挥着传递思想、增进共识的重要作用。

在"一带一路"建设规划中，文教交流合作是其重要内容与基础。文教交流是国际关系的长期基础性工作。习近平总书记在2013年10月周边外交工作座谈会上指出，"巩固和扩大我国同周边国家关系长远发展的社会和民意基础……要全方位推进人文交流"。在主持中共中央政治局第三十一次集体学习时也指出，"真正要建成'一带一路'，必须在

---

① European Council on Foreign Relations. "*One Belt，One Road*"：*China's Great LeapOutward* ［Z］. London：European Council on Foreign Relations. 2015：2.

'一带一路'国家民众中形成一个相互欣赏、相互理解、相互尊重的人文格局。民心相通是'一带一路'建设的重要内容，也是'一带一路'建设的人文基础。要坚持经济合作和人文交流共同推进，注重在人文领域精耕细作，尊重各国人民文化历史、风俗习惯，加强同'一带一路'国家人民的友好往来，为'一带一路'建设打下广泛社会基础"①。"国之交在于民相亲，民相亲在于心相通"。要实现同共建"一带一路"国家多领域密切合作，"必须得到沿线各国人民的支持，必须加强人民友好往来，增进相互了解和传统友谊，为开展区域合作奠定坚实民意基础和社会基础"。② 人文交流是"一带一路"建设的重要内容。"各国间的关系发展既需要经贸合作的'硬'支撑，也离不开文化交流的'软'助力。"③ 共建"一带一路"国家在地理、民族、历史、文化、宗教、政治等方面差异极大，它们之间又相互影响，关系错综复杂。只有发挥文化教育的桥梁和引领作用，才能加强各国、各领域、各阶层、各民族的交往交流，让各国人民产生共同语言、增强相互信任、加深彼此感情；只有以人文交流为纽带，才能与各国共同打造政治互信、经济融合、文化包容的利益共同体、责任共同体和命运共同体；只有弘扬丝绸之路精神，才能增进国家的亲和力、感召力，用中华文化软实力为"一带一路"保驾护航。可以说，民族教育在夯实共建"一带一路"国家合作民意基础和社会基础方面有着得天独厚的优势。我们应发挥特色和优势，传播民族文化和观念，加深彼此的价值认同和文化认知，发挥出文教先行的潜力，消除误解误判，为国家间的友好合作营造良好的社会氛围，进而推进持久发展。④

2016 年，中共中央办公厅、国务院办公厅印发了《关于做好新时期教育对外开放工作的若干意见》，提出"实施'一带一路'教育行动，

---

① 习近平："一带一路"建设不能急功近利 [EB/OL]. （2016－05－01）［2020－06－15］http://politics. rmlt. com. cn/2016/0501/424638. shtml.
② 习近平. 弘扬人民友谊 共创美好未来 [N]. 人民日报，2013－9－9（1）.
③ 蔡武. 坚持文化先行建设"一带一路"[J]. 求是，2014（9）：44－46.
④ 郑刚. "一带一路"战略中的民族教育对外开放策略研究 [J]. 中国民族教育，2016（5）：15－18.

促进沿线国家教育合作。加强教育互联互通、人才培养培训等工作，对接沿线各国发展需求，倡议沿线各国共同行动，实现合作共赢"，"充分发挥教育在'一带一路'建设中的重要作用，形成重点推进、合作共赢的教育对外开放局面"。2016 年 7 月，教育部牵头制定、经国家教育体制改革领导小组会议审议通过的《推进共建"一带一路"教育行动》印发，标志着国家《推动共建"一带一路"愿景与行动》在教育领域的落实。这份文件对教育领域服务"一带一路"建设提出了整体规划，聚力构建"一带一路"教育共同体，形成平等、包容、互惠、活跃的教育合作态势，促进区域教育发展，为教育领域推进"一带一路"建设提供了政策支撑。这份文件提出，中国将以基础性、支撑性、引领性三方面举措为建议框架，在合作重点上，设计了"教育行动五通"作为基础性举措，开展教育互联互通合作，包括加强教育政策沟通、助力教育合作渠道畅通、促进共建国家语言互通、推进共建国家民心相通、推动学历学位认证标准连通；设计了"四个推进计划"作为支撑性举措，开展人才培养培训合作，包括实施"丝绸之路"留学推进计划、实施"丝绸之路"合作办学推进计划、实施"丝绸之路"师资培训推进计划、实施"丝绸之路"人才联合培养推进计划；设计了"四方面内容"作为引领性举措，共建丝路合作机制，包括加强"丝绸之路"人文交流高层磋商、充分发挥国际合作平台作用、实施"丝绸之路"教育援助计划、开展"丝路金驼金帆"表彰工作。

（二）"一带一路"建设的主要价值理念与机遇

第一，多边共赢的合作理念与国内国际的合作开放形势。"一带一路"的开放与合作建立在"共商、共建、共享""共同体"理念基础上，并不是大搞单边主义、主导亚欧大陆，相反"一带一路"建设充分建立在与共建国家共谋发展、共享机遇的共同愿望基础上，实现多边共赢，构建"人类命运共同体"，倡导国内与国际的共赢合作局面。习近平指出，"'一带一路'是互利共赢之路，将带动各国经济更加紧密结合起来，推动各国基础设施建设和体制机制创新，创造新的经济和就业增长点，增强各国经济内生动力和抗风险能力"①。"一带一路"打破原有点状、块状的发展模式，横向上贯穿中国东部、中部和西部，纵向上连接主要沿海港口城市，并不断向中亚、东盟延伸。强调省区之间的互联互通、产业承接与转移，有利于加快我国经济转型升级。② 在国内，全面调动边境等欠发达地区的积极性，将东部地区、沿海城市的经济优势与欠发达地区的市场需求相结合，带动欠发达地区的发展。在国内形成最广泛的跨地区合作与发展。同时，共建"一带一路"60多个国家也加强了与中国的合作，各个国家将本国发展规划与"一带一路"规划相对接，加快了全球化、经济一体化的进程。

第二，包容理解的开放心态与文明互鉴的交流往来局面。共建"一带一路"国家经济发展水平各不相同，尤其是在历史背景、文化心态、社会意识形态等各方面都呈现出较大的差异性。面对这些差异，秉持求同存异的态度，以最大限度的开放心态推动文明交流互鉴。习近平主席2014年3月27日在联合国教科文组织总部发表演讲时，指出"文明是多彩的，人类文明因多样才有交流互鉴的价值。文明是平等的，人类文明因平等才有交流互鉴的前提。文明是包容的，人类文明因包容才有交流互鉴的动力。只有交流互鉴，一种文明才能充满生命力。只有秉持包容精神，就不存在什么'文明冲突'，就可以实现文明和谐"③。在2018年亚太经合组织工商领导人峰会上，习近平主席发表主旨演讲，强调"差异不应该成为交流的障碍，更不能成为对抗的理由。我们应该少一点傲慢和偏见、多一些尊重和包容，拥抱世界的丰富多样，努力做到求同存异、取长补短、谋求和谐共处、合作共赢"④。文明互鉴是"一带一路"建设中的重要内容，也是民心相通的重要途径，增进文化了解与文化交流，从而包容、理解、开放、接纳、互动，使文化的多样性与文明的差异性得以保存与尊重。

---

① 习近平. 弘扬丝路精神　深化中阿合作——习近平在中阿合作论坛第六届部长级会议开幕式上的讲话［EB/OL］.（2014－06－05）［2020－06－15］http://cpc. people. com. cn/ xuexi/n/2015/0721/c397563－27338175. html.

② 王义桅. "一带一路"机遇与挑战［M］. 北京：人民出版社. 2015：35.

③ 中共中央党史和文献研究院. 习近平谈"一带一路"［M］. 北京：中央文献出版社，2018：14.

④ 习近平：文明因交流而多彩，文明因互鉴而丰富［EB/OL］.（2019－03－27）［2020－06－15］http://www. wenming. cn/djw/djw2016sy/djw2016syyw/201903/t20190327_5055952. shtml.

第三，共建人类命运共同体的理念与地区、国别协调发展态势。构建人类命运共同体，实现共赢共享是中国方案的思路。人类命运共同体的核心就是共建人类共有的家园，共建共享，促进和平与发展，坚持代际可持续发展。"一带一路"建设是推动共同发展的过程，既不是劫富济贫，也不是两极分化，而是"一带一路"所涉及的国内地区与共建国家通过跨地域、广范围、多领域、高质量的合作、互鉴，实现协调发展。在国内范围，"一带一路"涉及的中西部和边境欠发达地区、东部和沿海发达地区在广泛合作中实现协调发展，尤其是中西部、边境地区不断提升发展质量，实现共同富裕。在国际范围，共建"一带一路"国家涉及欧亚非三大洲的 60 多个国家，既有发达国家，也有发展中国家，尤其与我国毗邻的国家多数属于发展中国家。在"一带一路"建设过程中，国内外的交流互动将使人类命运共同体的理念不断推广、深化，形成优势互补、互利共赢、协调发展态势。

（三）"一带一路"国际教育背景与我国教育行动

"一带一路"建设致力于"政策沟通、设施联通、贸易畅通、资金融通、民心相通"五通，并没有"教育相通"，但事实上，教育在"一带一路"建设中有着举足轻重的地位，发挥着基础性、全局性、先导性的作用。[①]"一带一路"建设的理念是与国际教育背景相符合的。自 20 世纪 90 年代以来，国际教育的议程主要包括"全民教育议程"以及"教育 2030 行动框架"。"全民教育"这一概念是在 1990 年召开的"世界全民教育大会"上提出的，大会通过了《世界全民教育宣言》和《满足基本学习需要的行动纲领》，重申了教育是一项基本人权，并敦促各国政府加大力度，目标是到 2000 年满足所有人的基本学习需求。之后，2000 年通过的《达喀尔行动纲领》，使得全民教育的目标更加具体化并确定了明确的时间表，国际社会重申了实现全民教育的承诺。同年 9 月，189 个国家在联合国千年峰会上签署了"千年宣言"，达成了"实现普及初等教育也有助于实现

---

① 刘宝存．"一带一路"中教育的使命与行动策略［J］．神州学人，2015（10）：4－7．

其他千年发展目标"的共识。2015 年，联合国教科文组织通过并发布了《教育 2030 行动框架》，以实现公平、全面、高质量的教育，使人人获得终身学习的机会为目标，提出了进一步推进全球教育发展的目标与行动举措。2030 教育发展目标是联合国"可持续发展目标"的一部分，全民教育所倡导的教育公平与质量、消除性别歧视、减少贫困、增加就业和促进社会和谐等理念，仍在新的教育发展议程中得以延续。①

可以说，"一带一路"建设教育行动与"全民教育""教育 2030 行动框架"倡导的理念相匹配，是具有国际教育发展认同基础的规划。根据教育部新闻办 2018 年发布的信息，推动共建"一带一路"教育行动，已列入"'十三五'规划纲要"中要实施的 100 个重大项目。力争做到经贸走到哪里，教育的民心工程就延伸到哪里，教育的人才培养就覆盖到哪里；力争推动教育发展和经贸合作并驾齐驱，成为车之两轮、鸟之两翼；力争发挥教育"软力量"四两拨千斤的作用，实现"一带一路"建设推进事半功倍。

◎ 我国"一带一路"教育行动初见成效

教育互联互通合作得到强化。积极推动学历学位认证标准连通，先后与 47 个国家和地区签订了学历学位互认协议，其中，"一带一路"国家 23 个；支持北外等高校开齐外语专业，实现外语专业设置全覆盖；重点组织开展国别和区域研究，设立专项课题，共发布了 141 项研究课题，其中 70 项涉及"一带一路"的 46 个沿线国家；设立"一带一路"沿线国家研究智库报告课题，系列报告覆盖 66 个沿线国家。

人才培养培训合作得以深化。2017 年通过国家公派出国留学方式派出非通用语种人才和国别区域人才 1419 人，涉及 36 个非通用语种、23 个"一带一路"沿线国家。其中非通用语种 977 人，国家和区域研究 442 人，覆盖 4 个国内空白语种。注重来华留学高端人才培养，设立卓越奖学金项

---

① 北京师范大学中国教育与社会发展研究院"一带一路"国家教育发展研究课题组．"一带一路"国家教育发展研究 [M]．北京：北京师范大学出版社，2017：8 - 11．

目，培养发展中国家青年精英和未来领导者：设立"丝绸之路"中国政府奖学金，承诺每年向沿线国家提供 1 万个奖学金新生名额。截至 2016 年底，"一带一路"沿线国家在华留学生就达 20 多万人：国家支持中国学生到沿线国家留学，2012 年以来，我国共有 35 万多人赴"一带一路"沿线国家留学。中外合作办学水平稳步提升，目前经教育部审批、复核或备案的各级各类中外合作办学机构和项目共有 2606 个。境外办学稳妥推进，截至 2016 年，我国高校已在境外举办了 4 个机构和 98 个办学项目，分布在 14 个国家和地区，大部分在"一带一路"沿线地区。

共建丝路合作机制得以推进。2017 年通过包括中俄、中印尼在内的八大人文交流高层磋商机制，签署 99 项合作协议，共有 1.6 万多名中外来宾与会参加相关活动，为我国外交健康发展进步夯实了社会与民意基础，教育国际合作在人文交流机制平台上得到实质性推进。此外，在传统的"中非高校 20 + 20 合作计划"教育援外项目的基础上，积极对接"一带一路"建设，将教育援外工作纳入教育部与相关省区推进共建"一带一路"教育行动合作内容，将项目申报范围拓展至与教育部签署《推进共建"一带一路"教育行动国际合作备忘录》的 14 个省区，支持签约省区院校共同参与。教育援外对象拓展至"一带一路"沿线国家。2017 年，共有北京大学等 89 所高校申报了 149 个项目。

——资料链接：教育部新闻办公室编《2018 教育热点问题 20 问》

二　边境地区在"一带一路"建设中的优势与挑战

"一带一路"建设改变了我国以往的东中西部地区梯度发展战略，使边境地区维护国家领土完整、民族团结和边疆安全的定位在得到加强的同时有所扩展，由全国发展的末梢转变为欧亚大陆的腹心，呈现出独特的比较优势。在共建"一带一路"国家广泛推动经济、文教等多方面交流的同时，我国边境地区正在经历着对外开放的纵深发展，逐渐成为"一带一路"建设的重要节点。边境地区与中原腹地、东部发达地区必将展开活跃的区域合作，也将与邻国展开更为频繁密切的教育文化交往，在不断深入的区域合作与国际交往中承担起全新使命。

（一）"一带一路"建设背景下边境地区教育发展的新机遇

"一带一路"建设赋予"边境"更加丰富深刻的内涵。在建设丝绸之路经济带、21世纪海上丝绸之路、孟中印缅经济走廊、中巴经济走廊等规划和行动中，我国对外开放已经到了新阶段，沿海地区开放，广大内陆地区也要全面开放；既要向东开放，还要强调向西开放，形成全方位开放的新格局。在这一新格局中，边境地区区域发展面临很大的战略机遇，一些边境地区处于桥头堡的重要位置，正在实现由大后方向对外开放"新热土"的转变。尤其是《推动共建丝绸之路经济带和21世纪海上丝绸之路的愿景与行动》这一国家级规划的正式公布，标志着我国"一带一路"构想开始从政策倡议阶段进入政策规划阶段。"一带一路"赋予西北边疆地区和东南边疆地区以及毗连区域以新的战略意义。[①]《推动共建丝绸之路经济带和21世纪海上丝绸之路的愿景与行动》明确指出了边境9省（区）的区位优势、对外开放战略定位及国际交流中的重点任务（详见表1）。边境地区正在新格局中探索区域教育、经济、生态、文化协调一体化的发展思路。

表1　边境9省（区）在"一带一路"建设中的区位定位及要求

边境省区		区位优势及定位	国际交流范围	作用与影响
西北、东北地区	新疆维吾尔自治区	向西开放重要窗口	深化与中亚、南亚、西亚等国家交流合作	形成丝绸之路经济带上重要的交通枢纽、商贸物流和文化科教中心，打造丝绸之路经济带核心区

---

① 刘复兴. 做好与"一带一路"战略相适应的教育政策规划研究［J］. 比较教育研究，2015（6）：8-9.

续表

边境省区		区位优势及定位	国际交流范围	作用与影响
西北、东北地区	甘肃省	发挥甘肃综合经济文化优势	加快兰州、西宁开发开放	形成面向中亚、南亚、西亚国家的通道、商贸物流枢纽、重要产业和人文交流基地
	内蒙古自治区、黑龙江省、吉林省、辽宁省	联通俄蒙的区位优势；建设向北开放的重要窗口	完善黑龙江对俄铁路通道和区域铁路网，以及黑龙江、吉林、辽宁与俄远东地区陆海联运合作	推进构建北京－莫斯科欧亚高速运输走廊
西南地区	广西壮族自治区	与东盟国家陆海相邻的独特优势	加快北部湾经济区和珠江－西江经济带开放发展	构建面向东盟区域的国际通道，打造西南、中南地区开放发展新的战略支点，形成21世纪海上丝绸之路与丝绸之路经济带有机衔接的重要门户
	云南省	面向南亚、东南亚的辐射中心	与周边国家的国际运输通道建设	打造大湄公河次区域经济合作新高地
	西藏自治区	—	尼泊尔等国家	边境贸易和旅游文化合作

在"一带一路"建设的推动下，我国与毗邻国家的基础设施建设更加完备、交通更加便利，由此拉近了我国与毗邻国家的空间距离。我国西北边境地区自古以来就与丝绸之路息息相关，有着很深的渊源，各族群众对丝绸之路有着很深的情感认同。这种天然的历史联系为边境地区教育合作交流在"一带一路"建设中进一步推进奠定了坚实的基础。随着边贸等形式的经济互动往来更加频繁，我国边民与毗邻国家边民之间的交往交流交融将更加密切，边民的心理距离将逐渐拉近。文化教育交流也将逐渐频繁，我国边境地区青少年与毗邻国家的青少年也会在交流中不断增进文化理解，对不同的文化更加包容。这些都为教育交流发展创造了新的机遇。边境地区的教育优先发展对维护国家稳定安全、实施科教兴国战略、协调发展区域经济、推进教育与社会公平、保护民族文化多样性以及加强与周边国家教育合作与交流等，都具有不可替代的重要作用。

（二）"一带一路"建设使边境地区教育政策规划生态环境的特殊性更加凸显

随着"一带一路"建设的启动与不断推进，边境地区与生俱来的地缘优势和资源优势得以充分发挥，正在实现由大后方向最前沿的角色转变。边境地区在拥有交流便利性的同时，又存在着一些潜在的教育安全风险，这些因素始终伴随着边境地区教育发展全过程。我国与周边国家陆疆接壤处边境线的划分，有的已经确定，有的尚未确定，而确定了的边境往往是一山之隔、一河之分，有的既无山岭之阻，又无江河之隔，只是在一片普普通通的土地上钉上几个界桩①。这样一来，边境地区具有得天独厚的文教交往便利性，边民在地域上近在咫尺，山水相连，土地相接，公路相通，船舟相渡，交往非常便利。在"一带一路"建设过程中，这些特点又被进一步放大，面临着新时代的新形势。区域地缘特点所带来的社会发展形势与特点，为边境地区教育安全带来了一定的压力。边境地区义务教育政策规划在特殊的生态环境中生存，其特殊环境表现在四个方面。

第一，教育对象的民族结构多样性。边境地区义务教育阶段的教育对象是未成年人，而且少数民族占有一定比例。少数民族与毗邻国家山水相连、语言相通、文化相似、习俗相近，保持着密切的经济、文化往来，民间交往频繁，成为加强与周边各国政治互信、经贸及文化教育合作坚实的社会基础。与此同时，居住在两个国家的同一民族对自身的身份认同较内陆其他民族更为复杂且更容易出现认同冲突②。在国境线两边居住的人们分属两个国家，但在民族上具有一定的历史联系，虽然置于不同的生活环境、政治形态下，但仍保持着相通的成分。在少数民族的认同心理中，如果国家认同下降到一定程度，或是国家认同与民族认同相比处于弱势的情境下，少数民族便会将其本民族的利益置于国家利益之上，此时，国家认

---

① 瑰乔. 边境民族教育基本特点浅论［J］. 民族教育研究，1990（1）：74–79.

② 王瑜，郭蒙蒙，张静. 西南民族教育文化特性研究［J］. 教育评论，2017（6）：43–47.

同危机便出现了，这将导致国家权威受到挑战，使国家的稳定受到威胁①。同时，义务教育阶段的学生尚属于未成年人，思想状态不够稳定、辨识能力不足、自律性不够、情绪波动较大，很容易受同伴影响。在与同伴朝夕相处中，从文具用品、衣着打扮到课外读物、游戏娱乐，点点滴滴中都存在文化的对话与交往，未成年人容易受到这些交流的影响。这就使教育对象面临着思想成长的问题，要通过教育，积极引导他们铸牢中华民族共同体意识，并增强文化理解与交融能力。

第二，教育发展环境的复杂性。边境地区教育发展起点低、质量差、水平滞后。这与历史条件、客观环境是密切相关的。自然环境方面，闭塞与开放并存。边境地区多在偏远的山区、牧区、高寒区，地理条件复杂，生态环境脆弱，交通闭塞，同时，又与周边国家陆路接壤，人口流动、文化交流、观念涌动具有很大的便利性。人文环境方面，民族文化、地区风俗习惯、教育观念等均对教育政策规划的制定与执行具有一定的制约作用。各民族交往交流交融趋势增强和涉及民族因素的矛盾纠纷上升并存，无论在现实世界还是在虚拟空间，随着我国对外开放的深化，全球统一市场的形成，地区封闭的打破，民族地区由对外开放的大后方变成了最前沿，各族群众交往交流的广度和深度都在迅速发展，各民族在交往交流交融中共同点不断增多；与此同时，影响民族关系的因素更加复杂，加之我国正处于改革攻坚期和社会矛盾凸显期，涉及民族因素的矛盾纠纷呈易发高发态势②。民族地区经济社会发展速度加快与发展水平依然滞后并存。边境地区与发达地区仍有一定的差距，仍有部分群众对教育的重要性认识不充分，成为全面建成小康社会的短板。

第三，外部环境非传统安全因素的增多。传统意义上，对边境的争夺多以局部战争、武装冲突为代表，"剑拔弩张"准确形容了边境战事的紧张。在当今社会，边境的争夺更加复杂，"如影随形""防不胜防"更能准

---

① 周平．边疆治理视野中的认同问题［J］．云南师范大学学报（哲学社会科学版），2009（1）：11-17.

② 国家民族事务委员会．中央民族工作会议精神学习辅导读本［M］．北京：民族出版社，2015：60.

确反映当今敌对势力的复杂性。一方面，诸如巴以冲突、朝韩对峙、泰柬交火等国际争端或局部战争中军事斗争方式不断升级，空间技术、信息技术及非常规性武器（如洲际导弹、核武器）等带来的间接威胁，将边境问题变得复杂起来①。另一方面，敌对势力以经济、资本输出等方式，对我国的对外贸易、市场秩序、货币流通进行干扰，以宗教、教育、文化等隐蔽性的手段，进行观念输出，影响我国边民尤其是青少年的价值观、世界观、人生观，以实现对社会主义核心价值观进行瓦解的目的。随着"一带一路"建设的逐步推进，我国边境地区对外开放程度将得到进一步提升，从而使我国与周边国家经济、政治、文化等方面的交流不断增加。在"一带一路"建设的过程中，"三股势力"的渗透和威胁可能会进一步加剧。虽然表现形式较为温和、隐蔽，但同样具有杀伤力。这些非传统安全因素的增多，为边境地区教育发展增加了难度。

由边境地区特殊的地缘特点所决定，我国边境地区教育政策规划的政策环境与政策目标都具有特殊性。我国边境地区教育政策规划要立足于边境地区社会发展，保持教育的适度超前性，运用系统性思维，宏观布局、统筹规划，发挥出对边境地区青少年思想成长引导、培育的积极作用刻不容缓。如何抓住"一带一路"建设机遇，做好与之相适应的教育政策规划，这是发挥教育维护国家文化安全、铸牢中华民族共同体意识、共建"人类命运共同体"等基础性作用的必然要求。

三　边境地区义务教育发展现状与"一带一路"建设要求的反差

"一带一路"沿线边境地区是教育问题较为突出的地域。边境地区义务教育发展的问题有其他地区普遍存在的问题，并以更加严重的形式表现出来。如：欠发达地区教育与社会发展之间的衔接不够紧密、教育与社会经济政治的关系不够密切；某些教育制度设计不够完善，针对性不强；由

---

①　苏德，陈中永. 中国边境民族教育论［M］. 北京：中央民族大学出版社，2012：3.

于县级财政自给能力较低，教育经费保障较为困难；教师队伍数量不足且结构性缺编较为严重，教师的教学胜任力不高等。同时，边境地区义务教育发展又有独特的问题，在铸牢中华民族共同体意识及维护国家教育安全等方面承担着艰巨的任务与重大的责任。边境地区义务教育发展中的普遍性与特殊性问题都反映出边境地区义务教育处于较为薄弱的状态，与"一带一路"建设的要求尚有差距。

（一）教育质量长期在低水平徘徊，仍处于粗放型发展模式

由于历史原因及区位地理原因，边境地区义务教育发展水平普遍偏低[①]，滞后于全国平均水平，甚至滞后于民族地区平均水平，与发达地区尚存在一定的差距。主要体现为：硬件方面学校办学条件较差、配套设施不足、标准化学校建设达标率较低、教育经费较为短缺，县域均衡发展难度较大；软件方面教育管理理念较为落后、依法办学水平较低、师资力量较薄弱、学生学业水平较低、教育创新能力较弱等。

国家义务教育均衡验收针对办学条件主要考量以下几个指标：生均占地面积、生均绿化面积、生均校舍建筑面积、生均体育场地面积、小学及初中理科教学仪器配备、音体美器材配备、百名学生计算机（台）、生均图书（册）、学生与教职工之比、高于规定学历的专任教师比例。在义务教育均衡化发展的过程中，尚未实现均衡发展的地区多集中在边境地区。以云南省为例，截至 2017 年，云南省 25 个边境县中还有 8 个县尚未通过国家义务教育均衡验收，占全省未通过国家义务教育均衡验收总数的34.38%。截至 2019 年 10 月，全国还有 136 个县未通过国家验收，分布在9 省（区），其中边境省（区）占 5 个。这意味着部分边境县在上述指标上还存在欠缺，未达到国家标准。学业成绩方面，边境省（区）整体偏低，而边境县又低于全省（区）平均水平。Y 省边境县语文、数学、英语

---

① 边境地区义务教育质量有所差异，普遍而言，边境地区义务教育质量低于全国发展水平，但局部地区义务教育发展水平较高。东北边境地区的某些县市义务教育发展水平较高，如延边朝鲜族自治州，教育质量在民族地区中较高，理科教学质量较高，学生学业成绩普遍较高，珲春市等边境地区已经由地方财政负担实现 15 年免费教育（从学前三年至高中）。

成绩均偏低，N 州尤为薄弱。

（二）控辍保学形势严峻，劝返工作受到多种因素制约

边境地区厌学、逃课、外出打工、"新读书无用论" 等 "非贫困流失" 现象仍有所体现，"控辍保学" 仍不能松懈。

辍学原因是综合复杂的，主要有以下三个方面。

第一，在思想上对教育缺乏足够的重视。社会层面，受经济因素的影响，边境地区对经济发展更加重视，仍存在 "经济要上，教育要让" 的观点。边境地区虽地处边缘地带，但也受到了市场经济浪潮的冲击，部分边民没有文化外出打工，进入工厂后比在家务农收入高。同时，边境地区虽然产业支撑薄弱，但由于物产较为丰富，加之边贸较为发达，一些边民从事贸易、物流，收入能达到小康的水平。因此，公众认为赚钱更实在，发展经济才是根本。同时，边民自身文化素质较低，不重视子女教育问题。新 "读书无用论" 有一定市场，边民的教育投资功利化思想蔓延。边民多较为短视，虽然义务教育阶段是免费的，但较高的大学教育成本及毕业生面临的严峻就业形势，导致许多家长送子女入学的积极性受挫，出现了新的 "读书无用论"，给义务教育的巩固、提高造成新的压力，学生巩固率特别是初中段的巩固率波动较大。在西藏自治区某边境县，不少家庭都有 "教育致贫" 说。集中的认识有两点：一是教育支出占全年家庭支出比重大，基本保持在 72%，当教育投资比重过大时，一旦有预料不到的事情发生，家庭很容易陷入被动，从而导致贫困。即使是实行 "两免一补" 的义务教育阶段，仍有不少家庭认为送孩子上学负担很重，比如交通费等。二是不少家庭在意教育的生产价值，认为 "如果没有回报，不如不读书"。"家里需要劳动力" "孩子成绩差，上学没希望" 和 "觉得上学不重要" 成为家长不送孩子上学或晚上学使用最多的理由。[①] 部分边民对子女厌学、读书无用的思想缺乏引导，对子女放任。在调查过程中，我们了解了 24 名短期辍学或流失学生及其家庭，通过和学生家长接触了解到，绝大多数学

---

① 案例来源：霍路叶. 西藏边境地区义务教育状况研究——以 X 市 X 边境县为例 [D]. 北京：北京邮电大学，2013.

生家长都愿意孩子继续上学，都积极配合老师、学校的劝返工作，但感觉到"孩子不听，家长做思想工作较为吃力，有效沟通少"。尤其是孩子学习成绩不好产生厌学情绪时，很难劝得动孩子。也有个别家长或监护人因自身素质的问题，把不送孩子上学看成是自己的家事，对孩子不去上学持默许态度，对学校、教师的劝返工作有抵触情绪。

第二，学校层面，学校教育内容的吸引力不足，部分学生对学校教育教学内容的实用性产生怀疑，缺乏学习兴趣。应试教育在边境地区仍较为常见，用考试成绩衡量、考核教师仍普遍存在。教师在升学率的压力下，围着考试指挥棒转。填鸭式教学、题海战术，体育活动、课外活动等时间及校本课程等非应试科目被挤占，种种行为使学生认为学习是为了考试，考试又考不好，学习兴趣就更低了。同时，边境地区完善的青少年宫、图书馆等配套设施不够充足，学生获取信息和学习知识的渠道单一。听不懂、学不会、考不好挫伤了学生的积极性，久而久之形成恶性循环，学生的学习主动性不足。个别教师对学习成绩不好的学生教育引导不得法、不充分，这些都加剧了学生的厌学。教师在对待学生辍学的问题上，往往是发现学生辍学再去做工作，对学生的思想动态关注不够充分。

第三，受到外部因素的影响。比如：边境地区多是少数民族聚居区，一些少数民族有其特殊的文化习俗，也对学生就学产生一定影响。中缅边境地区，傣族居多，傣族信仰小乘佛教，自古有以送幼仔入寺为荣的风俗，按俗规，6 岁以上的男童要到佛寺当小和尚，并在佛寺里学习傣文①。西北部分边境地区还存在重男轻女的思想，女生早婚早育，有的女生 14 岁就结婚生子。随着时代的发展，上述现象越来越少，已经基本消失，但在局部地区仍需警惕不良习俗的影响。再如：受边境地区国际流动性的影响，外国籍学生以及在国外有亲属的中国学生不够稳定，存在学生流失的现象。中缅两国边境地区各民族自古通婚互市，跨国婚姻较为常见。婚后离异者，按民俗离异子女随母回原籍。也有少数家长携子女赴缅或学习缅语，或经商，还有一些未成年子女由于父母离世而赴缅投亲。如上种种因

---

① 张学敏，贺能坤. 边境民族地区义务教育经费投入调查报告［J］. 教育与经济，2005（4）：12 - 15.

素，在一定程度上影响学生安心读书。

面对控辍保学成果巩固难度较大的形势，教师劝返任务繁重且难度较大，同时劝返工作缺乏有力的保障。教师在劝返过程中，缺乏专门的时间，多利用节假日等休息时间，所承担的教学、管理任务并不减量；缺乏专门的经费，教师上门家访、约家长沟通、与流失学生谈心，交通费、通信费等都需要教师个人承担；缺乏行之有效的方法，教师多是做思想工作，给家长摆事实、讲道理，实际上按时送适龄儿童上学是家长不可推卸的义务，家长对劝返工作的抵触、不支持应该受到法律强制性的处罚，但教师没有执法权，在劝返中处于不利地位，甚至遭到家长的斥责。

（三）学校布局调整出现两难，保障学生就学压力较大

乡村教学点裁并、脱离乡村实际情况是中小学布局结构调整教育政策实施中普遍存在的问题。边境地区由于山区、牧区较多，地广人稀，家庭居住较为分散，这一问题表现得更为突出。从学校布局调整的初衷来讲，是为了通过集中办学改善办学条件，提高教育教学质量。但在客观上，又加大了适龄儿童就学的难度。如过快、过度调整中小学布局，导致撤并农村学校快于、多于城市学校，撤并小学快于、多于中学，特别是大量撤并农村小学和教学点。新疆维吾尔自治区的小学从 2000 年的 6718 所减少到 2012 年的 3535 所，小学特别是农村小学的撤并力度过大势必会增加人民群众和学生的负担，影响九年义务教育的普及率和巩固率①。另外，学生就读寄宿制学校由于配套交通保障措施不到位，部分地方义务教育阶段中小学布局调整后上学距离过远，造成学生辍学新增，不利于巩固"普九"成果。

边境学校的裁撤就更具有特殊性。某自治区的某几所边境教学点由于办学条件不达标，按要求裁并了，学生并入完小上学。虽然学生的就学条

---

① 孟根其其格. 内蒙古边境牧业（半牧业）旗市民族基础教育现状调查及对策研究——以阿拉善左旗、科尔沁右翼前旗的民族基础教育为例 [D]. 呼和浩特：内蒙古师范大学，2007；张建仁. 边疆民族地区中小学布局结构调整的几点思考——以新疆中小学布局结构调整为例 [J]. 新疆大学学报（哲学·人文社会科学版），2015（1）：32 - 37.

件得到了改善，但家长和学生颇有怨言，因为家庭居住地离完小的直线距离并不远，但要"翻山越岭"，学生上下学非常麻烦，有的家庭由于接送困难索性不送孩子上学。某边境县一位家长①讲道："我们这里留守儿童较多，年轻人都外出打工了，留下老人和孩子，接送孩子上下学就是一件难事儿。远了孩子自己去不了，老人接送困难，尤其是要翻山，受不了。"调研发现，边境地区留守儿童的比例偏高，由于边境地区本地产业不够发达，外出打工成为边境地区百姓获得更多经济收入的主要途径，由此造成边境地区留守儿童的出现，广西壮族自治区、云南省、吉林省延边州都较为明显。在 NM 县留守儿童占了适龄学生的 30%，尤其是在靠近边境的 XM 乡中心校，80% 的学生都是留守儿童；在 JX 县，2012 年全县 7～12 岁的适龄儿童中，在校农村留守儿童占这一年龄段学生总人数的 49.69%。留守儿童占比较高，分散办学就更受百姓欢迎。除了便利性因素，边境地区分散办学也有更加重要的意义与作用。某边境县教学点的校长②表示："虽然教学点的教学条件、设施、师资尚不能达到两基国检的标准，但是边境教学点除了承担边境地区适龄儿童教育教学功能之外，还承担着稳定边民的作用。边境教学点保留是为边民生活提供配套教育设施的必要举措，对于为边民提供教育场所、对适龄儿童开展爱国主义教育，具有更大的意义。"某边境县中心校校长③认为："一所学校即一所哨所，在某种意义上讲，边境学校的意义就是存在，如果学校都没有了，边民守在村子里的可能性就更小了。"

在群众呼吁保留教学点、村小的同时，又面临着学校办学规模太小、招生不足的问题。由于居住分散，学校服务半径内的适龄儿童数量较少，且人口城镇化、外出打工带来了边境地区人口减少，甚至是乡村适龄儿童空巢的现象。调研中发现 Y 州有一所学校，三年级只有三名学生，其中一名学生表示，"下学期就要跟着爸爸妈妈到城里上学了"。N 自治区有一所教学点，从学前到六年级总共 20 多名学生，由两位老师通过复式教学的方

---

① 男，65 岁，学生的爷爷。访谈时间：2017 年 12 月。
② 男，42 岁。访谈时间：2017 年 12 月。
③ 男，37 岁。访谈时间：2019 年 7 月。

式进行。这些教学点、村小虽然办学规模小，但"麻雀虽小，五脏俱全"，教育教学活动、学校后勤管理等工作内容与其他中小学校是相同的，并不因为教学点规模小，就可以缩减教育教学环节、变更教育教学内容、降低教育管理要求。办学成本较高、教师工作压力较大、教育质量不高等问题在教学点中较为突出。

（四）教师队伍素质整体有待提升，教学胜任力不足

教师是推动教育发展的重要因素。相比办学条件、基础设施等硬件配置，教师队伍的建设是软实力的体现。边境地区随着教育投入的增加，硬件条件不断完备，与其他地区的差距逐渐缩小，但软实力与内地学校相比尚有较大差距，突出表现在教师队伍整体素质上。本课题选择内蒙古自治区、吉林省、广西壮族自治区、云南省、西藏自治区、新疆维吾尔自治区的部分边境县随机抽取 59 所中小学，对教师队伍进行了调研。管中窥豹，这些学校所反映出的教师队伍建设问题，具有一定的代表性。

第一，边境地区义务教育阶段的教师队伍学历层次基本达标，但教学胜任力不足。据调研，部分边境县义务教育阶段学校具有专科及以上学历的教师占 97.73%，中专（高中）及以下的仅占 2.27%，高中以下的仅占 0.13%（详见图 2）。2017 年我国小学专任教师学历合格率 99.96%，初中专任教师学历合格率 99.83%①。对照全国的教师学历合格率水平，边境地区专任教师学历合格率与全国基本持平，只有微小的差距，专任教师的起始学位较高、中级职称比例较高。但是，教师的学历层次并不能代表边境地区师资水平，事实上边境地区教师队伍中学非所教、教学技能欠缺、胜任力不足等问题非常突出。如：2015 年，N 自治区 XA 盟小学教师学历合

---

① 数据来源：《2017 年全国教育事业发展统计公报》。专任教师学历合格率，是指某一级教育具有国家规定的最低学历要求的专任教师数占该级教育专任教师总数的百分比。各级教育教师的最低学历要求，参照《中华人民共和国教师法》中的相关规定：取得小学教师资格，应当具备中等师范学校毕业及其以上学历；取得初级中学教师、初级职业学校文化、专业课教师资格，应当具备高等师范专科学校或者其他大学专科毕业及其以上学历；取得高级中学教师资格和中等专业学校、技工学校、职业高中文化课、专业课教师资格，应当具备高等师范院校本科或者其他大学本科毕业及其以上学历。

格率99.9%，专业对口率89.6%；初中教师学历合格率99.6%，专业对口率74.4%。一些新入职的教师并不是师范专业，只是考取了教师资格证并参加了事业单位公开招聘考试，被分配到中小学校工作。G自治区某学校的新入职A教师大学本科毕业，专业是计算机，非师范，现在承担数学课的教学。A教师评价自己的教学时谈道："小学数学课的知识点还是简单，应付小学的数学课还是富富有余的。考教师资格证也学习过教育学的相关课程，目前来看，我的教学是没有问题的。"该校校长[①]在谈到"所学非所教"的问题时，认为"从知识点的教学来讲，小学、初中内容都简单，也不会有太大问题。但是师范院校毕业的教师比起非师范院校毕业的教师不仅是专业素养的问题，而且是教育观念、教学方法、课程设计、课堂组织能力等多方面的欠缺"。而在边境地区中小学中，所学非所教非常普遍，有的是语数教师承担其他副科（自然、社会、思想品德、音乐、体育、美术等）教学；有的是音体美等副科教师承担语数外教学，尤其是新入职的学历层次较高的非师范专业教师，美术设计、计算机、体育管理等专业的教师承担英语、数学教学较为常见。

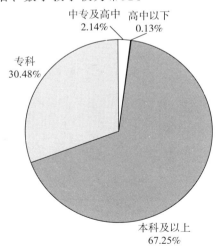

图2　部分边境县义务教育阶段学校教师学历层次统计

---

① 教师（女，36岁，教龄9年）和校长（男，45岁）属同一所初中。访谈时间：2017年12月。

第二，教师数量不足，结构性缺编严重。云南省边境地区中小学教师数量普遍不足。生师比逆向变化突出，在岗教师教学任务繁重，由于管理人员和服务人员缺乏，教师除承担教学外，还要兼任生活教师；寄宿制学校后勤炊事人员、安保人员招聘难、流动性大。同时，部分学科教师紧缺，如：小学紧缺音乐、体育、美术、计算机等专业的教师；初中紧缺数学、物理、生物、历史、地理等学科的专业教师。

第三，教师职后培训跟不上。从政策支持来看，各省（区）缺乏有关教师培训的具体政策文件规定。建立健全骨干教师培养长效机制，建立"骨干教师""学科带头人"科研经费奖励机制等都缺乏执行细则。教师培训的差旅费等都无法保障。边境地区教师参加国培、省培的机会较少。促进教师队伍专业化发展的相关措施缺乏可行性与操作性。调研发现，教师多认为缺乏专业成长的通道，在回答"您参加培训的频率如何？"时，56%的教师表示很少有机会参加教师培训。在教师参加过的培训中，国培、省培是常见的形式，但参加过省培、国培项目的教师表示，在培训中多是理论性的内容，针对教育教学方法、实践性操作性层面的内容较少，培训的内容很难运用到边境地区现有的教学情境下。从图3可见，边境地

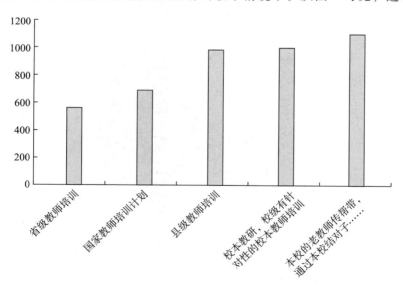

图3　教师对专业成长方式的评价

区从教的教师最希望的专业成长方式是常态化的校本教研方式，如：新老教师传帮带、结对子；有针对性的校级教研。这类培训方式具有成本低、易开展、灵活性高、操作性强的特点，尤其适用于新任教师培训。

第四，教师留不住。X 自治区边境地区从教的教师有个"八年定律"，即教师从教满八年，都会想方设法通过各种渠道调离边境地区。边境地区学校校长自嘲学校是"优秀教师成长的摇篮"。这位校长[1]分析教师留不住的原因时，讲道："X 自治区的自然条件较为恶劣，其实不仅是我们这里，边境地区都有这个问题。生态环境差、交通闭塞，基本属于'不包邮地区'。本来在边境地区从教的教师就要克服很多生活条件差带来的困难和问题，在这种情况下，城乡教师待遇差别较大，虽然边境地区从教的教师有边境补贴，但额度不大，吸引力不足。物质只是一方面，边境地区从教的教师在社会资源、专业成长平台等方面都处于劣势，教师也得考虑自己的职业生涯发展、家庭稳定、子女上学等问题吧。所以，我对待教师流动的问题表示理解，从个人感情上，我也盼着教师有好的发展，我们学校给不了，总得允许人家自谋出路。但是从学校发展的角度，我真是左右为难，想尽一切办法留人。除了情感留人，也没啥办法，现在也越来越不奏效。"

由上述边境地区义务教育发展的现状与特点来看，与"一带一路"建设的要求尚有较大差距。同时，"一带一路"建设使边境地区教育政策规划的生态环境特殊性更加突出，教育政策规划面临着诸多棘手问题。极大改善教育发展水平，缩小边境地区义务教育与内地的发展差距；推进义务教育县域均衡、标准化学校建设、师资建设等普遍性问题都是边境地区义务教育政策规划亟须解决的问题，但由于边境地区教育对象、教育观念、发展条件等多方面的制约因素，给解决上述现实问题带来了一定的难度，亟须形成边境地区义务教育质量提高与特色发展的思路与完善的政策保障体系，以减少多种制约因素的干扰，创造性地破解现实难题。

（五）教育对外交流较为随意，常态化机制不够健全

边境地区由于其特殊的地理位置，处于教育对外交流较为便利的地

---

[1]　男，47 岁。访谈时间：2018 年 4 月。

区。在教育实践过程中，"一带一路"沿线东部地区、沿海地区是教育合作交流较为发达的地带，留学生规模较大，合作交流较为规范。"一带一路"沿线边境地区义务教育阶段的教育对外交流较为频繁，形式较为多样。如：我国的中小学校与毗邻国家的中小学校经常组织一些文体交流活动，两边的师生可以参加对方的活动；毗邻国家的一些教师有学习汉语的需求，我国教师培训机构也接收毗邻国家教师开展中文培训；西南部分边境地区外国籍来华小留学生来我国边境地区就读中小学占有一定比例；等等。

边境地区教育合作交流呈现出与发达地区不同的特点，主要表现为：民间的教育交流较为频繁，管理较为松散、随意；教育合作交流以学习中文为主要内容；外国籍留学生来源国以毗邻国家为主，留学准入门槛较低，生源结构较为复杂，就读阶段主要集中在义务教育阶段，留学生就读的流动性较大。加之边境地区两国边民持边民证可以相对自由进出两国边境口岸，民间的交流非常频繁，也更加随意。在调研中发现，边境地区部分适龄儿童由于父母从事边贸经营，经常随父母穿梭边境线，较多地接触到毗邻国家的村寨、边民，结识了一些外国籍伙伴。由此带来学生安全、学籍管理、学生教育教学、行为管理等方面的困难。

与教育对外交流较为频繁、随意相对应的是，边境地区教育对外交流常态化机制不够健全，教育对外交流质量、管理水平有待提高。目前的教育对外交流活动并不成体系，随意性较强，在管理上也较为薄弱，亟待制度规范。同时，对师生参与教育对外交流的素养教育相对较为欠缺。对师生在教育对外交流过程中思想状态、文化观等方面的引导还不够充分，导致个别师生存在盲目攀比的心理，相应的教育安全观念不够强、警惕性不足等。

四　边境地区义务教育政策规划促进
"一带一路"建设的作用

在应对"一带一路"建设过程中沿线边境地区教育发展出现的新问题

及老问题时，教育政策规划应发挥出明确发展目标、确立发展思路、整合政策方案等重要作用。从《国务院关于加快发展民族教育的决定》（国发〔2015〕46号）来看，第27条专门就"支持边疆民族地区教育发展"做出了规定，这意味着边境地区的教育发展已经进入了国家层面决策者的视野。接下来，边境地区教育政策如何聚焦政策目标，如何围绕政策目标制定一系列针对性强、适应性佳的政策，如何在政策执行过程中对政策环境保持高度的敏感性和快速的反应能力以减少政策执行的张力？解答这些问题就要从做好教育政策规划开始。以维护边境教育安全为出发点，以构建教育边境线为目标，系统地规划边境地区义务教育阶段的发展思路。教育政策规划构成"一带一路"建设背景下边境地区义务教育大发展的逻辑起点与关键环节。

（一）提高教育政策的预见性

通过教育政策规划可以加强对"一带一路"沿线边境地区义务教育发展现状的研判以及发展趋势的预测。科学的教育政策规划建立在摸清发展现状、系统诊断现有问题、科学预判发展趋势的基础之上，在"一带一路"建设过程中，沿线边境地区义务教育存在的办学条件等硬件设施滞后、教师队伍等软件条件跟不上、教育开放交流非常态化等既有问题，是较为清晰的。形成这些问题的原因有哪些，尤其是有哪些制度性障碍，在"一带一路"建设进程中哪些问题会加剧，哪些会缓解，如何破解已有的制度性障碍，需要怎样的制度创新？通过教育政策规划，可对存在的问题及原因进行系统诊断，对潜在的问题进行预判，以前瞻的视角，判断未来发展的趋势，进而梳理出需要解决的教育政策问题。同时，教育政策规划还可以通过对拟采取的教育政策进行评估与监测，对其科学性、可行性、风险性等进行全面的评估。增强预见性，有助于提高教育政策的有效性。

（二）准确定位"一带一路"建设背景下边境地区义务教育发展目标

"一带一路"建设背景下边境地区义务教育发展除了国民教育普遍的

目标定位，还应发挥出哪些作用，确定哪些特殊目标，这需要教育政策规划从战略布局的角度加以明确。教育政策规划必须跳出就事论事的思维方式，站在战略发展的高度，构建筑牢"教育边境线"的目标体系与政策体系。"教育边境线"的战略目标则要求明确边境地区义务教育在三个层面上的发展目标定位。

第一，从教育本身而言，促进边境地区义务教育实现优质公平。补短板、强弱项，发挥出义务教育夯实基础、普及知识、引领思想成长的作用，这是最基本的目标，也是教育本体发展的目标。因此，促进县域义务教育均衡、控辍保学清零、改善办学条件等具体目标，是增强边境地区义务教育发展实力的前提与基础。只有教育本身强大起来，消除教育安全的隐患，才能发挥出教育的工具作用。

第二，从内部而言，铸牢中华民族共同体意识。边境地区义务教育阶段的教育对象特殊性以及社会发展环境的特殊性，要求必须发挥出学校主战场的作用，在引导适龄儿童思想成长方面发挥出不可替代的作用。尤其在"一带一路"建设过程中，沿线边境地区面临着我国与毗邻国家交往交流日益密切的形势，在交往交流中，应引导我国学生铸牢中华民族共同体意识，加强"五个认同"，增强国家认同感。

第三，从外部而言，讲好中国故事。"一带一路"沿线边境地区是传播中华文化、传递中国精神的一扇窗口。而教育是牵涉我国与毗邻国家成千上万家庭的民生问题。以孩子上学为纽带，展示出我国的教育大国实力，展现出我国丰富多彩的教育教学活动。在"一带一路"民心相通的过程中，发挥教育文化交流的作用，将我国的教育理念、教育形式以生动鲜活的方式展现出来，讲好中国故事，增强我国的教育影响力与吸引力。

（三）增强教育决策的系统性与科学性

教育政策规划通过统筹布局，化繁为简，聚焦主要政策目标，并对教育政策方案做出系统性安排，以提高决策的科学性。尤其在"一带一路"建设中，各种主体利益关系较为复杂、利益需求较为多样化，既牵涉教育内部与外部的关系，又涉及国内、国外两个大局。在复杂关系中，确保教育政策科学决策，使教育政策目标的实现最大化，教育政策规划是关键一步。教育政策就是各利益主体把自己的利益诉求通过一定的途径投入决策系统中，并对复杂的利益关系进行调整，最终对社会公共利益进行权威性分配的过程。在决策过程中，必须通过合理的规划，使各种政策措施瞄准政策目标、保持统一的方向、发挥出政策合力。否则，政策方案或自相矛盾，或不成体系，尽管每一项政策措施并无差错，但无法整合在一起，这样的教育政策并不能完全发挥出解决现实问题的作用。因此，从某种程度上讲，教育政策能够发挥出教育资源配置器、社会利益均衡器的作用，必须建立在合理规划的基础上。教育政策规划发挥着指引边境地区教育合理布局、科学发展的作用，并通过政策方案在教育资源的配置中发挥出重要作用。

教育政策规划通过完整的政策周期，使教育政策的各个环节统合起来，形成彼此依赖的政策链，并使政策链与政策环境高度贴合。教育政策目标的实现依赖于政策链与政策环境的良性互动。从实践中的问题进入政策视野，到各个主体利益需求的博弈，最终政策问题得以确定，启动政策议程，形成政策方案，展开评估与监测，整个教育政策规划过程相互联系，并在政策环境的动态调整平衡中不断调试，方可形成科学、合理、操作性强的教育政策规划。唯有在实施政策之前进行妥善的政策规划，才能增强决策的系统性与科学性，所制定的政策方案才容易被社会所接受，在政策规划的执行过程中才能更加顺畅，减少政策解释、宣传的难度。

第二章

边境地区义务教育政策规划文本和过程分析

教育政策规划是专门针对教育领域作出的规划。按照我国的规划体系，由国家级规划和地方级规划共同组成。目前，我国虽没有国家层面专门的边境地区义务教育政策规划，但诸多国家级教育政策规划中提及边境地区义务教育的相关内容，如《国家中长期教育改革和发展规划纲要（2010－2020年）》《教育脱贫攻坚"十三五"规划》《国家教育事业发展"十三五"规划》《兴边富民行动"十三五"规划》《"十三五"促进民族地区和人口较少民族发展规划》等国家级规划，对边境地区义务教育发展方向、框架做出了明确指引，对地方各级政府规划本区域教育事业发展提供了依据与遵循。在国家级政策规划的指导下，边境9省（区）针对本区域的教育发展形成了省级、地市州级、县级等地区教育政策规划。可见，教育政策规划以文本的形式得以体现，文本是对教育政策规划意识、思路、方法的记录与反映。通过对教育政策规划文本和规划过程的分析，可以对静态的、动态的教育政策规划进行立体呈现，发现边境地区现有教育政策规划的特点与局限。

一　主要教育政策规划文本的内容与特点

《国家教育事业发展"十三五"规划》是各省（区）制定地方教育政策规划的指导纲领。从这一国家级规划关于义务教育阶段的相关政策生态环境研判和制度安排可见，学校、教师、学生是最重要的政策对象（即受用者），针对不同群体存在的不同问题，提出了发展思路及具体的政策方案（详见表2）。在每一类教育政策规划中，政策问题、政策目标、政策价值、政策方案（制度安排）四个方面都是最重要的政策规划内容，都应充分体现出协调性的特点。完整的教育政策规划不仅仅指规划文本本身，而是一种前瞻性思维的整体设计，规划文本是规划思想最集中的体现，需要一系列相关制度设计加以补充，形成完整、协调的政策体系。这些政策体系是由上下一贯、左右衔接的具体制度安排所构成的。因此，不同层级针对同一群体的教育政策规划及其制度措施细则是规划意识的体现。本课题首先对《国家教育事业发展"十三五"规划》文本进行分析，梳理出国家级规划对学校、教师、学生三类主要群体的政策生态环境，政策问题判断、发展定位、政策目标确定及政策方案总体要求。进而对"一带一路"沿线边境9省（区）省级层面的"教育事业发展'十三五'规划"文本进行分析，探寻各省级政府如何就国家级政策规划对学校、教师、学生的相关目标进一步细化，并通过对已经颁布的相关教育政策进行分析，来判断教育政策规划意识是否到位、政策目标是否有连续性、政策方案是否有整体性等。

（一）学校相关的教育政策规划

学校相关的教育政策规划要点是缩小差距、提升管理水平，政策方案总体上围绕学校软、硬实力的提升与差距的缩小。基本办学条件达标，努力建设标准化学校，提高办学质量；现代学校制度建立，中小学校长负责制完善等方面是具有普遍性的教育政策内容。打造一批有特点的"国门学校"，加强边境学校建设；学校布局调整，适当裁撤教学点与小规模学校等是具有边境地区特点的教育政策。

1. 义务教育学校标准化建设

边境地区义务教育均衡发展在取得成绩的同时，仍落后于其他发达地区，因此，义务教育学校标准化建设成为教育政策规划的重要内容。《国家中长期教育改革和发展规划纲要》明确提出"支持边境县和民族自治地

表2　《国家教育事业发展"十三五"规划》对学校、教师、学生群体的政策定位

群体	政策生态环境	政策问题	政策目标	政策方案（要点）
学校	1. 九年义务教育全面普及，进入全面均衡发展新阶段 2. 国际：世界多极化、经济全球化、文化多样化、社会信息化 3. 国内：战略布局，国家战略、发展理念 4. 教育：包容、公平和有质量 差距进一步缩小，办学条件有较大改善	1. 不平衡、不协调；城乡、区域之间教育差距仍较大，优质教育资源总量不足、布局不合理 2. 学校办学活力不强	1. 实现基本均衡，差距进一步缩小 2. 学校办学条件实现新突破，教育信息化实现新突破	1. 推进基础教育课程与教学改革 2. 合理设置学校或学区，保障入学需求、完善义务教育免试就近入学制度 3. 学校管理制度建设、校长负责制 4. 优质教育资源共建共享
教师	教师队伍素质进一步提高	教师队伍素质和结构不能适应提升质量与促进公平的新要求	教师素质进一步提高	1. 加强师德师风建设 2. 提升教师能力素质 3. 吸引一流人才从教 4. 优化教师资源配置 5. 完善教师管理制度
学生	1. 受教育权保障 2. 贫困地区学生的体质健康得到改善	促进学生全面发展的育人模式与环境有待完善	全面发展	全面落实立德树人根本任务（思想道德素质、科学文化素质、身心健康；社会责任感、法治意识、创新精神和实践能力；学业水平和自主学习、终身学习能力）

方贫困县义务教育学校标准化建设"。边境 9 省（区）对义务教育学校标准化建设做出了包含三个层面的规划。

第一，补短板，推动义务教育均衡发展。边境地区中小学仍存在基本办学条件不足的问题，立足实践问题，实施全面改薄，补齐短板，是大多数边境省（区）义务教育政策规划提及的内容。如：内蒙古自治区提出，全面消除"土炉子""土灶台""大通铺"和旱厕等现象；黑龙江省提出，按照义务教育学校基本办学标准要求，重点支持集中连片特殊困难地区县、国家扶贫开发工作重点县、革命老区县、民族自治县、边境县改善义务教育学校教学及辅助用房、学生宿舍、运动场地等教学和生活设施；云南省提出，逐步使中小学生均占地面积、生均校舍面积、教学仪器配备、图书、体育场和绿化面积等指标基本达到国家标准，促进全省义务教育均衡发展。

第二，上台阶，推动更高水平的义务教育均衡。边境地区在基本办学条件达标之后应追求更高水平的教育发展，持续改善办学条件，向全国标准化学校看齐。如：内蒙古自治区提出，寄宿制学校生活设施全面实现标准化；辽宁省提出，推进新一轮中小学办学条件标准化建设；吉林省提出，办学标准化，更高水平上推动义务教育均衡；广西壮族自治区提出，实施消除义务教育学校"大班额""大通铺"攻坚；甘肃省提出，明确标准化学校建设标准。

第三，提质量，迈向现代化的优质教育资源扩面。教育信息化设备的配置水平是标准化学校建设的一个指标。边境地区中小学在信息化水平长足发展的情况下，仍显不足，多省（区）义务教育政策规划都对信息化建设提出了思路。如：甘肃省提出，加强教育信息化建设，实现中小学和教学点宽带网络和"班班通"全覆盖；广西壮族自治区提出，加快推进"三通两平台"建设，将学校网络教学环境和备课环境建设纳入义务教育学校建设标准；云南省提出，加快中小学功能教室建设步伐，全面完成中小学各学科教学仪器的配备。

2. 现代学校制度建立

现代学校制度建立是提高学校治理能力的要求，是教育治理现代化的重要组成内容。边境 9 省（区）对中小学校现代学校制度建立的规划主要围绕制度建设、组织建设、权利保障三方面。

第一，加强制度建设，推动中小学校治理有据可循。现代学校制度是由一系列制度组成的，依法治校、依规办学，建立在有章可遵的基础上。完善校长负责制是边境地区建立现代学校制度的必备内容，西藏自治区提出"完善校长任职资格条件和专业标准"。除此之外，内蒙古自治区提出，加强学校章程建设，全面落实"一校一章程"；黑龙江省提出，严格执行规范中小学办学行为责任倒查制和责任追究制；广西壮族自治区提出，全面落实教职工代表大会制，积极推行法律顾问制度。

第二，完善组织建设，奠定中小学校多元治理的组织基础。校长等管理人员并不是中小学校治理的唯一主体，而要逐渐让多元主体参与到学校的管理中来。吉林省提出，发挥职工代表大会、学生会、中小学家长委员会、校务委员会等机构和组织的作用；云南省提出，党组织发挥政治核心作用；西藏自治区提出建立中小学家长委员，引导社区和有关专业人士参与学校管理和监督。

第三，依法保障师生权利，尊重师生的主体地位。师生是学校建设与发展的两大主体，其权利保障是师生有效参与学校建设的前提。广西壮族自治区提出，完善师生权益保护机制和救济途径；云南省提出，全面实行校务公开，落实师生主体地位，依法保障知情权、参与权、表达权和监督权，主动接受社会监督；西藏自治区提出，切实保障教职工参与学校民主管理和民主监督的权利，保证教职工对学校重大事项决策的知情权和民主参与权。

3. 学校布局调整

边境地区也同其他地区一样，面临着城乡二元结构的状况，义务教育出现城乡差异、地域差异、校际差异。边境地区中小学校布局调整牵涉城市与农村两个层面，总体思路是促进城乡一体化发展，改变城市挤、农村弱的现状。黑龙江省提出，出台城乡义务教育一体化改革发展指导意见，统筹规划城乡学校布局和建设规模。

在城市，边境地区也同样面临学区间不均衡、学校布局优化的问题。

内蒙古自治区、辽宁省、黑龙江省都提出对城镇中小学校布局调整的思路，如：依法落实城镇新建居住区配套标准化学校建设，老旧城区改造配套学校建设不足和未达到配建学校标准的小规模居住区，由当地政府统筹新建或改扩建配套学校，确保足够的学位供给。吉林省也提出，加快解决城镇义务教育学位供给矛盾，新建、改扩建小规模学校。新疆维吾尔自治区提出，严控超大规模学校建设。

在农村，边境地区中小学校布局调整的特殊性在于对于撤点并校的谨慎决策。保留并办好必要的小规模学校和教学点，是边境地区乡村学校布局调整的共识。边民承担着守疆戍边的责任，因此为其子女提供配套的基本教育场所与设施具有重要意义。边境地区撤点并校除了考虑办学效率等因素，还要考虑生活便利等因素。内蒙古自治区、辽宁省、黑龙江省均提出，加强农村教学点和寄宿制学校建设，按标准配置教学点教室、课桌椅、教学仪器设备、图书资料、运动场地和音体美器材，保障基本办学要求。广西壮族自治区提出，规范义务教育学校撤并程序，办好乡村小规模学校（含教学点）；重点建设农村乡镇寄宿制学校，实现乡镇义务教育寄宿制学校全覆盖。云南省出台的《云南省人民政府办公厅关于进一步加强控辍保学提高义务教育巩固水平的通知》①严格校点撤并程序，提出确因生源减少需要撤并或条件成熟可撤并学校的，必须严格履行论证、公示、报批等程序，广泛听取学生家长、学校师生、村民自治组织和乡镇人民政府（街道办事处）的意见，保障群众充分参与并监督决策过程；已经撤并的学校或教学点，确有必要恢复的应重新规划，按程序予以恢复，避免学校布局不合理导致交通不便造成学生因上学困难而辍学。

4. 边境国门学校建设

国家层面的国门学校建设在 20 世纪初期启动，由教育部和财政部牵头立项，内容是做好边境沿线地区中小学校的规划与布局。国门学校建设的主要思路是：明确办学思路，根据我国陆地各边境县市的实际情况，搞好

---

① 云南省人民政府办公厅关于进一步加强控辍保学提高义务教育巩固水平的通知 ［EB/OL］. (2017 – 12 – 08) ［2020 – 06 – 29］ http://www. yn. gov. cn/zwgk/zfgb/2017/2017ndessq_1541/szfbgtwj_1544/201712/t20171207_145806. html.

边境沿线地区中小学校的建设规划和布局，逐步撤并过于分散且效益差的教学点，进一步改善边境乡村小学、中心校和初中；建设一批规范化寄宿制学校，改善边境地区学校的条件。在陆地边境沿线乡镇所在地和省、区级以上口岸建设一批寄宿制中心小学和初中，作为示范学校，按农村二类学校标准装备，树立国家形象。"十五"期间，在9省（区）范围内连续三年，共改扩建寄宿制小学200所，初中100所。国家层面的国门学校建设项目只启动过一轮，即2003～2005年。

（二）教师相关的教育政策

当前系统规划教师教育的国家宏观政策规划有以下三个：第一，2018年颁布的《中共中央、国务院关于全面深化新时代教师队伍建设改革的意见》；第二，2015年6月8日，国务院办公厅印发的《乡村教师支持计划（2015－2020年）》；第三，2010年出台的《国家中长期教育改革和发展规划纲要（2010－2020年）》，其第十七章专门对"加强教育队伍建设"进行了规划，并在论述义务教育、农村教育和民族教育等部分中，对教育队伍相关内容进行了规划。这些国家级教育政策规划均反映出我国对师资队伍的重视，并长期以来坚持对边境地区教师队伍建设给予照顾、扶助的差别政策。

第一，国家坚持对民族地区教师队伍建设实行优先保障、重点扶持的原则。国家坚持通过统一调遣、提高福利待遇、职务职级优先评聘等职前职后政策优惠，增强民族地区教师职业吸引力，以保证教师队伍稳定性。如1984年，《中华人民共和国民族区域自治法》规定，根据民族自治地方的需要，采取多种形式调派适当数量的教师，参加民族自治地方的工作，对他们的生活待遇给予适当照顾。1993年，《中华人民共和国教师法》规定，各级人民政府应当采取措施，为少数民族地区和边远贫困地区培养、培训教师。地方各级人民政府对教师以及具有中专以上学历的毕业生到少数民族地区和边远贫困地区从事教育教学工作的，应当予以补贴。可见，上述教育法律及政策确立了民族地区教师队伍优先保障、重点扶持的价值导向。事实上，对于民族地区教师的优惠政策已有较长时间的探索。如：1956年教育部发出《关于内地支援边疆地区小学师资问题的通知》，提出大力发展师范教育，扩大中等师范招生比例，培养师资。① 1979 年教育部、财政部、粮食部、国家民族事务委员会、国家劳动总局发出《关于边境县（旗）、市中小学民办教师转公办教师的通知》，边境 136 个县（旗）、市中小学民办教师（职工），经考核后合格的全部转为公办教师。②

　　第二，国家在教师队伍的准入上对民族地区教师队伍的数量和质量予以保障。抓住教师职前培养这一源头性环节，增强民族地区教师队伍培养的扶助力度，为民族地区教育公平提供坚实的人力资源支持。新中国成立以来，国家通过实施师范生公费教育政策、特岗计划、乡村教师支持计划、乡村教师定向培养计划等项目，向民族地区倾斜，明显提高了少数民族和民族地区教师队伍整体质量。其中，实施"特岗计划"后，2006 年以来累计招聘特岗教师 75.4 万人，2018 年招聘 8.5 万人，覆盖中西部 1000多个县 3 万多所农村学校。推进师范生公费教育，累计培养 33.5 万名高校毕业生到乡村任教，2018 年有 4.5 万人。启动实施援藏援疆万名教师支教计划，2018 年首批向西藏、新疆新增援派教师 4000 人。

　　第三，国家在抓好教师入口的同时以加强教师培训来保障民族地区的教师质量。实施"国培计划"等各类教师培训计划，通过丰富的职后培养，提升民族地区教师队伍的专业技能。国家安排资金，专门支持少数民族使用国家通用语言文字和民族语言文字教学的骨干师资培训，有效提升民族地区教师国家通用语言文字应用能力和专业教学能力。每年培训民族地区教师几十万人次。2012 年，《国务院关于加强教师队伍建设的意见》出台，强调民族地区教师队伍建设要以提高政治素质和业务能力为重点，加快培养一批边疆民族地区紧缺的教师人才。加大民族地区使用国家通用语言文字和民族语言文字教学的教师和音乐、体育、美术等师资紧缺学科教师培训。依托现有资源，加强民族地区教师培养培训基地建设。

　　第四，国家在教师准入、补充和稳定上对少数民族地区予以大力支

---

① 吴晓蓉. 内地西藏班（校）民族教育政策的流变及成效 [J]. 西北师范大学学报（社会科学版），2013（5）：66 - 72.

② 教育部、财政部、粮食部、国家民委、国家劳动总局关于边境县（旗）、市中小学民办教师转公办教师的通知（摘录）[EB/OL].［2020 - 07 - 04］http://www.law - lib.com/law/law_view.asp？id = 44036.

持。2015 年，《国家加快民族教育发展的决定》聚焦民族地区教育薄弱环节，加大对乡村教师队伍建设力度，着力破解乡村教师"招不来、下不去、留不住"等难题。2012 年，教育部等五部门颁布了《边远贫困地区、边疆民族地区和革命老区人才支持计划教师专项计划实施方案》，实施"三区"人才支持计划教师专项计划，由中央财政安排专项工作经费支持教师到"三区"支教。2018 年将"三区三州"纳入政策实施范围，选派2.4 万名优秀教师赴边远贫困地区、边疆民族地区和革命老区支教，西藏自治区、新疆维吾尔自治区南疆四地州、云南怒江州的边境地区均属于这一范围。2013 年，教育部、财政部印发《关于落实 2013 年中央 1 号文件要求对在连片特困地区工作的乡村教师给予生活补助的通知》，实施乡村教师生活补助政策。到 2018 年，中央拨付奖补资金 45.10 亿元，中西部22 个省份 725 个集中连片特困地区县，有 724 个县实施了乡村教师生活补助政策，覆盖 8.21 万所乡村学校，受益教师 127.21 万人。其中，包括189 个"三区三州"深度贫困县和 143 个"三区三州"以外深度贫困县受益教师分别为 18.79 万人和 31.83 万人。启动实施银铃讲学计划，2018 年招募 1800 名退休优秀教师到中西部乡村支教。实施乡村优秀青年教师培养奖励计划，2018 年起每年遴选 300 人，每人奖励 1 万元，连续实施 5 年。中央为在乡村学校从教 30 年的在岗和离退休教师颁发荣誉证书，截至2018 年发放 410 多万册 。2018 年，《中共中央国务院关于全面深化新时代教师队伍建设改革的意见》出台，对新时代教师队伍建设提出了明确要求，特别强调加强紧缺薄弱学科教师、民族地区使用国家通用语言文字和民族语言文字教学教师的培养，为民族地区教师队伍建设指明了方向，提供了政策保障，教师队伍建设的长效机制正不断完善。

◎ **教师相关教育政策要点一览**

---

1. 教师队伍准入、培养及补充机制

● 国家制定教师资格标准，提高教师任职学历标准和品行要求，建立教师资格证书定期登记制度；

- "县管校聘"、"省级统筹、统一选拔"的教师补充机制，严格用人标准程序；
- 改革"特岗计划"，扩大实施规模和覆盖面，将连片特困地区以外的省贫县列入支持范围；
- 全面推动地方师范院校加强师范生本土化培养，定向培养能胜任多科甚至全科的"一专多能的乡村教师"；
- 鼓励退休特级教师和高级教师到乡村支持讲学，中央给予一定的支持；
- 农村硕师计划、免费师范生计划、三支一扶计划。

2. 教师编制、职称评聘、福利待遇等保障机制

- 教师编制

教职工编制按照城市标准统一核定，其中村小学、教学点编制按照"生师比"和"班师比"相结合的方式。

- 职称评聘

按照县域内比例总体平衡，切实向乡村教师倾斜，乡村教师评聘职称（职务）时不作外语成绩、发表论文的刚性要求，注重教育教学工作业绩，注重教育教学方法，注重教育教学一线实践经历。

- 福利待遇

全面落实集中连片特困地区乡村教师生活补助政策，并根据学校艰苦边远程度实行差别化的补助标准；地方依法依规落实教师工资待遇政策，依法缴纳住房公积金和各项社会保险费；做好乡村教师重大疾病救助工作；加快实施边远艰苦地区乡村学校教师周转宿舍建设，各地按规定将符合条件的教师住房纳入当地住房保障范围。

- 荣誉奖励

在乡村学校任教30年以上的教师颁发荣誉证书；地方政策采取多种形式对长期在乡村学校任教的教师予以表彰；鼓励和引导社会力量建立专项基金对长期在乡村学校任教的优秀教师给予物质奖励。

3. 教师专业发展制度

- 教师培训

对义务教育教师进行全员培训，组织校长研修培训；对专科学历以下小学教师进行学历提高教育，使全国小学教师学历逐步达到专科以上水平。对教师实行每五年一周期的全员培训。加大民族地区使用国家通用语言文字和民族语言文字教学的教师培养培训力度。2020 年前，对全体乡村教师校长进行 360 学时的培训；按照乡村教师的实际需求改进培训方式，采取顶岗置换、网络研修、送教下乡、专家指导、校本研修等多种形式。

● 教师交流政策

城乡交流：实行县（区）域内教师、校长交流制度；县域内重点推动中心学校向乡村小学交流轮岗，乡镇范围内推动中心小学与乡村小学教学点交流轮岗。国际交流：开展大义务教育阶段校长和骨干教师海外研修培训。

——根据相关教育政策进行整理

（三）学生相关的教育政策规划

本课题对学生相关教育政策规划的界定，主要是依据教育政策规划的对象而划分，即该项教育政策规划以学生为对象而实施。控辍保学相关教育政策规划是保障学生最基本的受教育权，而且在边境地区面临着较为严峻的形势与艰巨的任务。民族团结进步、铸牢中华民族共同体意识是通过教育内容、课程教学载体对学生思想成长的引导，对于边境地区适应"一带一路"建设背景下日趋复杂的教育文化交往形势具有重要作用。接受外国籍小留学生来华就读中小学相关教育政策规划是边境地区一种特殊的学生类型接受教育的制度安排，既关系到边境地区教育秩序的稳定，也关系到我国教育大国形象的树立、教育吸引力的增强。本课题对上述三类较有边境特色的教育政策规划加以梳理。

1. 控辍保学

控辍保学是保障适龄儿童基本受教育权的基本教育政策。义务教育阶段具有强制性，家长不得以任何原因妨碍适龄子女接受义务教育的权利。

由于边境地区控辍保学清零难度较大、学生辍学原因非常多样，各级政府对义务教育阶段控辍保学高度重视，不仅在各省（区）的教育政策规划中对控辍保学做出了明确制度要求（详见表3），而且形成了较为完备的教育政策体系，反映出较好的教育政策规划意识。

表3 国家级规划与地方性规划关于控辍保学问题的内容对照

政策法规名称	具体内容
国家中长期教育改革和发展规划纲要	采取必要措施，确保适龄儿童少年不因家庭经济困难、就学困难、学习困难等原因而失学，努力消除辍学现象
国家教育事业发展"十三五"规划	建立义务教育巩固率监测系统，全面落实控辍保学责任制，建立行政督促复学机制，推动政府、学校、家庭、福利机构、共青团组织和社区联保联控
国务院办公厅关于进一步加强控辍保学提高义务教育巩固水平的通知（国办发〔2017〕72号）	坚持依法控辍，建立健全控辍保学工作机制；提高质量控辍，避免因学习困难或厌学而辍学；落实扶贫控辍，避免因贫失学辍学；强化保障控辍，避免因上学远上学难而辍学
内蒙古自治区"十三五"教育事业发展规划	全面落实政府、学校和监护人控辍保学责任，依托全区中小学生学籍信息管理系统建立控辍保学动态监测机制，加强对农村牧区、边远贫困等重点地区，初中重点学段，以及流动留守儿童、贫困家庭儿童等重点群体的监控，落实学校辍学学生劝返、登记和书面报告制度，巩固提高义务教育普及水平
甘肃省"十三五"教育事业发展规划	建立完善控辍保学机制，实行控辍保学"一票否决"制
黑龙江省教育事业发展"十三五"规划	建立义务教育巩固率监测系统，全面落实控辍保学责任制
吉林省教育事业发展"十三五"规划	加强中小学生学籍规范管理，推动政府、学校、家庭、部门联保联控，落实控辍保学责任制
辽宁省教育事业发展"十三五"规划	加强贫困地区义务教育控辍保学工作，确保适龄儿童、少年应学在学
广西教育事业发展"十三五"规划	建立义务教育巩固率监测系统，全面落实控辍保学责任制，推动政府、学校、家庭、福利机构、共青团和社区联保联控
云南省教育事业发展"十三五"规划	建立依法"控辍保学"工作机制。推进落实县长、乡（镇）长、村主任与教育局局长、中心学校校长、教学点校长共同负责的"双线""六长"控辍保学责任体系

续表

政策法规名称	具体内容
西藏自治区教育事业发展"十三五"规划	建立义务教育巩固率监测系统，全面落实县（区）人民政府、县级教育行政部门、乡镇政府、村居委会、学校和适龄儿童父母或其他监护人控辍保学责任，建立行政督促复学机制，推动政府、学校、家庭、福利机构、共青团组织和社区联保联控，落实控辍保学目标责任制和联保联控机制。建立控辍保学动态监测机制。健全控辍保学工作月报告和季度通报制度
新疆维吾尔自治区教育事业发展第十三个五年规划	建立义务教育巩固率监测系统，全面落实控辍保学责任制，推动政府、学校、家庭、福利机构、共青团和社区联保联控

　　围绕着省级教育政策规划，边境地区各地州、县市出台了一系列控辍保学的教育政策，从目标、手段、方法、保障等方面贯彻落实国家"坚持依法控辍、提高质量控辍、落实扶贫控辍、强化保障控辍"的要求，形成了有效的地方政策经验，从国家到省级再到地市、县构建了一套较为完备的政策方案体系。如：甘肃省出台《甘肃省重点地区控辍保学攻坚实施方案》，建立控辍保学定期通报制度，对控辍不力、未达到目标的，由上级政府对主要责任人、直接责任人予以约谈或诫勉谈话，责令限期整改。对经整改仍未达到要求的，对有关责任人按照干部管理权限予以组织调整或组织处理。云南省建立"双线"控辍保学目标责任制等，建立联席会议制度、留守儿童普查登记制度和社会救助制度；完善家长委员会和家访制度；完善一体化办学的评价标准和考核机制。西藏自治区建立工作联席会议制，建立义务教育招生入学摸排机制，实施四书制（即指乡镇人民政府联合村/居委会将《义务教育入学通知书》送达适龄儿童少年父母或其他法定监护人；法定监护人签订《保学责任书》；乡镇人民政府对辍学学生父母或其他法定监护人下达《限期复学通知书》；对逾期不改的，由当地乡镇人民政府依法发放《处罚决定书》）、控辍保学报告制、标准化建设台账、"三包"及免费教育政策、交通费补助等政策。

　　2. 民族团结进步教育

　　"广泛开展民族团结进步教育，强化'五个认同'和'三个离不开'

思想，促进各族学生交往交流交融，筑牢各族师生中华民族共同体思想基础，引导青少年学生树立和坚持正确的国家观、民族观、宗教观、历史观、文化观，增强中华民族归属感、认同感、尊严感、荣誉感"是《国家教育事业发展"十三五"规划》的要求。在"一带一路"建设背景下，边境地区的学校民族团结进步教育面临更加复杂的形势与更加艰巨的任务。边境9省（区）义务教育政策规划中都对民族团结进步教育做出了设计。

第一，加强机制保障。黑龙江省提出，建立民族团结进步教育常态化机制，促进各民族文化交融创新。民族团结进步教育实效性的提高需要常态化机制的保障。目前民族团结进步教育属于地方课程，弹性较强，在应试教育重视学生升学率的形势下，边境地区中小学民族团结进步教育专题课程的数量与质量呈现出一些差异，亟须建立常态化机制加以保障，使其制度化。

第二，完善地方专题课程，创新教育教学方式。广西壮族自治区明确提出，在义务教育阶段学校开设民族团结进步教育专题课，组织实施民族团结进步教育教学资源开发和地方教材编写计划、中小学民族团结进步教育骨干教师培训计划。云南省提出，在小学高年级、初中开设民族团结进步教育专题课。可见，发挥课堂主渠道是边境地区中小学校民族团结进步教育的抓手。

第三，丰富教育内容。边境地区根据地方的实际情况，对民族团结进步教育的内容有所扩展。如：广西壮族自治区把少数民族国家通用语言文字和民族语言文字教育、民族文化进校园教育活动及民族文化传承创新纳入民族团结进步教育的内容范围，指出"深入开展民族文化进校园活动，把各民族优秀传统文化融入中小学教材和课堂教学"。新疆维吾尔自治区将"抵御和防范宗教向校园渗透"纳入民族团结进步教育内容，并提出，"大力开展马克思主义唯物论、无神论和法治宣传教育，加强意识形态领域反分裂斗争教育，筑牢各族师生反分裂思想防线；依法治理宗教极端势力强迫学生辍学等现象"。

3. 外国籍小留学生来华接受义务教育①

随着"一带一路"建设的推进，教育对外交流将日益频繁。《国家教育事业发展"十三五"规划》对教育对外交流持鼓励态度，针对义务教育阶段提出"支持有条件的中小学校与国外学校建立友好学校关系，开展多渠道对外文化教育交流，拓展国际视野"，"开展大中小学校长和骨干教师海外研修培训，鼓励支持教师更广泛更深入地参加国际学术交流与合作"。边境地区作为开放的最前沿，将迎来更加频繁的教育文化交流，毗邻国家小留学生来我国边境地区就读中小学的现象也会更加普遍。《学校招收和培养国际学生规定》是我国现行的各级各类教育阶段来华留学生教育管理的合法依据。截至目前，我国边境9省（区）中，云南省颁布了《云南省接受外国学生管理暂行办法》；吉林省出台了《吉林省教育厅关于下放全省中小学校接受外国留学生管理工作权限的通知》（以下简称《通知》），并以《通知》为依据，延边朝鲜族自治州出台了《延边州中小学接受外国学生管理办法（试行）》，其他省份均没有出台此类政策。地方省市的教育政策与本地区的教育实践相呼应，形成了具有地方特色的做法，呈现出两种不同的政策思路（具体政策见表4）。同时，云南省由于在实践过程中遇到毗邻国家来华小留学生较为多见的实际情况，各地州也出台了一些政策，如：《沧源佤族自治县关于进一步加强外籍学生管理的通知》《金平县外籍学生管理办法实施细则》《普洱市教育局关于做好普洱市无国籍人员子女受教育权利等有关政策落实的通知》《那邦小学缅籍学生出入境管理制度》等文件，就学生管理、学籍管理等具体问题进行了制度规范。

表4　云南省及吉林省延边州已有关于义务教育阶段接受来华留学生的地方性教育政策

内容	地区	
	云南省	吉林省延边州
接收名额	学校招收外国学生名额不受国家招生计划和云南省招生计划指标限制	1. 公办学校接受外国学生的比例不得超过本校学生总数的10% 2. 对外商子女入学优先安排

---

① 李芳. 边境地区义务教育阶段来华留学生教育政策的模式建构——教育政策价值分析的维度［J］. 云南民族大学学报（哲学社会科学版），2019（1）：141 – 148.

内容	地区	
	云南省	吉林省延边州
收费	国民待遇，外国学生享受"两免一补"优惠政策	1. 收费：收费标准不得低于当地中小学生均教育事业经费，并报当地物价部门审批后进行收费 2. 对外商子女收费给予适当优惠，具体标准由县市自行确定
课程设置	1. 统一的教学计划安排外国学生的学习 2. 汉语和中国概况必须作为接受学历教育的外国学生的必修课	1. 按照我国现行的课程标准组织实施 2. 外国学生可免修政治课
教学语言	汉语	汉语言文字和朝鲜语言文字
毕业与升学	外国学生不能参加高考	1. 外国学生可自愿参加中考和高中学业水平考试，但其成绩不作为颁发初中和高中毕业证书的必要条件 2. 州内高中段学校对参加中考并升入高中段的外国学生，也应按照接受外国留学生相关规定办理入学手续，收费按照外国留学生标准执行
学位认定	中职、普通高中毕业证书使用云南省教育厅统一印制的毕业证书；其他使用当地教育行政部门印制的毕业证书	1. 外国学生学业期满，颁发相应毕业证书 2. 外国学生在延边州小学和初中学习满两年，可凭学业成绩向当地教育局申请颁发毕业证书；在延边州普通高中学习满两年，汉语水平通过 5 级以上的外国学生凭学业成绩单，向州教育行政部门申请颁发毕业证书

（四）小结：教育政策规划文本的改进空间

从国家级教育政策规划文本来看，国家对边境地区义务教育发展非常重视，针对教育均衡发展、师资队伍建设、学生思想成长、教育经费投入等关键问题，都给予较大力度的支持与倾斜，提出了对口支援、优先保障、优惠扶助等教育政策规划思路，出台了相应的制度措施，充分反映出教育公平的价值导向，对于基础薄弱地区、发展相对落后地区通过弱势补偿的倾斜政策加以促进、拉动。同时，国家级教育政策规划对于"一带一路"建设对教育的影响具有敏锐的洞察力，并持鼓励、支持的态度，要求加大教育对外交流合作，针对中小学阶段，强调了校长、教师加强对外培训交流和中小学校教育内容增加文化交流的相关内容两个方面。整体上，国家级教育政策规划为边境 9 省（区）的教育政策规划提供了方向与思路。但由于国家级教育政策规划的宏观性与普遍指导性，政策文本中对边境地区义务教育特殊问题的特殊教育政策安排反映不够充分。同时，地方级教育政策规划总体上沿着国家级教育政策规划的思路来进行政策方案设计，对特殊教育制度安排所做出的突破不足。

由此带来两个问题：第一个问题是国家的统一安排对于解决边境地区义务教育的某些特殊情况适用性不强。这样就导致边境地区在处理一些问题时无据可依，或者是运用国家的规定难以解决当地的问题。如，一位校长①在访谈中提出，"国家对于乡村寄宿制学校教师补贴等有相关的要求，但是我通过互联网查询、找教育局询问，都没有找到关于城镇寄宿制学校的相关办法。而且我们学校从性质上讲是一所城镇寄宿制学校，但我们学校的位置就在城乡接合部，和乡村学校仅有一条马路之隔。因此，教师补贴是不是也该有？由于没有国家政策，当地也不好决策，我们教师也有抱怨"。由于缺乏国家的政策依据，地方政府政策再制定就有一定难度，对于不紧急的事情容易选择暂时搁置的态度，不利于问题的及时解决；对于不得不解决的问题只能"摸着石头过河"，存在决策失误的风险。还有个别教育政策不完全符合地方实际的情况。如，一位在边境县从教的教师②在访谈中讲道："学校派我参加教育信息化培训，但是差旅费报销不了。后来了解到，教育信息化专项经费可以用于设备购置，人员费用不算在内。这样的要求在发达地区不成问题，但在我们这儿，县政府、学校也没钱，其他渠道出不了，只有自己出。如果参加培训还要自己出钱，而且还耽误了课，回来还要写总结、补落下的课，这种培训我可不想参加。"一位边境县的副县长③讲道："比如教育扶贫专项经费，我们想建教师周转房，但这是违规的，教师周转房不能从教育扶贫专项经费中列支。这笔钱

---

① 女，52 岁，访谈时间：2017 年 10 月。
② 女，37 岁，访谈时间：2019 年 5 月。
③ 男，42 岁，访谈时间：2019 年 5 月。

可以使用的范围是学校学生宿舍楼、食堂等建设、改水、改厕项目，义务教育阶段这笔经费我们最后主要用在了扶困助学补助（营养改善计划、免住宿费）、城乡家庭经济困难寄宿生生活费补助上了。教师周转房并没有资金来源，学校建校舍是有经费的，但有的学校校舍已经不需要再建了。"可见，针对不同地区的情况，教育政策适当调整是非常必要的。

第二个问题是国家级教育政策规划提出了明确的支持态度、鲜明的鼓励政策，明确了方向，但政策保障的力度不足，配套政策不够充分，导致教育政策规划中倾斜政策在执行中遇到困难，难以落实。基层教育行政人员把这类政策称为"只吹冲锋号，没有子弹、没有枪"，这样就难以支持原本好的教育政策落地生效。如，关于民族团结进步教育的相关政策，因为属于地方课程，就存在地方课程开发等问题，国家教育政策鼓励倡导各地根据实际情况开展形式多样的实践活动。但同时，对于课程内容组织、教学标准、课时安排、师资培养、教材开发、教育基地建设、实践活动经费等相关制度安排不够充分。由于不同地区自身观念和条件的差别，民族团结进步教育容易出现被弱化的现象。因此，配套保障措施完备有利于支撑教育政策规划执行。国家层面、地方层面的教育政策规划在设计政策方案时，应对配套保障措施给予高度重视，配套保障措施要细化且具有可操作性。

二　教育政策规划过程的经验与局限

教育政策规划以政策文件的形式下发，是对未来一段时间教育发展要求的规定。同时，政策规划是一种思维过程，是对边境地区义务教育发展的谋划、政策设计的创造性思维活动，体现决策者对教育发展全局的观念、布局、谋略。因此，政策规划是一种运用政策工具谋划发展的思维活动。在教育政策规划的过程中，文本是呈现方式，规划意识贯穿于规划文本编制及政策决策的始终。边境9省（区）在国家级政策规划的引导下，对本区域的教育发展进行规划，使国家政策规划中的精神能够进一步与地方实际相结合，从规划走向行动。边境9省（区）义务教育政策规划的过程中，积累了丰富的地方经验，同时也暴露出教育政策规划存在的局限。

（一）边境地区义务教育政策规划的依据

任何教育政策规划都不是凭空制定的，而是需要有相应的依据。依据是边境地区义务教育政策规划合法性与合理性的保障。只有建立在正确的政治方向、科学的发展方向基础上，边境地区义务教育政策规划才具有合法性和合理性。

第一，教育发展现状和未来发展方向。现有教育发展水平既是教育进一步发展的基础，又构成教育政策规划的政策生态环境。教育政策规划首先要确定一个发展目标，这一发展目标必须在现有发展水平上再"跳一跳"。在对现有发展状态研判的基础上，对未来发展方向进行科学预测。本区域教育发展的现有水平构成教育政策规划的基础。边境9省（区）对本区域义务教育现有发展现状从学习机会（中小学升学率、巩固率）、教育公平（中小学校标准化建设、薄弱学校改造、义务教育均衡验收）、发展质量（学校结构、经费保障、师资保障、信息化水平）三个方面进行评估，并总结了现有教育发展过程中存在的问题，多集中在教育理念落后，基本公共教育发展不均衡，城乡、区域、校际差异较大。同时，9个省（区）"十三五"教育发展规划从国家发展形势、国家教育战略、本地区教育发展定位、"一带一路"建设要求等方面对教育发展环境进行分析。这表明，教育生态环境非常重要，是做好下一阶段教育政策规划的重要依据。未来的边境地区义务教育发展应该面向产业结构调整与升级转型、边贸发展、学龄人口变化等宏观形势，应对"一带一路"建设过程中民心相通的要求，充分发挥出边境地区义务教育维护国家安全的基础性作用。

第二，党的教育方针与基本教育政策。党的十九大报告指出，"优先发展教育事业。建设教育强国是中华民族伟大复兴的基础工程，必须把教育事业放在优先位置，深化教育改革，加快教育现代化，办好人民满意的教育"。《中共中央关于坚持和完善中国特色社会主义制度　推进国家治理体系和治理能力现代化若干重大问题的决定》要求"坚持教育优先发展，聚焦办好人民满意的教育，完善立德树人体制机制，深化教育领域综合改革，加强师德师风建设，培养德智体美劳全面发展的社会主义建设者和接班人"。《中共中央关于制定国民经济和社会发展第十四个五年规划和二〇三五年远景目标的建议》要求"建设高质量教育体系，坚持立德树人，加强师德师风建设，培养德智体美劳全面发展的社会主义建设者和接班人"。这些都是党对教育事业的定位、对人才培养的定位。边境地区义务教育政策规划必须服务于党的教育方针与基本教育政策，发挥出基础性作用。

第三，已有关于教育的法律、法规。目前，我国已初步形成以宪法确立的基本原则为基础，以《中华人民共和国教育法》为核心，以教育专门法和行政法规为骨干，以教育规章和地方性法规、规章为主体的有中国特色社会主义的教育法律体系。[①] 民族地区还有各自的"区域自治法""民族教育发展条例"等地方法律、法规。边境地区义务教育政策规划要在法律的框架下进行，符合法律的原则与要求。

第四，上级领导的意见。领导意志与上述依据相比，科学性、规范性都存在一定的局限，但在教育政策规划过程中所发挥的作用非常大，在某种程度上，上级领导的意见是教育政策规划编制的重要依据。某教育行政部门官员[②]讲道："领导所接触到的信息是比较高层的，领导能更为全面地领会中央精神，而且领导有着更敏锐的政治嗅觉、更准确的判断力，他们往往更能高瞻远瞩，能把握未来发展的思路。"另外一位教育行政部门官员[③]认为"在教育政策规划过程中，我们所做的工作更多的是把领导的思想落实成文字，把领导的意思用文字清晰地表达出来。这是最高效的"。从基层工作人员的想法可知，"听上级领导的意见"是大多数官员较为普遍的一种心态。同时，我党对教育事业的全面领导，以及我党完善的选人用人机制，从科学性上很大程度保证了"上级领导"的政治素养与业务水

平，具备对管辖区域未来教育事业发展规划的研判与决策能力。

（二）边境地区义务教育政策规划的主体互动

国家级教育政策规划出台之后，地方政府都会纷纷行动，出台省级教育政策规划，由此形成层级响应模式，实现教育政策规划思想的层层落实。在每一个层级中，教育政策规划的主体都是一个联合体，这个联合体包含：政府（广义的政府），教育政策咨询机构、教育科研单位等其他智库性质的组织和机构、高校、专业群体（主要是专家学者），媒体、公众等。这些主体在教育政策规划的过程中，扮演的角色不同、承担的职责不同，并以各自的方式进行互动。

1. 以政府为核心推动教育政策规划

教育政策规划从酝酿到出台要经过一段时间，通常来讲，以年为计数单位。在教育政策规划的全过程中，政府（本级政府）以组织者的身份，发挥着规划主导者和推动者的作用；上级政府主要是领导职能，把握方向；下级政府主要是贯彻落实。本级政府运用行政权责，通过行政协调等手段，组织、牵头、推动教育政策规划全过程，对教育政策规划每一个环节的具体时间节点与行动路线都做好安排。

本级政府以行政系统为依托，启动规划前的调研环节。在教育政策规划正式编制之前，展开摸底调查，使规划更加符合教育发展实际。一位负责省级教育政策规划的官员[①]在回顾本省"十三五"教育事业发展规划的过程时，讲道："基线调研是规划的第一步。我区教育情况比较复杂，区内教育水平差距比较大，尤其是边境地区，教育发展受客观环境的局限较大。基线调研一方面实事求是地了解当前各地教育发展的真实水平；另一方面了解各地对教育发展的想法和思路。基线调研主要由政府各职能部门的人员组成，以教育行政部门为主，相关部门参与，也会邀请本地有名望的专家参加，分成不同组深入到各地中。"前期调研报告将成为教育政策规划编制过程中梳理政策问题、确定政策目标的参考。

---

① 女，42 岁，访谈时间：2019 年 7 月。

本级政府组织精锐力量具体起草教育政策规划，并以论证、咨询等形式完善教育政策规划。教育政策规划的编制由教育行政部门相关职能机构完成，有的省（区）完全由行政人员起草，有的省（区）请知名专家参与起草。在起草过程中，会根据规划进展，组织多次论证会，多由教育系统内部论证为主，由教育行政部门内设处室、单位参加。在规划完成阶段，启动政府系统内部意见征求，多由横向相关行政职能部门、纵向地方教育行政部门、专家意见征求三个层面的意见征求组成。

2. 以专家为代表的专业群体通过政策咨询参与教育政策规划

专业群体在教育政策规划的编制过程中有机会表达利益诉求与思想观点。专业群体所扮演的角色主要是参政议政，主要方法有三种。一种是长期固定地被聘请为参事室成员①，直接参与政府组织的各类调研，做好参政议政工作。某参事室成员①讲，"政府对我们的工作是有硬性要求的，必须要提交一定数量高质量的政策咨询建议。我的政策咨询建议就直接被省委书记批示了，要求有关部门研究落实。我参加了本省的'十三五'教育事业发展规划，主要工作就是政策咨询"。第二种是在研究过程中不定期通过特定渠道提出政策咨询建议。"现在高校评职称也比较重视参政议政，如果有被领导批示的政策建议，也算是学术成果。越来越多的高校老师、团队也更加重视提交政策咨询建议。由于我一直在关注我省的边境教育问题，围绕外国籍留学生就学、边境地区教育脱贫攻坚等主题，我也提交过几篇政策建言。但是反馈不是很畅通，有时只知道被批示了，但批示了什么、怎么处理的，并没有反馈。"高校教师Y②谈道。第三种是在学术研究过程中通过公开发表论文，表达思想观点，依靠自身的影响力对公共教育政策产生影响。

在边境9省（区）教育政策规划的过程中，政府都会邀请不同数量的专家参与规划工作。专家在教育政策规划过程中，主要在基线调研、规划起草、论证、咨询、意见征求等阶段发挥作用。为保证意见的全面性，论证、咨询、意见征求阶段的参与专家与基线调研、起草环节邀请不同的专

① 男，62岁，大学教授，访谈时间：2018年7月。
② 女，41岁，大学教授，访谈时间：2019年5月。

家参加。在不少省（区），专家都参加了教育政策规划的起草。参加起草工作的一位专家①用"分工与说服"来描述规划起草："我在参加规划起草时，专家分了几个组，每个组各负责一部分，先是分头写，然后再把每个部分整合在一起。不同专家的观点也是有分歧的，出现分歧的时候，就需要专家之间的辩论了，能说服对方接受自己的观点，达成共识，就能暂时出现在文稿中。当然规划起草的过程是漫长的，后期还要多次讨论、征求意见，专家写在稿件里面的内容也会有所变动。整体上，专家对政府官员的意见是尊重的，会在写作过程中把政府领导的想法反映出来。"还有一部分专家通过对规划文本征求意见等方式，提出自己的想法，发挥参政议政的作用。

3. 以公众为主公开征求意见

《国家中长期教育改革和发展规划纲要》是进入 21 世纪以来我国第一个教育规划纲要，备受关注，国家对公开征求意见环节也非常重视。专门颁布了《教育部关于做好国家中长期教育改革和发展规划纲要公开征求意见工作的通知》，要求地方各级教育行政部门和学校广泛发动，积极组织广大干部、师生员工建言献策。通过座谈、书信、电话、网络特别是电子邮件和来函等方式，提出建设性的意见和建议。要发挥本地本校专家学者优势，采取举办专家座谈会、组织专家在媒体发表引导性文章等多种形式，动员专家学者积极参与《规划纲要》公开征求意见工作。并由教育部办公厅牵头组织联合中国教育报刊社发起了"谋划教育事业科学发展——我为纲要献计献策"主题征文活动。可见，公开征求意见工作组织的严密性。从 2009 年 1 月 7 日到 2010 年 3 月底，先后开展了全国范围内的两轮公开征求意见。第一轮公开征求意见中工作小组办公室共收到电子邮件、信件 14000 多封，网民通过教育部门户网站发帖 11000 多条；各界人士在社会网站、高校校园网上发帖 210 多万条。② 第二轮公开征求意见中规划

---

① 男，54 岁，大学教授，参加过国家中长期改革发展规划纲要、国家"十三五"教育事业发展规划起草工作。访谈时间：2020 年 3 月。

② 《国家中长期教育改革和发展规划纲要》第一轮公开征求意见工作顺利结束 ［EB/OL］.（2009－03－02）［2020－06－29］http://www.moe.gov.cn/jyb_xwfb/gzdt_gzdt/moe_1485/tnull_32142.html.

纲要工作小组办公室共收到意见建议 27855 条，其中电子邮件 8317 条，信函 1064 条，教育部门户网站网友发帖 18474 条。此外，从媒体和网络收集的报道评论与意见建议 249 万多条。① 可见参与范围之广、群众参与热情之高。

与上述公开征求意见不同，边境 9 省（区）面向公众公开征求意见较为有限。政府的组织力度有限，并未广泛号召、动员本地师生、员工表达意见，组织相应的意见征求活动不够充分。这与公众高度关注本地区教育政策规划的诉求不相符合，公众较高参与诉求的表达渠道并不畅通。

4. 以媒体为主宣传教育政策规划并引导舆论

宣传引导是对教育政策规划正确解读、统一思想、凝聚共识的过程，也是公众了解教育政策规划文本背后的规划思想、发展思路的一个窗口。边境地区教育政策规划的宣传引导环节力度较低，主要是通过教育行政部门官方网站公布的方法进行宣传，并约请对此领域熟悉的专家撰写文章在报刊上刊登。政府行政部门对教育政策规划的宣传引导采取一种保守的态度，重点放在舆情稳定上，避免引发有争论性的话题。某报刊的编辑②在访谈中说："媒体是宣传引导的重要途径，除了在教育部门的官方网站上发布之外，还可以通过开辟专栏讨论的形式，在各大报刊对教育发展规划进行解读，邀请规划负责人进行高端访谈，刊登专家学者评论、解读文章，甚至展开征文活动，请大家一起来谈。我们报刊社也有过这样的设想，但实施起来也有一定难度。对于边境地区的选题就会更加谨慎。而媒体人在策划这种类型的选题时，也会考虑多种因素。"

（三）边境地区义务教育政策规划的技术方法

教育政策规划对科学性的要求较高，需要综合运用多种技术方法加以研判。边境地区义务教育政策规划在编制过程中主要的技术方法是依托专

---

① 《国家中长期教育改革和发展规划纲要》公开征求意见结束公告［EB/OL］.［2020 - 06 - 29］http://old. moe. gov. cn/publicfiles/business/htmlfiles/moe/s3602/list. html.

② 女，38 岁，供职于某部委直属媒体单位，所编辑的报刊在业内较为权威，访谈时间：2020 年 2 月。

家团队。

第一，行政体系内部论证。教育行政部门启动教育政策规划要遵循科学的方法。文件研读、测算、征求意见等是较为常见的方法。教育政策规划是集体智慧的体现，首先成立规划编制工作领导小组及工作小组，制定相应的工作方案，明确责任分工。通过会议研究、集体学习等方式，学习党和国家的教育方针政策及国家层面已经出台的相关宏观政策，地方政府还需学习上一级政府出台的相关政策文件及规划。然后组织力量展开基线调研，就发展现状与趋势、各级各类教育阶段发展策略、教育综合改革等专题运用实地观察、召开座谈会、集体访谈等方式，广泛听取地方、学校、教师、学生的意见，完成综合调查研究。根据调研掌握的现状与上一个"五年规划"制定的目标相比照，开展纵向比较研究，得出更为合理的政策目标；对发展环境与教育发展质量做纵向比较，对此次编制的"五年规划"关于学校布局、教师队伍建设、教育信息化等重点问题的发展思路进行梳理，确定本级教育发展目标定位，提出规划的大体思路与框架。在规划整个过程中，教育行政部门采取反复征求不同层面意见的方法，加强沟通、反馈、交流，使规划的思路进一步完善清晰。

第二，借助智囊团发挥政策咨询功能，辅助研判。教育行政部门在教育政策规划过程中，有强大的支持团队，即机关直属事业单位、科研机构、高校以及第三部门等。可以通过吸纳专家学者参与规划过程、开展委托课题专项研究、委托第三方评估及政策咨询等方式，增强教育政策规划过程的科学性。如 CZ 市在落实边境地区教育发展规划时，开展教育"双百工程"落实大会战行动，委托有资质的单位对校园平面规划进行编制，做到"一校一本，一校一图"，并对所有学校图书、教学仪器设备、桌椅等情况进行逐校摸底，登记造册，根据摸底调查拟定"全面改薄"所需资金额度和建设需求。[①] 在涉及资源配置、经费投入等重大问题上，教育行政部门多依靠专业团队进行科学测算。如：上海某研究机构负责人[②]表示，

① 钟海青，等. 广西边境民族教育政策研究：区域比较的视角［M］. 南宁：广西民族出版社. 2019：133.

② 女，45 岁，研究员，访谈时间：2019 年 6 月。

"我们的强项就是为政府部门制定规划提供依据，根据现有基础数据，对某地的教育资源、经费缺口进行预算，以明确应投入多少。近年来，我们所承接的项目涉及评估学校布局与学龄人口匹配程度、测算教师队伍需求量、评估教育项目效益等"。因此，教育政策规划是基于证据的定性与定量相结合的综合决策，在智囊团的智力支撑下，教育行政部门采取多种技术方法，科学决策的能力得到进一步提高。

（四）小结：教育政策规划过程的提升空间

从边境地区义务教育政策规划的过程来看，各环节的程序规范、多元主体参与、各种技术手段的应用，在一定程度上保证了教育政策规划过程的科学性。同时，与国家级教育政策规划相比较，边境地区义务教育政策规划仍有一定的提升空间。

1. 规划意识的进一步增强

教育政策规划是推动教育发展的有效途径，有助于提高教育服务社会政治、经济、文化的能力。边境地区义务教育政策规划的意义在于系统梳理教育发展现状，准确定位发展目标，形成教育综合改革的思路与路径，提升教育发展的质量和水平。因此，教育政策规划不仅仅是文本编制的过程，而应树立起一种规划的意识和思维，即：聚焦重点问题，提出一整套解决问题的办法，除了规划文本所提出的政策方案框架，还应出台一系列政策措施，进一步细化规划，形成相互配合的政策网络体系。反观边境地区义务教育政策规划过程，一些地方教育行政部门的官员对待教育政策规划还存在认识误区，规划意识还有待提高。

第一，将教育政策规划作为工作要求，被动应付。由于层级响应模式，国家级教育事业发展规划出台后，各省（区）要率先编制地方教育发展规划。因此，有些教育行政管理者将地方教育事业发展规划的编制作为落实上级指示的工作要求。一些行政人员以"不得不完成文案"的态度来对待。执笔撰写规划文本的教育行政部门官员，有的抱着硬着头皮完成任务的态度，冥思苦想；有的直接把近几年的材料按照规划的格式拼凑在一起，缺乏主动的思考以及对调研材料的深度分析。负责规划工作的一位官员[①]谈道："编制规划这个工作主要是要拿出文案，把文案写好编制规划的工作就做完了。写好文案有三部曲，先研究透国家的要求，再把握基本的格式，最重要的一步是了解领导对下一步教育发展的意图。一般情况下，把国家的最新要求写进去，套用'发展形势''指导思想、基本原则、主要目标''主要任务''组织保障'等结构框架，再准确反映出领导的想法就基本成功了。"可以说，这位写过不少规划文本的同志总结出的"三部曲"确实提供了编制规划文本的窍门，但也反映出一些官员的认识误区。做好规划不等于写好规划文本。教育政策规划的意义在于谋划，重要的是通过教育行政部门内部充分酝酿，积极发挥出组织领导能力，在全社会掀起关心教育、谋划教育发展的热潮，深入思考如何通过规划促进边境地区教育治理体系完善与治理能力提升的问题，而不是被动应付文案，文案只是规划意识的呈现方式，并不是重点。

第二，规划编制完成后束之高阁。规划编制阶段轰轰烈烈，专家团队、工作团队豪华配置，规划编制完成，履行完审批、报备程序，向公众发布，就意味着规划工作结束。后续规划如何落实、如何围绕规划制定一系列政策方案，无人问津。由教育政策体系性不强、配套措施不足可以看出边境地区教育行政部门的规划意识仍显不足。Y省一位边境学校的校长[②]提出，"规划用了很大篇幅对加强教师队伍建设提出了思路，但规划是比较宏观的，意义是提出了发展方向，具体到教师专业发展怎么推动、教师结构性缺编等问题怎么解决，规划是不能给出具体答案的。这需要后续的教育政策给出具体的方案，尤其要解决制约制度设计的体制障碍"。教育政策规划文本明确政策方向，后续要进一步完善制度设计，加强具体政策方案的出台，并追踪政策方案的执行效果，做好持续地调整与完善，这一系列过程都是教育政策规划的内容与环节。

从上述规划意识不足的问题可以反映出，边境地区教育行政部门仍存在把教育政策规划作为工作手段的认识，静止地看待教育政策规划，甚至存在一种"为了规划而规划"的心态。没有充分理解教育政策规划动态发

---

① 男，59 岁，访谈时间：2017 年 12 月。
② 女，52 岁，访谈时间：2017 年 10 月。

展的特点，以及诊断、促进教育发展的功能。事实上，教育政策规划蕴含着总结以往发展状态、诊断现在教育发展、指明未来教育发展方向三部分涵义，强调一种从过去到现在走向未来的发展逻辑与动态过程，需要一种系统性思维与发展性思维。

2. 程序正义下实质参与的加强

边境地区义务教育政策规划的过程中，吸纳了专家参与调研、编制规划以及征求意见等环节，并在公开征求阶段，也有较为有限的公众参与。从程序上看，较为完备，属于多元主体参与的规划模式。但从参与的范围、深度、质量等实质性因素来看，多元主体参与还需要继续完善。专家参与存在的主要问题是范围局限，能有机会参加规划过程的专家局限于少数人，数量较少、涉及面不广，而且呈现出一定程度的"选择偏爱"。X自治区某行政人员①对邀请专家的标准进行了"解读"："我们邀请的专家大多有共同的特点，比如：其思想观点与上级保持一致，政治正确是第一位的，具有较大的专业影响力，其性格较为温和，争议比较小，较容易被公众所接受。"参加意见征求的专家对自己在教育政策规划过程中所发挥的作用评价是"较为有限"。某专家②谈道："专家的作用是要负责任地提意见，大部分专家并不能全程参与到整个规划工作中来，不了解前端的意图和思路，也不了解政策规划的目标，仅是看看文本，难以了解文本背后的内容，因此提意见也较为谨慎。"而行政人员通常对如何发挥出专家的作用也感到困惑。专家的特长是学术研究，一些学术思维、理论观点具有前瞻性，但与实践有一定的距离，存在不切实际、难以转化为政策的问题。因此，行政部门为了帮助决策所启动的委托课题，课题结论有时也不尽如人意，专家的论证与行政部门的设想并不能完全吻合。

同时，公众参与还存在通道不畅通的问题。有家长③在访谈中说："在孩子的教育过程中，家长是比较被动的，大多数是教师提要求。家长有什么想法，很难表达出来。即便是有家校委员会，也只是个别家长有机会参

---

① 男，45 岁，访谈时间：2018 年 4 月。
② 男，59 岁，大学教授，一流大学一流学科带头人。访谈时间：2020 年 4 月。
③ 女，42 岁，职业为干部，访谈时间：2017 年 12 月。

与，而且家长也多是赞扬，真实的想法很难表达出来。更别说高高在上的规划了，普通百姓接触的机会非常少。"有教师①讲道："目前教师的工作量太大了，除了自己的教学工作，还有一些教学以外的担子，特别是下乡入户扶贫。我们也想有没有合适的渠道能让一线教师反映一下自己的想法，能参加意见征求会的教师代表都是优秀教师、学科骨干、年级组长等，基层的一线教师很少能参加进来。"因此，在公开征求意见的环节，应加大组织公众参与的力度，提供一些简单明了的参与途径，并将公众参与作为公民知情权的一部分，养成公众参与的习惯，将之常态化，真正应用于各项决策中。

3. 规划技术与规划能力的进一步提升

教育政策规划是一项技术含量较高的工作。尤其是边境地区义务教育政策规划，面临较为复杂的人口居住情况和人文情况，对于教育规模、教育布局、教育内容、教育发展模式的政策安排应建立在科学测量与评估的基础上。但在实践过程中，还存在技术支持不够强大的问题。基线调研是教育政策规划的必备阶段，而且边境地区教育行政部门对基线调研也非常重视，通过吸纳专家力量等方法增强调研的科学性，但调研结果与规划两层皮的现象仍然存在。调研发现的问题都是长期以来的硬骨头、老生常谈难以解决的问题，如学校基础建设跟不上、教师结构性缺编、教育经费投入不足、教育教学质量不高等。这些问题调研中即便发现了，也缺乏有效的政策创新，难以提出创造性的解决办法。在规划中仍以方向性指导的形式出现，制度安排还较为欠缺。

同时，存在调研过程中技术支持不足的问题，调研组研究工具设计、研究方法等不够完善，定性描述较多，定量分析较少，对教育政策规划提出明确量化指标的支撑不足，对调研发现的"点"的问题缺乏提炼总结。调研成果转化为政策规划还不够充分，调研是对"点"的问题的发现，教育政策规划是对"面"的问题的布局，所以在编制教育政策规划时，就容易出现调研发现的问题较为微观，难以反映在政策规划中。如：在研制

---

① 女，36岁，小学班主任、语文老师，访谈时间：2019年5月。

"教育现代化"专题教育政策规划时，内蒙古自治区、吉林省延边州、广西壮族自治区、新疆维吾尔自治区等地都被作为调研对象开展了基线调研。在调研中收集了丰富的案例和实践经验，也了解到各地关于教育现代化较为棘手的问题。但在教育政策规划过程中，由于规划文本有相对固定的格式和思路框架，一些个性化的问题放不进去。可见，调研报告与教育政策规划文本的融合度并不够好。

三　"一带一路"背景下利益相关者的政策规划满意度及诉求

边境地区教育情况差异性较大，不同利益主体对教育政策规划满意度总体上处于中等水平，且对教育政策规划有不同的期待与诉求，都希望通过教育政策规划，满足自身的教育发展需求。

（一）地方教育行政部门人员的满意度及管理诉求

总体来看，地方教育行政机构对本地区教育政策规划的满意度较高。根据对边境地区政府机构和教育行政部门人员的调研可知，48.87%的人员对边境地区义务教育发展现状表示非常满意，42.99%的人员表示比较满意，8.14%的人员表示不满意。35.75%的人员认为现行的边境教育政策制度和发展模式与"一带一路"建设背景下边境经济社会发展需求相适应，44.34%的人员认为基本适应，15.84%的人员认为不太适应，4.07%的人员认为不适应。49.12%的人员对本省的"十三五"教育事业发展规划表示非常满意，36.79%的人员表示比较满意，14.09%的人员表示不满意。可见，教育行政部门官员对当地教育政策规划较为乐观，认为目前的教育政策与当地社会经济发展情况较为匹配。

边境地区地方教育行政机构对需要进一步调整的教育政策有较为清晰的认识。地方教育行政机构对当前边境地区教育发展的差距认识较为明确，教育政策问题聚焦较为集中。在行政人员的问卷调查中，对影响边境地区教育发展水平的因素进行选择，"师资队伍建设跟不上"的选择率为

85.87%；"教育设施条件不完善"的选择率为72.28%；"政府投入不足"的选择率为61.41%；"教学与管理水平较低"的选择率为57.61%；"当地群众教育观念和意识有待增强"的选择率为53.26%；"边境教育政策落实不到位"的选择率为51.63%；"原有的基础太薄弱"的选择率为48.37%。[①]教育行政部门官员对边境地区亟待进一步加强制度设计的问题也有较为一致的意见，81.45%的人员选择"教师教育、队伍建设"相关的制度设计，67.42%的人员认为应加强"教育经费投入、改善办学条件"相关的制度设计，49.77%的人员选择"学校管理"相关的政策，47.51%的人员选择"学生管理"相关的政策，39.82%的人员选择"课程、教学"相关的政策。[②]可见，政策问题的判断与政策改进的方向选择率最高的三项基本是一致的，这说明行政人员对解决问题政策方案的思考是基于对问题形成原因的判断，具有较好的教育政策规划意识。同时，行政人员对边境地区义务教育政策规划关注的层面多集中在宏观方面，而且"保量"方面的内容较多，对于"保质"的关注还偏少，比如课程教学质量提升，关注度明显低于其他政策。

边境地区地方教育行政部门人员的管理诉求集中于顶层设计的加强，为地方提供更加贴合实际的教育治理制度依据。上述需教育政策调整与制度创新加以解决的问题，具有"知易行难"的特点。问题出在了哪儿，是非常清晰明确的，但在工作实践中解决这些问题就遇到了诸多困难。对于为什么会遇到困难，地方教育行政部门人员的归因主要在于政策依据方面，如：国家缺乏明确的教育政策，无据可依（42.6%）；国家针对某些问题的规定笼统、模糊（38.5%）；国家针对某些问题的教育政策不适合当地实际，不能"拿来就用"（34.2%）。[③]还有一部分归因于当地政策环境较为复杂、决策水平有待提高。这样的归因主要是由于边境地区义务教育确实存在不同于其他地区的特点，一些特殊问题需要国家教育政策的指导。

---

① 此题为多选题，百分比表示选择偏好，其和不唯一。
② 此题为多选题，百分比表示选择偏好，其和不唯一。
③ 此题为多选题，百分比表示选择偏好，其和不唯一。

以教师队伍的相关教育政策为例，可对边境地区义务教育政策规划需要加强顶层设计的诉求窥见一斑。边境地区教师结构性缺编是非常普遍的问题，边境学校音、体、美、计算机、英语等学科教师不足，教师整体超编，成为常态。但教师编制的问题被当地教育行政部门称为"无解的问题"。负责师资工作的官员认为，"编制核定的权力不在教育部门，财政部门从压缩财政支出的角度考虑，希望减少吃财政饭人员的数量，而教师是数量最大的群体，编制就被缩减。学校一再强调'小学科缺专业老师'，但在招聘时总是招语文、数学大学科的教师，理由是教师人手紧张，大学科教师可以兼任其他副科，小学科教师无法任教主科"。编制问题背后有一个更深层次的问题，即边境地区师资培养的问题。由于边境农村地区需要保留一定数量的教学点和村小，如 Y 省截至 2016 年底，边境县教学点1020 个，占小学学校数的 37.85%；G 自治区截至 2016 年，边境县教学点606 个，占小学总数的 62.41%。不少教学点、村小还保留着包班制、复式教学的方式，在这样的实际情况下，需要对各门课程都有一定了解的教师来承担教学，全科教师的培养就有一定的现实基础。因此，在教师专业化、教师学历层次提高、教师培养综合化等国际化趋势下，培养"一专多能"的全科教师仍然是一个重要的方面，可作为教师教育政策的一种补充，更加适合边境地区实际情况，有助于在一定程度上缓解教师专业不对口的问题。可见，边境地区义务教育阶段中小学教师师资引进来、留得住、教得好，除了地方政策配套，还需要国家层面对教师队伍培养、聘任、专业发展等多方面教育政策加强顶层设计，从源头上解决教师从哪里来以及教师在边境地区任教过程中如何保持较为满意的社会地位、经济待遇、专业发展机会等问题。

（二）教师（含校长及管理者）的满意度及发展诉求

根据对教师相关政策规划内容的分类，本课题通过问卷调查了解教师对现有教育政策规划的满意度。调研发现，根据标准化后的四点量表统计结果，内蒙古、吉林省、广西壮族自治区、云南省、西藏自治区、新疆维吾尔自治区 6 省（区）义务教育阶段教师对本省（区）实行的教育政策规划的总体满意度为 2.46（0~1.33 为不满意，1.34~2.66 为中等，2.67~4 为满意），处于中等水平，总体满意度评价一般。且各省（区）得分较为接近，位于 2.33~2.59。从分维度的满意度来看，各维度的满意度也位于中等，得分介于 2.4~2.54（详见图 4、表 5）。各省（区）在各维度上的得分也十分接近，各省（区）内部不存在差异较大的维度，省（区）之间也无较大差异。

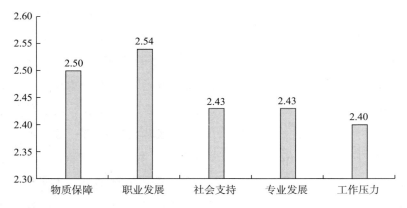

图 4　各维度满意度

表 5　教师对现有教育政策规划的满意度

单位：%

一级维度	二级维度	非常满意	满意	不太满意	很不满意
物质保障	绩效工资	6.9	43.8	35.4	13.9
	补贴	6.4	41.0	35.5	17.1
	五险一金	10.4	67.1	18.8	3.7
	周转房、宿舍	7.0	45.5	31.1	16.4
	其他物质奖励及荣誉奖励	6.5	42.6	37.3	13.6
职业发展	编制	5.8	50.6	33.7	10.0
	职称	6.0	42.2	32.9	18.9
	职务	6.1	50.7	31.4	11.8
社会支持	社会评价	8.7	53.8	29.1	8.5
	子女受教育	6.7	49.1	32.4	11.8

续表

一级维度	二级维度	非常满意	满意	不太满意	很不满意
生活环境	自然地理环境	2.6	34.2	59.2	3.9
	人文经济环境	1.3	86.8	11.8	0
	工作环境	2.6	69.7	22.4	5.3
专业发展	学历补偿	5.9	54.3	31.5	8.3
	职业培训	6.0	53.6	32.6	7.8
	教师交流	5.0	53.0	33.3	8.7
工作压力	工作量、时间、强度	5.3	48.4	34.8	11.5
	师生关系	8.4	68.4	19.8	3.3
	教师权利保障	6.3	49.0	34.6	10.1

从边境地区义务教育阶段被访的教师群体（包括调研问卷和访谈）所表达的诉求来看，教师工资待遇问题依旧是教师群体认为最亟待解决的问题，其次是关于职称评聘的问题。除此之外的主题词还包括教师的社会地位、子女的受教育问题、教师的工作量和工作压力、教师职后培训的问题以及边境地区教师的交通、住房等问题（详见图5）。由此说明，当前边境地区义务教育阶段教师的诉求以基本的生存需求为主。

图 5 边境地区中小学教师认为教育政策规划亟待解决的问题

根据教师的问卷调查，教师关注度较高的教师教育相关政策主要有三类，均与教师的切身利益密切相关。排在首位的是教师福利待遇相关的政策。在边境地区自然地理条件恶劣的情况下，国家制定了一系列激励性政策，吸引优秀人才投身边境地区教育事业。调研发现，37.84%的教师打算长期在边境地区从教，45.73%的教师表示"服从组织安排"；仍有3.33%的教师表示愿意工作3年；还有9.94%的教师抱着"一有机会就调离"的想法，不容忽视的是，免费师范生、特岗计划的教师占有一定比例；继续深造、考公务员是流失教师的主要去向；待遇低、生活贫困、个人发展受限制以及住房、通勤和子女受教育问题等成为教师流失的主要原因。当前我国边境地区义务教育阶段的教师主要来自本地师范院校和本地普通院校毕业生，事业单位公开招聘是教师的主要来源，免费师范生计划和特岗计划的教师占一定比例，但是这部分教师对于自身生存状况的满意度评价均不高。特岗计划的教师在物质保障、职业发展、社会支持、专业发展、工作压力几个维度上的满意度都低于其他教师。

排在第二位的是教师职称制度。不少教师反映，"中小学教师职称评审改革后，乡村教师评职称取消了指标的限制，只要达到标准就可以评，但评价标准对于乡村教师来讲还是比较高的，乡村教师比较难达到要求。城镇的教师，评职称还是有名额限制，评上高级职称的难度也比较大"。

排在第三位的是教师专业发展制度。边境地区教师教学能力偏低是制约教育质量提高的因素之一。提高教师教学胜任力的一个重要途径就是加强教师的在职培训。从当前教师职后培训的时间、方式、效果的满意度来看，教师对职后培训表示不满意的人数占比近50%，且教师对自身职业发展和专业发展的满意度均处于中等水平，有相当比例的教师表示不满意。有校长①谈道："边境地区中小学教师中还有一部分人是民转公的教师，还有一部分是以前的中师毕业，虽然很多人通过各种渠道也获得了大专或本科学历，但往往在专业知识上没有得到提高。高学历的教师也有一部分人属于所学非所教，专业不对口还比较普遍。在这种先天不足的情况下，职后培训的作用应加强。现在教师参加培训的机会还是比较多的，但国培、

---

① 男，53岁，访谈时间：2020年9月。

省培的效果不是很理想，理论多、实践教学偏少。而且，教师培训的经费是有的，教师走出去的机会偏少，参加本地区以外的培训比较少。"教师的专业成长有利于教师自身社会价值的实现和自我成就感的满足，制定丰富而实践性强的教师职后继续教育政策，破除限制教师专业成长的障碍，成为教师的强烈诉求。

教师对教育政策规划改进的建议多反映为加强教师相关政策的制定，不断完善关于教师教育与发展的制度设计。在调研中，不少教师认为"市、县一级的教育行政部门几乎没有出台比较具体、具有可操作性的有关边境地区义务教育阶段教师的政策；基本上是沿用中央政府制定的政策；对于国家的宏观教育政策，地方各级政府缺乏配套的措施进行落实"。这里强调了市、县一级教育政策完善的重要性，在国家宏观教育政策的框架下，需要地方教育政策进一步细化、完善。

（三）家长、学生的满意度及受教育诉求

家长对教育政策规划、学校、教师的满意度整体较高。3.5%的家长对学校教师的教学、管理不满意，3.1%的家长对学校提供的食堂、住宿等后勤保障不满意，2.4%的家长对学校开设的课程和传授的知识不满意，2.12%的家长对政府关于教育的政策不满意，13%的家长对子女学习成绩感到不满意。家长将子女学习成绩不好的原因归结为：学习没兴趣、学不懂（77%）；认为上学无用（8%）；上学不方便（7%）；传统观念的影响（4%）；教师教得不好（4%）。

学生对学校和教师的满意度整体较高。10%的学生对住宿条件不满意，5%的学生对学校的学习环境不满意，5%的学生对教学设备不满意，4%的学生对就读学校不满意，4%的学生对教学质量不满意，3%的学生对教师的态度不满意，3%的学生对教师的教学方式不满意，2%的学生对教师的敬业程度不满意。有21.1%的学生表示不喜欢上学，原因是对学习不感兴趣（40%）、学校离家太远（32%）、教学质量不高（15%）、学校条件差（9%）、上学无用（4%）。

可见，家长和学生的诉求主要集中在改善办学条件和提高教育质量两

方面。具体而言，进一步优化学校布局，家长和学生在选择影响上学的因素时，选择"学校离家远、上学不方便"的占较高比例。学校的住宿、食堂等后勤保障及教学设备配置，还有待改善。课程内容的丰富性、实用性以及教学方式的生动性需进一步提高，还应想方设法调动学习积极性。同时，教师也应对家长、学生的教育观念进行引导，消除"教育无用论"等错误认识。

（四）小结：构建适合边境地区义务教育发展的政策规划模式

不同群体对教育政策规划的诉求，围绕着基本办学条件、师资水平、课程教学质量等核心要素展开，从其本质上看，是对边境地区义务教育顶层设计及配套教育政策措施的诉求。因此，通过教育政策规划将边境地区义务教育政策体系协调起来，形成适合地方实际情况、对解决地方特殊问题有针对性的全新教育政策体系，是不同群体对教育政策规划的诉求。从边境地区义务教育中的现实问题入手可以梳理出一系列对配套教育政策的需求，以及相关教育政策规划的作用及价值（详见表6）。

表6   "就读"现象的现实问题、政策问题、政策目标对应表

现实问题	教育政策的价值定位问题	所需配套的教育政策
1. 我国是否应该接受外国籍小留学生来边境地区接受义务教育？	开放或封闭——我国边境地区义务教育的功能定位	边境地区学校布局、教育资源配置、教育合作及交流政策
2. 面对边境地区学生思想成长引导的特殊任务，课程内容是否有所调整？	国家教育安全——我国边境地区义务教育方向	立德树人育人体系、中华民族共同体意识教育
3. 边境地区从教教师是否具有国家安全意识？是否应将国家安全、民族团结等内容纳入职后培训中？		边境地区教师培养、培训制度特色化
4. 边境地区财政能力不足的情况下，教育经费投入是否应以中央或省级为主，减少县财政的支付比例？	政府责任、教育公平、教育资源均衡化配置	我国边境地区义务教育的经费投入体制及三级分配比例

续表

现实问题	教育政策的价值定位问题	所需配套的教育政策
5. 边境地区中小学如何安排国防教育、民族团结进步教育、民族文化进校园、国际理解等课程内容？	统一性与特色性、可选择性	我国边境地区义务教育课程特色化政策（含课程课时结构、地方读本、教育资源、教育实践活动组织等）

由此可见，边境地区义务教育发展中的现实问题所折射出的政策诉求是对边境地区义务教育政策全面统筹、规划的诉求。长期困扰边境地区义务教育发展的现实问题较为明确，不同群体对此都形成了较为一致的看法。因此，需要站在国家教育安全、国家教育战略发展要求的高度，立足边境地区义务教育发展的实际情况与政策环境，抓住"一带一路"等机遇，准确科学地研判当前边境地区义务教育阶段发展的现状、问题、趋势，找到当前边境地区义务教育的首要任务和使命，从长远利益与短期利益相结合、普遍利益与特殊利益相结合的思路，加强边境地区义务教育政策规划研究，对边境地区义务教育发展功能定位、发展模式、政策重点等作出全新规划。教育行政部门决策层面能够走出只见树木不见森林的思维误区，并改变只针对具体问题对症下药的教育政策模式，以及亦步亦趋的教育政策模式，能够触及问题的根本，改变制约问题解决的制度性障碍，探寻符合边境地区实际情况的、促进边境地区弯道超车的教育发展模式，从顶层设计上对边境地区义务教育发展思路与路径进行创新。

四　教育政策规划的思路和突破

边境地区义务教育政策规划虽然涉及局部地区，但具有十分重要的意义。通过对边境地区义务教育政策规划文本和过程的分析，以及相关利益者诉求的分析，可以进一步梳理教育政策规划的思路和特点。在此基础上，进一步探讨教育政策规划模式的改进空间。

（一）政策问题和政策目标的宏观性

教育政策规划是对未来一段时间教育发展方向的引导，并且对于全国、某一地区具有普遍性的指导意义，因此，所聚焦的政策问题、所提出的政策目标是较为宏观的方面。边境地区义务教育发展的国家级教育政策规划主要有《兴边富民行动"十三五"规划》《"十三五"促进民族地区和人口较少民族发展规划》《国家教育事业发展"十三五"规划》《国家中长期教育改革和发展规划纲要》。这些国家级规划针对边境地区义务教育政策问题的聚焦和政策目标的确定均较为宏观，围绕提高边境地区教育服务水平，提出义务教育均衡发展、学校布局调整、脱贫攻坚、国家通用语言文字和民族语言文字教育、民族团结进步教育等方面的要求（详见表7）。

表 7　国家级教育政策规划针对边境地区教育政策问题的聚焦与政策目标的确立①

政策问题分类	规划要求	规划文本
公共服务	边民上学难、看病难问题基本解决，劳动年龄人口平均受教育年限明显增加	A
	加快完善边境政务信息网络平台。支持电子政务、电子商务、远程教育、远程医疗、网络安全、社会信用体系等重大信息化工程和网络与信息安全设施建设	
脱贫攻坚	全力推进产业扶贫、就业扶贫、教育扶贫、科技扶贫、健康扶贫、生态保护扶贫、残疾人脱贫和兜底保障，提升贫困边民生产生活水平	A
	稳步实施教育脱贫攻坚"十三五"规划，实现建档立卡贫困人口教育基本公共服务全覆盖，保障各教育阶段从入学到毕业的全程全部资助。继续加大对边境地区家庭困难学生的贷款支持力度	
	加大教育对口支援力度，加强边境地区师资特别是科学教师和科技辅导员培训，选派优秀教师驻边支教，支持当地教师队伍建设	
	努力缩小区域差距。加大对革命老区、民族地区、边疆地区、贫困地区义务教育的转移支付力度	D
	继续推进定点联系滇西边境山区工作	C
	以民族自治地方、边境地区、人口较少民族地区的贫困地区为主战场，义务教育有保障	B

---

① 为表达更为便捷，政策规划文本用代号表示。A 表示《兴边富民行动"十三五"规划》；B 表示《"十三五"促进民族地区和人口较少民族发展规划》；C 表示《国家教育事业发展"十三五"规划》；D 表示《国家中长期教育改革和发展规划纲要》。表 7 的内容是上述文件的表述，只反映当时情况，不代表将来的发展趋势。

政策问题 分类	规划要求	规划文本
义务教育普及、 均衡发展	推动县域内城乡义务教育一体化改革发展，全面推进边境地区义务教育学校标准化建设，改善边境地区义务教育阶段基本办学条件，加强边境农村寄宿制学校建设，科学布局、办好村小学和教学点，提升边境学校教育质量，切实保障守土固边边民家庭学龄儿童就近就便有学上、上好学（边境地区教育建设工程）	A
	巩固民族地区普及九年义务教育成果，支持边境县和民族自治地方贫困县实现义务教育学校标准化；重点扶持和培养一批边疆民族地区紧缺教师人才	D
	推动义务教育均衡发展，支持义务教育学校标准化建设，全面改善义务教育薄弱学校基本办学条件，逐步提高义务教育阶段学校经费保障水平。加强寄宿制学校建设，因地制宜保留并办好必要的乡村小规模学校（含教学点）	B
科学稳妥推行 国家通用语言 文字和民族语言 文字教育	坚定不移推行国家通用语言文字教育，尊重和保障少数民族使用本民族语言文字接受教育的权利，加强国家通用语言文字和民族语言文字科普资源开发	A
	在国家通用语言文字教育基础薄弱地区，以国家通用语言文字和民族语言文字兼通为目标，建立健全从学前到中小学各阶段教育有效衔接、教学模式与学生学习能力相适应、师资队伍与教学资源满足需要的国家通用语言文字和民族语言文字教学体系	B
思想政治教育	深入开展爱国主义和民族团结宣传教育，牢固树立"三个离不开"思想，培育中华民族共同体意识和国家意识，不断增强对伟大祖国、中华民族、中华文化、中国共产党、中国特色社会主义的认同，树立正确的国家观、民族观、宗教观、历史观、文化观，不断增强维护民族团结和国家统一、反对民族分裂的自觉性、主动性、坚定性，传递民族团结的正能量	A
	在边境地区广泛开展爱国守边教育，大力宣传人民边防为人民、人民边防靠人民，筑牢人民边防的铜墙铁壁	
	健全民族团结进步教育常态化机制，把民族团结进步教育纳入国民教育全过程	B

从省级教育政策规划来看，边境9省（区）教育政策规划对教育政策问题的聚焦和政策目标的确立同样较为宏观，主要集中在义务教育均衡上。如：推进素质教育的整体合力还未有效形成，教育发展还不够均衡，区域、城乡、学校之间仍有一定差距，基本公共教育服务均等化水平不高

（内蒙古自治区）；全社会教育观念和教育理念在一些方面仍比较滞后（辽宁省）；仍然存在应试教育的倾向（吉林省）；优质教育资源总量不足和教育供给侧结构失衡问题并存，服务国家、区域发展战略和社会需求的能力有待进一步提高（黑龙江省）；义务教育均衡发展水平不高，"农村弱、城镇挤"问题依然存在，"大班额""大通铺"现象比较突出（广西壮族自治区）；保障教育经费稳步增长的机制还需进一步健全和完善，办学条件与育人环境有待改善（云南省），义务教育均衡发展任务艰巨，城乡之间、县域之间、学校之间存在较大差距（西藏自治区）；布局结构不尽合理，城乡、区域、校际不均衡问题仍很突出（甘肃省）；国家通用语言文字教育教学有待改进和加强（新疆维吾尔自治区）。因而，推进义务教育均衡发展、提高义务教育发展质量成为最主要的教育政策目标。基层教育行政部门人员对教育政策规划政策问题与政策目标的宏观性，有着非常深刻的理解。如："国家教育规划的宏观性是因为面向全国全口径，肯定不能面面俱到，对细枝末节的地方更是不会单独说明。而且国家锁定的问题和确立的目标都是目前义务教育最需要解决的。必须要明确宏观方向，微观问题才有可能解决。"① "省级教育规划也是较为宏观的，这是规划的特点，规划不是针对某一问题的解决，而是解决发展方向的问题，要解决某一类问题。"② "除了国家级、省级教育政策规划是宏观的，县级教育政策规划也是宏观的，这和规划文本有着固定的格式和写法有一定关系，任何层级的规划文本，要件内容、写作思路都相对统一。"③

（二）政策方案表达的一致性

以教育经费制度为例，边境地区与全国义务教育经费制度相一致，主要是"中央、省、县"三级分担。省（区）级教育政策规划中多有"义务教育全面纳入财政保障范围""城乡统一""义务教育经费应当随着财政收入的增长逐年增加"等指导性、原则性表述，与国家级规划并无明显区

---

① 男，41 岁，访谈时间：2017 年 12 月。
② 女，58 岁，访谈时间：2017 年 10 月。
③ 男，35 岁，访谈时间：2019 年 5 月。

别，并且各省区之间的差别微乎其微（详见表8）。

表 8　国家级规划与地方性规划关于义务教育经费问题的内容对照

政策法规名称	具体内容
义务教育法	第四十四条 义务教育经费投入实行国务院和地方各级人民政府根据职责共同负担
国家中长期教育改革和发展规划纲要	义务教育全面纳入财政保障范围，实行国务院和地方各级人民政府根据职责共同负担，省、自治区、直辖市人民政府负责统筹落实的投入体制。进一步完善中央财政和地方财政分项目、按比例分担的农村义务教育经费保障机制，提高保障水平
国家教育事业发展"十三五"规划	义务教育全面纳入公共财政保障范围，建立城乡统一、重在农村的义务教育经费保障机制
国务院关于进一步完善城乡义务教育经费保障机制的通知（国发〔2015〕67号）	建立统一的中央和地方分项目、按比例分担的城乡义务教育经费保障机制
国务院关于加快发展民族教育的决定（国发〔2015〕46号）	（二十五）完善经费投入机制。各级政府要切实增加民族教育投入，加快推进民族地区基本公共教育服务均等化
内蒙古自治区"十三五"教育事业发展规划	贯彻落实《内蒙古自治区人民政府办公厅关于印发进一步完善城乡义务教育经费保障机制实施方案的通知》，建立城乡统一、重在农村牧区的义务教育经费保障机制
甘肃省"十三五"教育事业发展规划	统一城乡义务教育经费分担机制；保障办学经费稳定增长（财政性经费进一步向义务教育和中等职业教育倾斜，向家庭经济困难学生和乡村教师倾斜）；逐步提高义务教育经费保障标准
黑龙江省教育事业发展"十三五"规划	义务教育全面纳入公共财政保障范围，建立城乡统一、重在农村的义务教育经费保障机制，统一城乡生均公用经费基准定额和"两免一补"政策
吉林省教育事业发展"十三五"规划	按照国家统一要求，不断完善城乡义务教育保障机制，逐步提高城乡义务教育学校公用经费标准
辽宁省教育事业发展"十三五"规划	根据国家办学条件基本标准和教育教学基本需要，制定、完善并逐步提高区域内各级学校学生生均公用经费基本标准或生均财政拨款基本标准。探索建立义务教育经费可携带支持机制，加大对贫困地区的教育经费支持力度，统筹好城乡义务教育资源均衡配置
广西教育事业发展"十三五"规划	落实统一后的城乡义务教育学校生均公用经费拨款制度。义务教育经费保障范围不断扩大，从"两免一补"（免学杂费、免教科书费、补助家庭经济困难寄宿生生活费）扩大到"三免一补"（免学杂费、免教科书费、免农村寄宿生住宿费、补助家庭经济困难寄宿生生活费）

续表

政策法规名称	具体内容
云南省教育事业发展"十三五"规划	加强农村义务教育经费保障工作，全面免除义务教育阶段学生教科书费和学杂费，实现农村义务教育学生营养改善计划和寄宿学生生活补助两个全覆盖
西藏自治区教育事业发展"十三五"规划	不断完善"国家为主、省级统筹"的教育经费保障机制，教育投入逐年增长。生均公用经费标准进一步提高
新疆维吾尔自治区教育事业发展第十三个五年规划	义务教育全部纳入财政保障范围，建立城乡统一、重在农村的义务教育经费保障机制

在地方级教育政策规划的过程中，省（区）、地州、县（市）应该根据本地的实际情况进一步细化上级教育政策规划的要求，或者进行政策创新。但在实践中，地方教育政策规划创新的空间比较小。除了主观上的原因，也有客观上受制因素较多、政策创新难度大的原因。县级教育行政部门人员提出："政策创新的难度非常大，教育问题往往是复杂的社会问题，不是单个教育部门就能解决的，但是教育政策涉及别的单位就需要反复沟通，尤其是涉及经费等比较重要的问题，较难达成一致。"① "很多想法是好的，但是制定成政策，需要较高的技术要求，要反复论证，为什么这个标准这么定，有没有依据，因为政策直接关系到不同群体利益的分配，必须要谨慎。出台一项教育政策要考虑很多方面的因素，难度确实比较大。"②

（三）不同层级教育政策规划沟通的单向性

在我国，教育政策规划依靠行政系统的运转层层落实，下级落实上级的政策规划。在这样的落实过程中，是由上到下的单向沟通。国家级教育政策规划出台后，各省（区）陆续出台本省（区）的教育政策规划，继而，各省（区）所辖地州进一步启动地州的教育政策规划，再落实到所辖的县（市）。在这一过程中，下级政府要认真领会上级政府的教育政策规划的思路和精神，研读上一级政策规划的具体政策方案安排，再对本级的教育政策规划进行研制。因此，这个过程中所体现的是下级对上级的

---

① 男，46岁，访谈时间：2018年4月。

② 男，47岁，访谈时间：2017年10月。

服从。

教育政策规划过程中，下级正式表达意见体现在两个环节上，即调研和意见征求环节。在调研阶段，国家级教育政策规划组织基线调研，或者是针对某一专题的调研，通过广泛的调研发现问题。下级可以将需要支持、帮助的事项向上级反映。但在调研中，由于目的性较强，与调研主题无关的内容容易被忽视或搁置。教育政策规划向教育系统征求意见的环节，下级教育行政部门也可以向上级提出意见。在这两个环节中，下级虽然有表达意见的权利，但距离"对话""沟通"还有一定的努力空间。下级提出困难、政策支持需求，上级对现有政策进行解释，总体上仍是单向的沟通模式。

这种单向的传达—服从模式，在一定程度上存在信息沟通不充分的问题。任何层级政府的教育政策规划都有成熟的思路和政策意图，文本背后都有具体的政策背景及利益需求的安排。因此，下级在不了解上级教育政策规划整个思路与意图的情况下，进行贯彻落实，就容易出现"政令不畅"或"执行不力"等现象。上级对下级所提出的政策诉求，由于缺少对地方具体情况的了解，可能会在判断时从自身的经验出发，偏离地方的需求。基层教育行政部门的人员[1]对此有较深的感受："下级贯彻落实上级的指示，这种服从的模式才能保证政令通畅。如果'上有政策下有对策'，那么上级的政令就会被歪曲，就走样了。有的时候上级的政策执行起来是有难度的，比如：以前的一些基建项目都有地方按比例配套的要求，由于地方拿不出配套的钱，就只能放弃这个项目。但事实上，这个项目对地方而言是非常重要的。如果能够上下级充分沟通，在配套方面做出一些调整，实际效果就更好了。"因此，上下级的充分对话与沟通，能在一定程度上促进上级的教育政策方案更加符合地方实际，能够更有效地解决地方的实际困难。

（四）小结：教育政策规划模式的调整空间

从教育政策规划文本和过程可见，在义务教育既有的制度框架下通过

---

[1]　男，42 岁，访谈时间：2018 年 6 月。

层级响应模式推动教育政策规划过程是我国目前教育政策规划的基本思路与主要特点。在制度框架上有所突破、在不同层级响应方式上有所突破，应是教育政策规划针对性、有效性进一步提高的方向。

1. 义务教育统一性特点下的顶层设计优化

义务教育统一性的特点是由其强制性、免费性的特点所决定的。义务教育是由政府向适龄儿童提供的基本公共服务，长期以来形成了统一的制度安排，如学制、课程体系、教材、教学大纲、考试评价、经费投入、师资、办学条件、资源配置等，并且有统一的质量标准，如国家义务教育均衡验收、标准化学校建设、义务教育质量监测等指标体系。可见，义务教育统一性体现在国家提供统一的保障与服务，达到统一的标准与要求。义务教育统一性的制度安排对于教育普及具有重要意义，尤其有利于老、少、边、穷地区和弱势群体适龄儿童基本受教育权的保障。长期以来，对边境地区义务教育普及、均衡、优质发挥出重要的推动作用。同时，由于边境地区义务教育起点低、发展水平滞后、治理能力相对薄弱等特点，边境地区义务教育仍属于一块短板，而且面临着"一带一路"建设的内外部环境的改变，更加需要针对性强的顶层设计为边境地区义务教育发展注入强大动力。顶层设计的优化核心目的是对长期以来难以解决的老问题和近期出现的新问题进行系统回应，给出边境地区义务教育与社会经济政治相适应、与"一带一路"建设教育新要求与新挑战相匹配的制度模式，以实现边境地区义务教育的健康快速发展。

顶层设计要解决的首要问题是改变"政策缺位"。边境地区义务教育政策规划应梳理出困扰实践的教育问题，并将其中能够通过教育政策手段加以解决的现实问题列入政策议程，确定政策问题，针对确实存在的现实问题、政策问题对症下药，克服无据可依的"政策缺位"。

顶层设计的一个重要功能是加强政策方案的协调性，解决"政策打架"的问题。由于政出多门，在缺乏有效沟通及统筹的情况下，极易出现从各自角度出发的政策方案设计。政策打架的极端情况是针对同一问题的教育政策出现矛盾，更为常见的情况是某一教育政策所提出的要求受到其他政策的限制而无法落地。如：教师编制、职称的问题；在边境地区从教教师子女就学、升学照顾政策等。教育政策规划运用系统性思维，加强顶层设计，对解决某一类教育政策问题通盘考虑，加强教育政策方案的协调性，促进不同主体的协同性，有效解决不同部门、不同主体的沟通问题，在政策方案的协调上做出努力，克服"政策打架"。

顶层设计还要重视完善政策系统性，解决"保障不充分"的问题。教育实践中，方向明确、路线清晰但是由于"缺枪缺子弹"而慢半拍甚至半途而废、达不到目的地的现象多数是由政策保障不充分所导致的，如经费保障不到位、人员保障不稳定、技术条件支持不够等。因此，顶层设计在指出方向与路线图的同时，要重视保障条件和保障机制，完善政策的系统性，使政策之间形成合力，这是教育政策能够顺利落地的重要前提。

2. 层级响应模式下的对话沟通形式改变

教育政策规划现有层级响应模式具有强有力的执行力，显示出行政系统的优越性。同时，传达—服从的沟通形式也可以进一步增强不同层级政府诉求表达的充分性，鼓励不同层级政府之间的对话、沟通更加充分。边境地区作为信息传导的最末端，尤其对于基层教育行政部门，中央精神的传导链较长、信息损耗较多，加之领悟能力有所差别，要避免"歪嘴和尚念错经"的问题，就必须建立层级沟通机制。下级与上级之间的对话与沟通建立在服从的基础上，事实上，在上级的教育政策规划正式形成后，下级必须服从，而且为了政策目标的实现要努力克服一些现实的困难。同时，任何层级政府都应对教育政策规划的设计思路、历史现实背景、目标等理念性的内容能够充分表达，并增加不同层级政府对话的渠道，下级政府能够充分提出困难与建议。因此，在层级响应模式的前提下，适当增加不同层级政策对话、沟通的形式，能够在一定程度上使教育政策规划更具有可行性，传递更加准确、顺畅。

第三章

教育政策规划的理论分析框架

  教育政策规划是针对教育领域的公共政策规划。因此，指导教育政策规划的理论来自两个方面，一是教育学的基本理论，二是公共政策、公共行政的基本原理。换言之，教育政策规划既要符合教育发展的规律，又要合乎公共政策的章法。由上述"一带一路"建设对教育发展、教育政策规划的形势要求可见，教育政策规划生存在"一带一路"建设逐渐深入推进的特定时空环境中，而边境地区教育发展的种种特点以及教育政策规划的特殊诉求，提示着教育政策规划所生存的复杂生态系统，既有共性的逻辑要求，又有个性的战略意义。应对复杂的教育生态系统与公共政策系统，生态学视角为教育政策规划提供了一个较为合理的观察问题、分析问题、解决问题的理论框架。现代生态学结合了人类活动对生态过程的影响，从纯自然现象研究扩展到自然—经济—社会复合系统的研究。[①] 生态学视角引入生态系统的相关概念与原理对社会现象进行解释，不仅是对生态学学科基本概念的迁移，而且是一种具有普遍价值的理论分析方法，阐释社会现象存在与发展的规律。教育系统由于培养人的特性，具有生命体—制度—环境之间特有的系统关系与生态平衡机制。教育政策系统是教育系统的子系统，既有自身的生态系统特征，又构成支持、影响教育系统的生态

[①] 杨志成. 新中国基础教育政策价值取向演变——政策生态学视角 [M]. 北京：教育科学出版社，2015：20.

机制。

一　教育生态学的理论基础

教育生态学（Educational Ecology）是 20 世纪 70 年代中期兴起的一门学科，它是教育学和生态学相互渗透的结果。生态学研究生命系统和环境系统之间相互作用的规律和机理。教育学则研究教育发展的规律，以及社会对教育的影响和教育在社会发展中的地位和作用。而教育生态学是依据生态学原理，特别是生态系统、自然平衡、协调进化等原理，研究各种教育现象与成因，进而掌握并指导教育发展的趋势和方向。教育生态学的诞生，既是生态学发展与分化的产物，也是教育理论工作者自觉地运用生态学的原理和方法研究教育问题的开始。① 本课题关注教育政策规划的生态问题，即重点考察教育政策规划在教育生态系统中的作用，教育政策规划生态系统的结构、特点及影响因素。

（一）教育生态学的主要理论观点

第一，教育生态学针对当时教育环境由简单向复杂的变化所提出，关注到影响教育格局的多种因素。1976 年，美国教育家、前哥伦比亚大学师范学院院长克雷明在其所著《公共教育》（*Public Education*）中率先提出教育生态学概念。教育生态学所提出的背景是当时教育环境出现的由单一向多元的复杂变化。当时的变化主要是：教育不仅限于学校教育，而且广播、电视等大众传播媒介由新兴转为普及；家庭教育的作用越来越大。因此，需要从生态学的视角审视因素更加多元的公共教育，教育生态学的概念与理论应运而生。从今天的发展形势观之，教育环境呈现出更多新的变化，教育越来越走向公共教育，表现为家庭、各种社会组织通过多种途径对教育产生深刻影响；算法时代各种新媒体涌现，对教育教学带来革命性的影响；全球化浪潮使世界各国联系得更加紧密，任何一个国家都无法避

---

① 吴鼎福. 教育生态学刍议 ［J］. 南京师大学报（社会科学版），1988（3）：33 – 36，7.

免多元价值观、文化多样性的冲击。可见，在当今更为复杂的公共教育发展格局中，教育生态学的价值更加凸显。

第二，教育生态学对教育内涵从广义加以界定，从多个角度强调了教育过程的多样性。教育生态学理论首先建立在对教育内涵理解的基础上。克雷明将教育界定为蓄意地、系统地和可持续地传递、唤起或获取知识、态度、价值、技能或感知的努力，以及获得其他结果的努力，是有价值的；教育以社会学家所谓的社会化或者人类学家所说的文化适应更受限制；教育者试图教授的东西与平常生活中所学的常常会存在矛盾。① 克雷明对教育的界定，从不同角度强调了教育过程的多样性。如：教育的目的性，即"蓄意地"，教育不是漫无目的的，而本身就是规划好的，是为了实现某种目的的周密安排。教育的关系性特点，即"系统地"，表明教育本身由复杂因素构成并受到多种因素影响。教育的长期性特点，即"可持续地"，教育是日积月累的过程，而不能一蹴而就。教育作用于教育对象的维度，即"知识、态度、价值、技能、感知"，教育是对教育对象多层次、多方面的影响与塑造。

第三，教育生态学的核心观点在于"把教育视为有机的、复杂的、统一的系统"，明确了教育生态系统的运行特点。由这样的教育概念可见，教育本身存在着一个复杂的生态系统，教育内部之间、教育内部与外部之间都有密切而复杂的联系。贯穿克雷明教育生态学理论的核心是把教育视为一个有机的、复杂的、统一的系统。教育生态系统中的各因子（学校及其他教育者）都有机地联系着，这种联系又动态地呈现为一致与矛盾、平衡与不平衡。② 因此，对学校来讲，既要与其他教育机构接合（Engagement）、联动（Linkage），又要有自己的议程（Agenda），后者的目的在于保持学校自身的完整与平衡。③ 生态学模式的要点在于指出教育情形的范

---

① 劳伦斯·A. 克雷明. 公共教育 [M]. 宇文利，译. 北京：中国人民大学出版社，2016：20.
② 范国睿. 劳伦斯·克雷明的教育生态学思想述评 [J]. 四川教育学院学报，1995（2）：25–29.
③ 郑晓锋. 克雷明教育生态学理论探究 [D]. 杭州：浙江师范大学，2010：19.

围和复杂性。① 这种复杂性表现在目的—手段—效果之间的冲突与不可控。克雷明注意到，不仅在公共教育的公立学校领域内目的与手段之间存在冲突，而且公共教育的其他领域如家庭、宗教组织、工作场所和市场、图书馆、广播电台和电视台、博物馆、日托中心、童子军等的内部及其之间也经常存在着冲突。② 这种冲突的解决就需要维持教育生态的平衡，尽量保持各种因素的协调。

　　第四，将教育生态学与教育政策制定建立起联系，提出"综合地、相对地、公共地"三种思考方式。教育的生态学观点对教育政策制定将会有什么影响呢？这是克雷明提出的问题，进而他又发问：如果教育理论就是各种各样的教育性活动和机构之间的关系，以及它们和一般社会之间的关系，那么什么是公共教育，公共教育如何与公众相联系？针对这些问题，克雷明又给出了答案：对这些问题的三种思考方式包括综合地思考、相对地思考以及公共地思考。③ 首先是综合地思考（Thinking Comprehensively）。根据克雷明的理解，教育不仅涉及学校教育，而且涉及若干组织，"事实是，公众通过许多的机构来接受教育。一些机构是私立的，另一些是公立的。公立学校仅是众多教育公众的重要公立机构中的一个。毕竟，还有公共图书馆、公共博物馆、公共电视台、公众项目（其中最广泛的是军事服务）"④。这意味着教师、学校、社会组织、媒体等都对学生产生影响，教育政策的出台要全面、综合考虑所有因素的影响，必须考虑到与多个教育机构相关的政策，必须考虑到所有情况和所有机构中所发生的教育，"任何一个国家或国际的教育计划都必须考虑到这些基本事实"⑤，以便就关注

---

　　① 劳伦斯·A.克雷明.公共教育［M］.宇文利，译.北京：中国人民大学出版社，2016：40.

　　② 劳伦斯·A.克雷明.公共教育［M］.宇文利，译.北京：中国人民大学出版社，2016：21.

　　③ 劳伦斯·A.克雷明.公共教育［M］.宇文利，译.北京：中国人民大学出版社，2016：43.

　　④ 劳伦斯·A.克雷明.公共教育［M］.宇文利，译.北京：中国人民大学出版社，2016：44.

　　⑤ 劳伦斯·A.克雷明.公共教育［M］.宇文利，译.北京：中国人民大学出版社，2016：41.

哪些问题、做出何种决策、达成何种目标做出明智的选择。其次是相对地思考（Thinking Relationally），强调因素之间的联系，一种教育的发生都不能隔离于其他教育机构之外，而必须与其他教育机构相关联。即指"意识到财政和人力资源的分配与随之而来的教育成效问题"①。对某一特定教育项目的任何决定与评判，都必须是在考虑到其他地方正在发生的影响该项目的事情的前提下做出的。最后是公众地思考（Thinking Publicly），意指"由公众来思考有关教育问题和由公众来制定教育政策的做法要在各地与各级教育部门继续下去"②。教育公共政策的制定发生在本地、州、联邦和国际层次上，在立法机构、法庭、行政机构以及私立的准公共公民机构中进行。

（二）教育生态系统的结构

第一，教育本身构成生态系统，并属于社会生态系统的一部分。所谓"生态系统"是一种有边界、有范围、有层次的系统。任何一个被研究的系统都可以和周围环境组成一个更大的系统，成为较高一级系统的组成部分，而且，它本身又可以由许多子系统或亚系统构成。它们相互依存、互为因果。而且，各子系统或亚系统之间以及子系统与母系统之间也同样有着密切的联系。③ 教育本身由其多样的机构与主体、复杂的影响因素构成一个系统。在这个系统中，各个要素按照教育规律而达成固定的联系。教育生态系统内部又存在着教育行政系统、学校教育系统、社会教育系统、家庭教育系统、教育信息系统、教育政策系统、教育宣传系统等多个子系统。教育生态系统属于社会生态系统的组成部分，教育与社会产生紧密的联系，发挥出重要的功能。

第二，教育结构由多种要素组成。在克雷明看来，教育结构由多个机构组成，包括政府、公立学校、私立学校、家庭、教堂、工厂、印刷业、图书馆、博物馆、日托中心、童子军、广播电台和电视台等。与这些机构

①　Lawrence A. Cremin. *Public Education* ［M］. New York：Basic Books，1976：50.
②　Lawrence A. Cremin. *Public Education* ［M］. New York：Basic Books，1976：69.
③　范国睿. 教育生态学 ［M］. 北京：人民教育出版社，2000：21 – 22.

相对应，还有各种主体：教育组织者（政府及行政机构官员）、教育对象（学生）、教育实施者（学校管理者、教师）、教育合作者（社区人员、公益组织人员、企业人员等）、教育宣传者（媒体人、出版人）等，且这些主体的角色有所交叉。同时，教育结构还存在多种支持系统，如：信息系统，由信息接收、传递、反馈等构成；课程系统，由教育内容、教育组织形式、教育目标、教育效果等构成。影响教育结构的因素，包含历史环境、社会、政治、经济、文化背景，以及主观价值观念。

第三，教育结构中的关系具有复杂性，并不是单向的联系，而是网络化的、多向度的联系。克雷明所提到的教育结构中的关系，主要指教育关系、政治关系、人际关系。这些关系主要呈现出互动性、传递性、对抗性等特点。其中，教育关系是最主要的方面，政治关系主要展现通过博弈而胜出的力量对教育格局的建构，人际关系往往成为教育活动实施与完成的途径。多种教育机构、多个主体在教育关系过程中，通过互动，产生相互影响与渗透，教育教学关系本身就是对话、互动的过程。传递不仅发生在代际，代际知识、技能、情感、态度、价值观的传递和积累不断丰富文化的内容，同时，同辈群体之间以更加生动、有感染力的方式传递价值观、生活习惯等。而值得注意的是教育结构中的关系既表现为相辅相成，又表现为相互矛盾，且大多数是对抗性的。教育结构中所有的组成团体和机构在其努力和效果上都是和谐与互补的，这样的情形只存在于乌托邦。在现实社会中，教育结构往往存在较大的张力。

第四，教育生态系统是由教育结构及其关系构成的，将教育内部各要素、外部各影响因素及其关系结合起来。把各种教育机构与结构置于彼此联系中，以及与维持它们并受它们影响的更广泛的社会之间的联系中加以审视。① 克雷明把教育视为一个结构，在这个结构中首先有组成结构的要素，然后有影响结构的各种因素，构成教育结构的各种关系。由此可以得出，教育生态系统的结构有三个方面，一是教育结构，即教育生态系统的主体及要素；二是影响教育结构的各种因素，即教育生态系统的生态环

---

① 范国睿.美英教育生态学研究述评［J］.华东师范大学学报（教育科学版），1995（2）：88－89.

境；三是教育结构中的各种关系，即教育生态系统的规则。

教育生态系统中主要部分是教育结构中的实体，即机构、主体、支持系统。总体而言，围绕着教育关系展开，各种机构主要由行政管理、教育教学、支持服务、经营营利四大类组成，相对应生成管理者、教师、学生、志愿者、供应商等，以及人员系统、组织系统、经费系统、课程系统、教学系统、信息系统、市场系统等支持系统。

影响教育结构的生态系统由多个层面构成，这是由教育系统的多重联系特性所决定的。教育生态环境包含三类生态环境、21 项具体内容，具体包括：自然生态环境（地理空间、人口结构、各种自然资源）；社会生态环境（社会阶级、行政制度、种族差异、资金分配、生活方式）；文化生态环境（民族思维方式、意识形态、价值观念、风俗习惯、道德观念、舆论、情感、科学技术、音乐、美术、电影、戏剧、体育）。① 自然生态环境是学校布局、办学规模的先决条件。社会生态环境、文化生态环境对于教育目标确定、教育资源配置、课程教材选择、教育教学活动安排等发挥着或助力或制约的作用。

教育生态系统的运行规则是教育结构中的教育关系、政治关系、人际关系等各种关系。这些复杂的关系并不是杂乱无章的，而是必须沿着一定的规则运行，才能保持教育生态系统的平衡。因此，各种关系的运行并不能自觉形成，而是依靠各种规则来维系。教育政策是其中重要的规制手段，通过政策的方式建立规则，使教育生态系统中的各种关系相互协调，尽量减少、消除各种关系之间的张力，能够健康、正常、持续运转，达成教育预定的目标与期待的效果。

二　教育政策规划的生态学分析

教育政策规划由规划主体、规划周期、规划模式等多个要素构成，其过程包括价值选择、测量评估、利益平衡等复杂运行。教育政策规划是教

---

① 任凯，白燕. 教育生态学 ［M］. 沈阳：辽宁教育出版社，1992：34 – 42.

育生态系统的子系统，又是公共政策的子系统。作为子系统，表现出对主系统的依赖性，主系统对子系统的规制，以及二者之间的相互影响性。同时，教育政策规划本身构成一个生态系统，作为相对独立的系统，表现出在统一生态系统下，环境的复杂性、各要素多元结构及显著差异性、运行机制的相互关联与动态性，彼此之间的统一协同，从而服务于教育生态系统，促进教育生态系统的平衡。教育政策规划就是为最大化实现政策目标而进行整体、系统、综合规划，将教育政策置身于生态环境中，考量政策环境与政策方案的匹配度，优化、选择出最佳的政策方案或政策方案群。形成教育政策规划的过程就是寻找教育生态平衡规则的过程。

（一）政策规划在教育生态系统中的作用

政策规划以政策输出的方式协调教育生态系统中各种结构及其关系，使其按照和谐的方向发展，以维持教育生态系统的平衡。美国民族教育学者詹姆斯·班克斯认为：少数民族学生学业低下的主要原因之一，在于缺乏合理的民族教育模式，他们一直接受的是主流文化的教育模式。[①] 这一原因虽不全面，但在一定程度上反映出与当地实际情况、教育对象相匹配的教育政策对于教育质量的重要性。通过政策规划的方式，对教育发展机制进行改革创新，调整不适合现有教育发展的制度与模式，逐步建立一套尊重教育对象特点与符合地域生态环境实际、适应经济社会发展需要的教育制度。从这个意义上讲，教育政策规划是突破现有教育生态系统中制度障碍及瓶颈、解决现有教育生态系统不平衡的问题，从而实现教育现代化、优化教育自身发展的重要环节。

第一，教育政策规划是对教育生态系统中教育结构（特别是教育主体及对象）发展方向的指引与内在主观能动性的激发。政策规划的过程中教育结构是最主要的部分，教育结构中机构、主体主动性发挥是教育生态系统保持活跃的重要动力。教育政策规划要对教育政策对象需求进行分析，满足各主体的利益需求，调动教育主体的积极性和潜能。制度不仅是对个

---

① 卢小新. 试论中国少数民族教育现代化的建设 [J]. 漯河职业技术学院学报，2008（7）：100 – 101.

体行为规范的约束，而且是对整个教育结构发展方向的引领。政策决策、执行、评估各个环节都由人来操作，主体的主观能动性必须得以激发。现实中存在的教育无用论、教育致贫论，恰恰体现出政策对象对教育功能的误解，政策对象的积极性、主动性仍需要进一步被调动。地方政府在教育政策规划的过程中对当地实际情况研究不深入、照搬上一级规划的做法也体现出教育主体的积极性不够。教育政策规划执行中信息损耗、推诿拖延等问题，也体现出规划执行主体主观能动性的不足。教育政策规划从研判到制定的过程必须调动主体的积极性，通过适当满足主体需求、合理分配主体权能，使各主体主动参与到教育政策规划中。在绘制蓝图的过程中，各主体梳理过去，畅想未来，共同出谋划策。学校规划、地区规划与省级规划的衔接中，更好表达各主体的利益诉求，形成最符合实际、最便于操作的政策方案，这对于提升各主体的积极性，维持教育生态系统的活跃度和稳定性具有实际的意义。

第二，教育政策规划是分析、适应教育生态环境，从而发现问题、解决问题、改善教育生态环境的精准施策过程。教育政策规划属于政策决策的环节，发生在决策前，并且贯穿于整个政策过程中，其本身又构成政策周期（政策圆圈）。始于对教育生态系统中存在的问题进行现状摸底与系统诊断，通过一系列政策规划环节，最终目的是形成适合于现阶段本地区教育生态系统平衡的政策方案。例如：目前边境地区义务教育发展仍低水平徘徊，明显处于"教育贫困"状态，尚不能发挥出培养人才、提升人幸福生活能力的基础性作用。由于边境地区地理条件制约了学校布局、增加了办学成本，基本办学条件较差，加之，边境地区地方财政实力有限，办学经费紧张，制约了软硬件的进一步改善。在观念方面，公众普遍认为义务教育处于教育阶段的前端，以基础知识与基本技能为主要教育内容，对于改变人的命运并没有直接的作用，而且，边境地区缺乏高科技产业，边民维持生活的技术门槛较低，多种因素影响了公众对教育优先发展作用的认知，甚至出现"教育无用论""教育致贫论"。如此种种的自然环境、经济环境、文化环境、价值观念对边境地区教育生态产生了多方面的不良影响。教育政策规划要想实现既定目标，就必须解决适应与改善生态环境的问题。所形成的规划符合边境地区义务教育发展需求，基本适应现有硬件条件、软件配置水平、学校布局、教育教学内容、学生学习情况、教师专业发展等各方面的实际，与当地文化、理念相适应并保持适度超前性，在适应的前提下，精准问诊、精准施策、有效解决问题，并发挥其引领作用，使现有教育生态系统中不协调的部分得以改进，进一步改善教育生态环境。

第三，教育政策规划是以供给协调的制度体系的方式保持教育生态系统的平衡及优化。事实上，教育政策规划对于边境地区教育政策系统平衡具有更加重要的作用。边境地区义务教育发展始终是国家高度重视的领域，尤其是在对口支援、脱贫攻坚等制度设计中，边境地区都是重点。而且我国各类有关义务教育发展的政策并不占少数，政策内容涉及义务教育均衡发展、教师队伍建设、建档立卡贫困生资助、学生营养餐、两免一补等。教育政策数量不少，但效果仍有进一步改善的空间。教育政策之间的协调、统筹仍需进一步加强，特别是要"综合地、相对地、公众地"规划与统筹，从而增强政策方案的合力。在"一带一路"建设过程中，沿线边境地区义务教育发展的战略定位、布局调整等面临着全新的规划。边境地区作为对外教育交流的前沿阵地及扶贫开发的主要阵地和关键领域，在教育政策设计中，主要体现在缩小教育差距，减少涉及机会、财力、师资、信息化等公共教育资源配置的不平等，以及政府作为促进教育公平的责任主体地位①。以系统性、协调性、综合性、公共性为特征的教育政策规划加强系列制度供给、创造教育公平发展的条件是教育生态系统优化的重要路径依赖。

第四，教育政策规划是对接目前教育生态系统与今后教育发展战略的桥梁。教育政策规划是以前瞻的眼光和视野对当下教育发展进行布局，通过协调的政策体系对教育生态系统各种关系作出调整，对未来教育生态系统进行科学预判及引领。教育政策规划所输出的政策方案体系对教育生态系统的运行规则进行调整，把不适应发展趋势的制度障碍破除掉，确立新

---

① 石中英. 教育公平政策终极价值指向反思［J］. 探索与争鸣，2015（5）：4－6.

的规则，促进教育生态的动态平衡。

（二）教育政策规划的生态系统特点及结构

由上述教育政策规划对教育生态系统的作用可知，教育政策规划是教育生态系统中的运行规则部分，是教育生态系统的子系统。这意味着教育政策规划必须适应教育生态环境，要与教育生态系统中的教育结构相契合。政策规划需跳出非此即彼的线性思维，将政策过程中的多元主体放置在生态学的观点中，充分考虑政策方案对不同主体和整个生态系统的影响。与此同时，教育政策规划本身也构成相对独立的生态系统，有着自身的生态系统结构。

第一，教育政策规划具有情境性特点，即要符合公共政策生态的要求。公共政策的学科奠基人拉斯韦尔（Harold Lasswell）是最早提出并论述公共政策生态的重要学者。在《政策科学：范围和方法的近期进展》中清楚地阐释了政策科学的三个学科特征：跨学科视角、情境性和问题导向的本质、规范性。对于情境性，拉斯韦尔认为以往的政策研究（或者说是政治决定的研究）往往受限于注意的焦点，导致对社会情境描述和解释的失败，因此他提出了公共政策情境性的概念，希望能使得相关活动与外在环境产生关联，并建立更具解释力的理论内涵。他认为情境性是一个整体社会过程的认知图，公共政策问题不可能脱离特定的政治、经济、社会和文化环境。因而，拉斯韦尔所提出的"情境性"其实就是指公共政策生态，是公共政策与其内外环境体系，与社会的发展历程和现状之间的密切关系。① 政策规划的主体难以避免会受到行政长官以及政府机构之外的公众代表、舆论导向的主观影响，同时，也会潜移默化地受到当地风土人情、民间文化观念等因素的影响，这些不同甚至是相左的价值理念、思想认识会对决策方向和政策方案起到一定的作用。

第二，教育政策规划生态系统的结构由政策规划生命系统、环境系统、空间系统三部分构成。生命系统指政策规划中的各种"人群"，包括

---

① 严荣. 公共政策创新与政策生态 [J]. 上海行政学院学报，2005（4）：36 - 46.

规划制定者（各级政府、学校）、规划参与者（社会组织、高校、教师、家长、媒体人）、规划执行者（地方政府、各级教育行政部门、学校）、规划受用者（学校、教育组织、教师、家长、学生）。规划制定者起着类似生态系统中生产者的作用，以输出政策方案为责任，所生产的产品是教育政策方案，参与者起到辅助生产者的作用。规划执行者类似于生态系统中的消费者，是对政策方案进行消化吸收、转化实施的操作者，政策方案通过执行者落地生效，转化为预定的政策目标。规划受用者类似于生态系统中的分解者，是政策方案的作用对象，分为受益者和受损者。受益的前提是政策规划与其利益诉求是一致的，其自身利益就能够得到政策规划的支持与维护，反之，则成为受损者。

教育政策规划的环境系统包括自然、经济、政治、文化、历史、社会、国际等因素，这些因素中的典型问题对教育政策规划产生不同程度的影响。经济—资源因素是公共政策运行的基础和最深层的环境；政治—法律因素不仅决定公共政策的性质，而且决定公共政策的合法性程度；社会—文化因素既决定了公共政策运行的智力条件，也为公共政策的运行提供了一定的伦理和心理基础；随着经济全球化进程加快，国际因素对公共政策的影响也越来越明显和直接。① 上述政策环境属于宏观层面的。除了宏观因素，微观生态因素也会对教育政策规划产生影响。微观生态因素主要是教育政策规划具体的情境，如当时当地的教育发展状况、社会人文特征、历史传统惯性等。

教育政策规划的空间系统即指人际关系空间、时间空间、信息空间、效能空间等。其中，人际关系空间是主导。人际关系空间是规划制定者、执行者、受用者之间形成的人际关系传导，同时，三个类型的主体由于本身的多重角色交叉，形成纵向的层级结构及横向的合作结构。如：制定者由不同层级的政府组成，并涉及平行的行政部门。地方政府既是规划制定者又是规划执行者，教师、家长等群体既可能成为规划的参与者，又作为受用者存在。这些主体之间以协商、博弈等多种方式形成一个立体的人际

---

① 严荣. 公共政策创新与政策生态 ［J］. 上海行政学院学报，2005（4）：36 - 46.

关系空间。时间空间即由政策规划各个步骤的时间节点组成的纵向时间序列以及一系列时间序列中的整体空间结构。在特定的时间点，涉及政策问题的发展与转变、相互交织的各种主体关系及生态环境的变化。所以时空空间不仅是线性结构，而且是立体结构。信息空间即在政策规划过程中各主体之间的信息沟通、信息传导、信息反馈过程，由信息流组成的内容空间和信息方式组成的关系空间构成。在信息空间中，存在信息不对称、信息损耗衰减、信息膨胀、信息失真等现象，而这些现象对政策规划过程某些环节产生直接或间接影响。效能空间是政策规划各环节的功能传递、辐射网络结构。正如蝴蝶效应，政策规划过程中每一个细节都可能产生连锁反应，由于某一个细节将某一个环节的功能加以放大或缩小，并引发下一环节的功能改变，进而使整个政策规划的有效性产生意外的放大或减弱，出现政策偏差或偏离。由此，可以得到教育政策规划的生态系统结构（详见图6）。

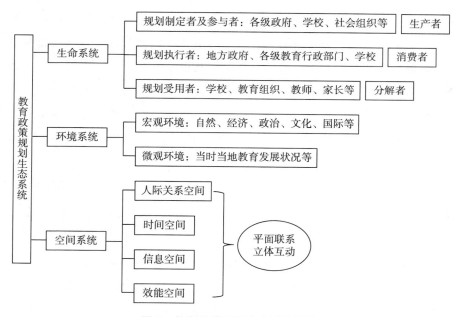

图6 教育政策规划生态系统结构

在教育政策规划生态系统中，需理清生命系统中各主体的利益诉求，寻找合理的利益协调机制，使各类型主体达成相对统一的价值导向与利益追求。在政策方案的设计与选择过程中，将环境系统作为评估政策方案可行性的重要依据，将政策方案放置在具体的环境系统中，两弊相较取其轻、两利相较取其重，增加政策方案的合法性、合理性、可实现性。同时，重点在于理顺人际交往、时间序列、信息交换、效能发挥的机制，以保证政策方案效果的最大化。

三　分析框架的构建

运用生态学的理论对教育政策规划进行分析，可以发现，教育政策规划处于生态系统中，同时教育政策规划本身的各种主体与机制都不是孤立存在的，而是相互联系的。因此，教育政策规划分析框架就是要提供"按图索骥"的线索，呈现教育政策规划内部所涉及的要素、环节及其关系，以及教育政策规划与外部环境的关系。政策规划属于整个政策圆圈的一环，同时自身又构成一个"政策圆圈"（Policy Circle）；政策规划处于教育生态系统这个大环境中，在其外围又存在一个更大的"生态圈"。教育政策规划的分析框架就是这两个"圈"的圆满与协调，构成教育政策系统协作式规划模型（详见图7）。这一理论模型的建构是从问题出发，找到了影响教育政策规划最关键的三个因素，即生态环境的适应性、运行机制的系统性、政策环节的协调性。进而以生态学为理论依据，将生态学的理论维度和实践影响因素相结合，抽取了教育政策规划生态环境、运行机制、政策环节三个维度。"政策问题确认—政策议程启动—政策方案设计—监测评估—政策方案优化—政策规划形成—规划执行—评估、调试、反馈"构成教育政策规划的"政策周期"。在这一周期中，政策链相互衔接、不断完善；运用各种政策策略保持政策链与运行机制的契合；同时，将政策链与运行机制放置在政策生态环境中，形成三个维度的平衡、协调。

（一）教育政策规划圆圈的结构

第一，教育政策规划"圆圈"是规划环节与步骤的确定。政策圆圈是

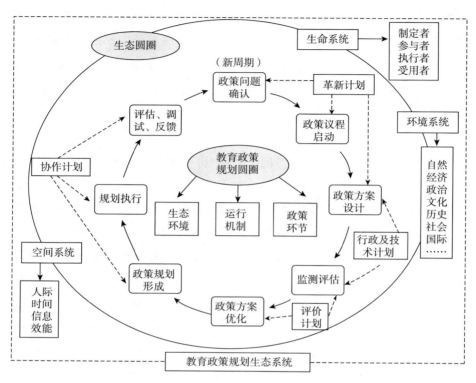

图 7　教育政策系统协作式规划模型

对政策过程的生动再现与表示；在复杂的圆圈中包含了一系列活动，构成政策过程。邓恩把系列活动总结为议程建立、政策形成、政策采纳、政策执行、政策评价、政策调整、政策延续和政策终结。[①] 按照张金马先生的观点，政策规划过程是一个狭义的政策分析过程，包含政策目标的确定、政策方案的设计、政策方案的选择、政策方案的可行性论证。[②] 政策目标的确定建立在对教育政策问题的科学诊断基础上，找到政策问题所反映出的设想与现状的差距及其产生差距的原因，才能正确地描述、定性政策问题。因此，从这个意义上讲，教育政策规划圆圈始于政策问题的分析与确认。进而启动政策议程，通过合法、正当的复杂程序，设计政策方案。政

---

① 威廉·N. 邓恩. 公共政策分析导论［M］. 谢明，伏燕，朱雪宁，译. 北京：中国人民大学出版社，2011：30.

② 张金马. 公共政策分析概念·过程·方法［M］. 北京：人民出版社，2004：330－332.

策方案的设计包含对配套措施、实施细则的设计，以确保政策方案能够落地。在教育政策规划圆圈中，评估贯穿始终，既需要对政策方案的可行性进行评估，又需要对政策方案的执行效果展开评估，根据评估不断调试、优化政策方案，使之不断趋于理性。

第二，教育政策规划"圆圈"是不同主体活动的空间。教育政策规划围绕"政策方案"优选展开，构成一个持续的、循环的"圆圈"。在这个圆圈中，若干环节形成整体，前一环连接着后一环，环环相扣，进行着政策调整、政策延续、政策终结等多种政策活动。各级政府、行政管理部门、社会组织、利益团体、个人等不同主体都以特定的身份在教育政策规划的圆圈中通过沟通、协作、合作等友好的方式以及冲突、竞争、博弈等对抗的方式展开活动。在特定的活动空间、话语体系下，由分歧走向共识，能够达成基本一致的价值理念，确定相对公共性的规划目标。主体活动是教育政策规划最具活力的因素，也是教育政策规划得以展开的根本依赖，任何教育政策规划环节的推动、任何政策方案的设计与评估择优都是由"人"这个要素来开展，教育政策规划圆圈为不同主体提供了活动空间，同时也被主体活动所改造。

第三，教育政策规划"圆圈"是前瞻性、开放性思维过程。教育政策规划属于前瞻性政策分析，即它是一种综合分析信息并提出政策方案和偏好的方法，这些政策方案和偏好用类似的、标准的定性和定量术语表述出来，作为决策的依据和指导。[①] 不同于回溯性政策分析，教育政策规划的目标是明确的，但对政策方案的选择是开放的，并没有对路径依赖的预设，而是建立在对现有信息掌握的基础上，充分进行预判，因此政策方案的效果也是不确定的。预测的准确与否，直接决定政策方案是否有针对性。同时，前瞻性思维必须有适度超前的意识，对今后的发展方向起到一定的引领作用，而非亦步亦趋。政策方案的设计留有一定的发展空间，是针对未来一段时间政策环境所形成的行动策略。

---

① 威廉·N. 邓恩. 公共政策分析导论 [M]. 谢明，伏燕，朱雪宁，译. 北京：中国人民大学出版社，2011：7.

（二）政策生态环境的本土化特点

如前所述，政策生态环境是一个广泛的概念，并且具有"当时当地"本土特点。政策生态环境是教育政策规划得以实施的生存空间。因此，教育政策规划由文本变为现实、由决策到执行，必须尊重政策生态"当时当地"的本土特点。仅从行政管理诉求出发的教育政策规划，就存在"水土不服"的风险，从而难以实现，成为一纸空文。政策生态环境包含政治、区域条件、文化三个主要方面。政治环境与国家的国体、政体、意识形态密切相关，不同国家政治环境呈现出较大的差异性。自然环境、经济环境等区域条件千差万别，具有明显的地域性特点。文化环境在具有一个国家、一个民族"集体潜意识"的同时，又兼具地方文化传统，呈现出多样性特征。在中国特色社会主义的政策环境中，边境地区义务教育政策规划具有独特的生存空间，"本土化"的生态环境对教育政策规划具有重要意义。

第一，自然生态及经济生态的区域差异性。我国地大物博，具有类型齐全的气候、地形条件，基于自然条件的不同，也形成了类型多样的经济发展模式。"一带一路"建设沿线地区由于其范围广泛，既有东部地区、沿海地区，又有西部地区、边境地区，不同的区域自然生态、经济生态都有较大的差异。以边境地区为例，边境地区的地形以山地、高原、沙漠为主，并有高寒、高海拔地区，经济类型多由牧业、经济作物种植业、边境贸易、旅游业构成。边境地区有一个共同点，即多处于限制开发区或禁止开发区，生态保护的责任较重。由此，地域自然生态、经济生态的特点需要教育政策规划予以适应。教育政策规划针对学校布局、教育保障条件、校舍建设等内容应紧扣区域条件，与边境地区的地域条件相符合，根据地域条件对教育基建标准等提出合理建议。

第二，政治生态的中国特征。教育问题是政治问题的一部分。教育政策是教育领域乃至社会领域中社会政治和教育政治活动的形式和结果，教育政策活动是社会政治行为在教育领域中的集中体现。① 教育政策规划不

---

① 刘复兴. 教育政策的四重视角［J］. 清华大学教育研究，2002（4）：13 – 19.

可能只是就教育论教育，必须关注政治生态。中国共产党对教育事业的全面领导是我国政治生态的首要特征。不同于西方，理解我国的国家权力结构及党政关系是深入分析教育政策规划主体权责和制度安排的关键，中国特色的党政关系也是教育政策规划必须遵循的"国情"。我国是社会主义国家，实行党领导下的政府工作负责制，党的各级委员会主管大政方针、重大人事任免、重大事务决策等工作，因此，实际上以各级党委为施政核心的政党也是行政权力的中心，是公共政策主体的核心力量，在公共政策制定执行过程中起着主导作用。① 中国国情下的政党关系，可以看到党领导一切，党在教育政策规划过程中有着绝对的领导权。

科层制的行政系统是我国教育政策规划得以自上而下推动的重要力量。政府在中国国情下是一个广义的政府，"泛指行使国家权力的所有机关，包括立法、行政和司法机关"②。当代中国政府体系是由纵向的五级政府和横向的多部门机构所组成的巨型官僚系统。③ 在这一巨型的官僚系统中，存在着科层制的运转模式，即各级政府自上而下层层服从，不同部门由各层级归口部门垂直管理，下级服从上级，总体上形成自上而下的领导体系。不同部门有相对独立的分工，并形成相对独立的领导体系。这就决定了教育政策规划在解决复杂问题时，有些"力不从心"，因为教育行政部门有相对分工，但复杂教育问题不只是教育领域能够解决的，而是涉及多个职能部门。在职能部门之间限于分工、领导机制的相对独立，导致复杂教育问题解决难度陡增。这就意味着教育政策规划以党中央为领导中心，以政府职能部门协作沟通为动力。教育政策规划必须与党中央对教育发展的理念、定位保持一致，并充分发挥行政系统的组织优势，着力解决多部门协调的问题。

第三，文化生态的乡土气息。正式制度和非正式制度是并立运行的，尤其是在边境地区，随着教育制度的逐渐完备，大多数的正式制度已经在

---

① 贺武华. 中国教育政策过程本土化研究 [M]. 北京：中国社会科学出版社，2015.63.
② 中国大百科全书·政治学 [M]. 北京：中国大百科全书出版社，1992：479.
③ 周雪光. 运动型治理机制：中国国家治理的制度逻辑再思考 [J]. 开放时代，2012（9）：104 – 125.

边境地区确定了牢固的基础。但与此同时，在正式制度之外，乡土社会的非正式制度仍然在固守着村庄秩序。相比正式制度，这些非正式制度对村民行为的规约往往更加彻底有效。① 越是边远地区、乡村地区，越是保持着完整的乡土文化，且这种乡土气息越浓厚。在中国传统社会，社会结构大体分为三层：国家、民众以及两者之间以士绅为代表的民间精英阶层。② 如果没有正统意识形态与朴素的乡里道义的有机结合，这种双重架构的乡村统治是没有办法实现的。③ 可见，教育政策规划的政策方案落地需要借助于民间"精英"阶层的力量。他们有能力将国家话语的宏大叙事用本土化的方式与语言加以呈现，层层转化，使其在基层生根发芽。尤其在"一带一路"沿线边境地区，乡土气息体现得更加充分，并融入了原有社会组织形式、风俗习惯的特点。"有事儿问老人、问族长、问头人"，就生动再现了这种乡土气息。民间精英阶层的影响力、号召力应得到充分调动，通过他们，使公众理解教育政策规划的价值与意义，他们也成为政策方案的拥护者。基层政府处于国家与社会的接合部，决定了基层政权权力需要经常借用国家和社会两种资源来执行政策。基层官员在同一区域的长期工作、生活和交流，使得县乡干部之间高度熟悉，正式组织之下分布着密集的非正式关系网络，正式权力的运行夹杂着大量的"关系运作"的成分。④

（三）政策生态机制的调整策略与手段

第一，尝试以首创式规划对教育政策规划的制度空间进行重新建构。首创式规划是查尔斯·O. 琼斯所提出的一种规划类型，即：使用非传统的或首创的方法来设计和起草公共政策建议，是规划者首创一种解决公共问题的新方法或新途径。不同于常规式规划和类比式规划，首创式规划不依靠以前的或已创立的解决问题的方法，首创式规划的政策建议要求提出一

---

① 叶敏. 政策执行：权力运作与社会过程 ［M］. 桂林：广西师范大学出版社，2015：22 -23.
② 应星. "气"与抗争政治——当代中国乡村社会稳定问题研究 ［M］. 北京：社会科学文献出版社，2011：46.
③ 张鸣. 乡村社会权力与文化结构的变迁 ［M］. 南宁：广西人民出版社，2001：38.
④ 叶敏. 政策执行：权力运作与社会过程 ［M］. 桂林：广西师范大学出版社，2015：21.

种以前未曾尝试过的方案以解决某个政策问题。① 在教育政策规划的过程中，首要问题是：采取什么措施来解决已经确定的政策问题。那么可能存在这样两种情形：一种是以往没有任何类似的政策方案，这时政策规划面临"立"的问题；另一种是拟采取的政策措施与现有的制度框架有一定的冲突，换言之，要想实施新的政策方案，需要先调整现有的制度框架，此时政策规划面临"破"的问题。处理这两种情形均需要有首创式规划的勇气，在科学预判、系统考量的前提下，或采取全新的政策方案；或突破现有的教育制度框架，形成新的政策方案能够施展的制度空间。首创式规划由于没有可供借鉴的经验，政策方案的效果具有不确定性，因而面临较大的阻力，尤其是触碰已有制度框架时，需要做出较大的系统调整。现有制度框架下形成了一系列制度安排，搭建新的制度框架时，相应地需要对全部制度安排进行调整。因此，首创式规划不仅是"立"的问题，也面临着"破"的问题。相比起"立"，"破"的难度更大，改革的幅度更大。

第二，在整个教育政策规划过程中，需要运用多种政策生态机制的调整策略与手段，使政策生态系统保持动态平衡。教育政策规划生态系统必须适当调整运行机制以保持整个生态平衡。教育政策规划生态系统是一个动态平衡的过程，当原先的机制不能适应新的政策环境、不能有效解决新的政策问题时，应对政策生态机制做出适时的调整。有些调整是革命式的，有些调整是改革式的。

在政策方案设计初期，运用革新计划的策略，使决策者、参与者为适应变化而重新调整认识倾向、对社会价值重新界定，能够对改变了的生态环境做出决策思路的改变，重新确定政策方案的方向和参考变量，使政策主体适应于政策过程。革新计划的重点对象是资源分配、政策措施的安排。

对于教育政策规划各主体利益关系的协调，可采用拥护计划和协作计划的策略手段。拥护计划将政府、权威机构的需求转化为政策要求，帮助政策规划过程向规划制定者所希望的方向顺利进行。拥护计划的策略手段

---

① 张金马. 公共政策分析：概念·过程·方法 [M]. 北京：人民出版社，2004：755.

是通过疏导使政策方案的价值理念得以广泛传播，引导政策规划过程中的参与者、执行者能够支持政策方案，使政策方案得以运转起来。协作计划的重点是为解决问题而动员各种各样的决策者、参与者、执行者形成认识上的融洽，寻求不同主体的共同利益诉求和合作的可能性，并保持决策者掌握调整和说服的主动权。协作计划可以有效减少各类主体意见不统一造成的价值冲突或消极对抗，克服政策规划执行中的推诿现象。

此外，为了提高教育政策规划的规范性，使政策规划的政策方案得以制度化，应运用行政及技术计划的策略手段。为解决政策问题，政策方案既包括各项政策措施又包括政策措施的责任主体、执行机构。对这些责任主体、执行机构加以规范管理，对项目实施进行技术性控制，才能保证政策方案的实效性。行政及技术计划的策略手段是对组织行为的控制，对政策方案成本、资源配置、收益等方面的监控。①

（四）政策生态链的协作式规划

政策规划是政府分配社会资源、有效管理社会公共事务的手段。规划理论经历了理性规划、倡导式规划、协作式规划的发展过程（详见表9）。理性模型强调用"科学"和"客观"的方法认识规划问题，设计规划方案，并逐渐纳入政治判断等因素，其优点是简明性及逻辑性。哈贝马斯认为，坚持理性思维进行规划是正确的，关键是确定什么样的理性，即集体理性，而不是个人理性，通过交流建立共识、构筑共同的规范，建立集体理性。在哈贝马斯的影响下，倡导式规划逐渐成为主流，强调"规划由人民来制定"。在倡导式规划理论的基础上，福柯等人越来越重视多元主体的参与，提出协作式规划理论。从其理论演变过程可见，协作式规划理论兼具理性规划模式系统性、科学性的特征，以及倡导式规划多元参与的特点。教育政策规划生态系统呈现出生命系统各种主体的复杂人际关系以及政策价值选择的多样性特征，加之环境系统与空间系统的复杂性、交错性，加大了利益协调的难度。协作式规划模式对于处理教育生态系统的复

---

① 吴锡泓，金荣枰.政策学的主要理论［M］.金东日，译.上海：复旦大学出版社.2005：250－253.

杂状况和教育政策规划的多方面利益诉求更加适合。

表 9　规划理论的演变①

分类	第一代理论理性规划	第二代理论倡导式规划	第三代理论协作式规划
时代	20 世纪 40~70 年代	20 世纪 60~80 年代	20 世纪 90 年代至今
理论基础	工具理性	价值理性、程序理性	新的价值理性——集体理性
主要内容	规划工作的科学性，分析工具及方法	规划及其过程的公平性，弱势阶层问题	规划的调停功能，建立共识

　　第一，协作式规划模式以理性为基础，同样重视规划的科学性与合理性。如何使政策生态链上的每一个主体、每一个环节达到协调，是协作式规划模式所追求的目标。运用专业的规划知识，传统的定性研究与定量分析技术，并广泛吸收政策问题分析、政策目标确定、政策议程建立、政策方案设计与优选的实践经验与技术方法，是协作式规划模式的重要内容。趋于理性的教育政策方案应获得最大社会效益，即收益与成本之差最大。成本通常情况下用货币形式来度量，但收益并不是只能用货币形式来衡量，而是综合价值，特别是对于复杂环境中解决棘手政策问题的教育政策规划，经济效益并不是很明显，甚至不会取得回报，但需要关注其政治、文化、教育的价值。教育政策规划各政策链的决策标准并不能追求经济、政治、文化、教育等方面的齐头并进，而是在不同方面有所侧重并尽量兼顾整体价值。对于边境地区义务教育政策规划而言，政治价值与文化价值的权重要明显高于经济价值。

　　第二，协作式规划模式以减少不同利益主体之间的矛盾和隔阂为核心，强调政策规划的多元价值整合。正如阿罗不可能性定理对理性规划模式的质疑，阿罗认为在进行集体选择或社会选择时，即使一个非常理性的政治民主社会，它的价值选择的方法也不可能同时完全满足所有社会成员

---

① 张庭伟. 梳理城市规划理论——城市规划作为一级学科的理论问题［J］. 城市研究，2012
（4）：9 – 17，41.

的各种不同的需要和利益。① 协作式规划模式同样摒弃个人理性，强调集体理性和公众参与。综合考虑各种社会群体利益的合法性，从若干个体价值中，通过交流沟通、增强合作，最终达成社会价值。协作式规划模式认可发展目标的多元化，重视通过规划公示、公众咨询会等环节，建立公众参与机制，为各利益相关者提供对话、辩论的平台，积极反映和尊重各方面意见，并在发展规划中积极做出应对。② 协作式规划模式能最大限度对教育政策规划主体利益进行协调，得出趋于一致的社会价值，减少教育政策规划过程中的分歧。

四　分析框架的应用

教育政策系统协作式规划理论模型体现了"特殊——一般—特殊"的思维过程，即通过对复杂情形下"一带一路"沿线边境地区教育政策规划生态环境、生态机制、生态链的具体分析，抽象出具有普遍性的理论模型，进而还原到具体情境中。这一理论模型的实践意义主要表现在解释教育政策规划的过程及保持生态平衡的机制，为改进复杂情境下的教育政策规划提供分析工具与改进线索。

（一）搭建教育政策规划的框架结构

教育政策系统协作式规划理论模型抽取出边境地区义务教育政策规划的"圆圈"及其关系，明确了重要的三个影响因素，搭建出了教育政策规划的框架结构。

第一，说明功能。这一模型提供了对教育政策规划现有状态、结构、特点进行说明的理论工具。运用这一理论模型，可以对教育政策规划过程中每一个环节所处的政策生态、所包含的主体关系及遵循的机制进行准确

---

① 肯尼斯·阿罗. 社会选择与个人价值［M］. 陈志武，崔之元，译. 成都：四川人民出版社，1987. 转引自：司马云. 文化价值论［M］. 济南：山东人民出版社，1990：177.
② 杨永恒，陈升. 现代治理视角下的发展规划——理论、实践和前瞻［M］. 北京：清华大学出版社，2019：62.

描述。并提供了对拟编制的教育政策规划的框架结构，从政策生态环境、政策生态链（即政策规划的环节）、政策生态机制三个维度进行全面说明。

第二，分析功能。判断一个教育政策规划是不是一个好的规划，有哪些标准？系统协作式规划模型从结构方面给出了答案。主要有三方面的标准，即生态系统的结构是否完善、规划要素是否完整，构成教育政策规划结构是否良好。从这些标准，可以分析、解释某一教育政策规划未能达到预定目标的原因，也可以解释为什么政策方案未能发挥出预想的效果。在教育实践中，存在这样一种现象：往往从政策方案本身的科学性找不到问题，但在执行中仍出现政策措施难以推动、效果不良等问题。问题的症结可能就在于政策方案对政策环境的适应性、主体关系协调性、生态机制平衡性等方面。

第三，编制功能。教育政策系统协作式规划模型给出了教育政策规划的重要环节及其关系，可以直接转化为编制规划的流程图，直接回答了"如何进行教育政策规划"的问题，具有较强的实践指导性。按照理论框架呈现的教育政策规划要素和流程，可准确抓住教育政策规划的重要环节及核心内容，并将具体的时空环境、人际关系等因素与教育政策问题、政策目标结合起来，以新的政策方案解决教育政策问题。在编制新的教育政策规划时，格外强调理顺教育政策规划中运行机制的关系，把精力放在协调利益主体的诉求与关系上，并树立起系统观与生态观，重视教育政策规划的动态调试。

（二）梳理生态系统平衡的机制

教育政策系统协作式规划模型强调了调整生态机制对于教育政策规划的重要意义。从本质上讲，教育政策规划就是对主体关系的协调，对生态机制的调整，使政策方案适合生态系统的运行。运用这一理论模型，探索保持教育政策规划生态系统平衡的机制。

第一，客观分析教育政策规划生态系统中的主体关系。根据理论模型，可以模拟出不同主体的关系图谱，分析这些主体在教育政策规划过程中所扮演的角色、分工、职能，并寻求协调主体关系的策略。将教育政规划所涉及的各种主体进行分类，并对其关系进行分析。哪些群体在教育政策规划中掌握话语权，他们有哪些政策诉求；哪些群体是教育政策规划的执行者，他们的权责范围是否与教育政策方案所赋予的任务相匹配；哪些群体在教育政策规划中处于边缘化位置，其利益诉求能否表达、能否被接收；哪些群体是教育政策规划的受用者，他们可能对教育政策方案的实施有哪些反应、满意度如何；制定者、执行者、受用者之间是否有相互交叉的关系，他们之间形成怎样的人际关系。

第二，推动教育政策规划实践中的政策创新。运用多种策略和手段维持生态系统动态平衡的过程，是政策创新的过程。政策方案的设计大多数措施是对原有制度安排的拓展，属于政策方向不变前提下的措施调整。政策方案对具体措施的调整、系统性程度的加强，是调整生态机制、建立新的生态机制的过程。生态机制涉及对原有主体关系的调整，势必需要运用革新、协作、拥护、行政、技术等策略与手段，以促进新的生态机制的建立。如：资源分配比例、方法的改变，考核内容和方法的调整，机构职能、人员结构的调整等。

第三，开创全新的教育政策空间。理论框架为重构教育政策规划制度空间提出了依据，从理论层面论证了对一些不合适的机制进行根本变革的必要性，维持教育政策规划生态系统的动态平衡就需要调整现有教育政策空间，甚至做出一些开创性的突破。如：彻底解决"一带一路"沿线边境地区国家与地方权责定位的问题，就需要突破义务教育以县为主的制度架构，只有义务教育以县为主这一制度框架有所松动，取而代之边境地区义务教育由国家统筹或省级政府统筹，才能在教育经费投入、课程设置、对外文教交流等各方面实施全新的制度设计。上位的教育制度框架不调整，那么在这一制度框架下的下位教育政策方案就无法实施。事实上，教育政策规划的最大意义在于对制度空间的改革，从根本上理顺各种主体的关系及调整不相适应的生态机制。

（三）解决复杂情境的教育政策规划难题

教育政策系统协作式规划模式提供了一种解决复杂情境教育政策规划

难题的思路与办法，可用于边境地区义务教育政策规划的分析、解释与改进。边境地区属于政策生态环境较为复杂的情形，符合"宏微渗透、纵横交错、动静结合的立体网状结构体系，影响其发展的因素不在于某一元素，而在于各种元素或元素之间的结构关系"①。边境地区义务教育政策规划所聚焦的政策问题比较复杂，政策目标较为宏大，政策方案需要尝试首创式规划，对原有的教育制度框架进行创新。因此，需从生态学的视角出发，尤其把握生态环境的适应性、生态机制的科学性以及政策链的精准性。

第一，解决教育政策规划的棘手问题。边境地区义务教育政策规划所面临的政策问题较为"棘手"。棘手首先表现在问题本身的特殊性与复杂性，解决边境地区义务教育健康发展、维护国家教育安全、促进国际教育交流等问题，具有全局性，牵涉面广，涉及的主体多元且人际关系复杂，不同群体之间的利益需求差异性大、张力较大。棘手还表现在国内外政策生态环境的复杂性以及本土化政策生态环境的特殊性。棘手问题的最突出表现就是长期以来困扰边境地区义务教育发展的难题，小修小补等常规性的办法效果有限，解决某些问题可借鉴的成熟经验不够充分，需要发挥首创精神，对原有制度空间进行调整，形成对边境地区义务教育新的定位和发展思路，搭建新的制度空间。

第二，解决"临时抱佛脚"的规划缺位。长期以来边境地区采取一种"应急"模式来解决各种棘手问题。为了解决某一突出的教育问题而出台相应的教育政策，对整个教育发展的规划和教育政策方案的协调性统筹力度不足。面对某些一直没有得到解决的教育政策问题，如边境地区接受外国籍来华小留学生、建立国际教育合作交流模式等问题，教育政策规划意识需进一步增强，在问题初现端倪之时就开始研判，以系统性思维加强政策方案的统筹。通过教育政策规划意识的增强，可以有效避免"临时抱佛脚"的慌乱，避免见招拆招出台相关政策可能出现的失误，增强教育政策的预见性。

---

① 李枭鹰. 复杂视域中的高等教育研究思维 [J]. 中国高教研究，2010（4）：23 - 26.

第三，解决"好高骛远"的宏大叙事。政策规划有的因为目标过于宏大、政策措施过于理想化而被束之高阁。教育政策系统协作式规划模式强调生态环境的限制、影响政策链的相互牵制，从更加全面的维度考量教育政策规划，获得更加符合实际、适应政策生态环境、满足共同利益的教育政策方案，避免不切实际的好高骛远。同时，教育政策规划通过对政策目标轻重缓急的排列，可以优先解决最急迫的问题，可以从长远做好根本性问题的制度准备、心理准备、氛围准备，分重点、有次序地逐个解决政策问题。

第四章

边境地区义务教育政策规划的时空环境回应

教育政策规划应保持高度的时空敏感性。教育政策规划的成功需要政策环境与政策链的高度契合，达成生态平衡。教育政策规划所依存的生存环境是普适性与特殊性的结合。在"一带一路"建设过程中，沿线边境地区教育政策规划要回应特定的时空环境。面对"一带一路"建设背景，教育政策规划不仅要统筹本国教育资源的配置，而且要适应国际教育发展的形势与特点，与国际教育文化交流的思路保持适当衔接。同时，教育政策规划要找到教育与社会发展的平衡点，将教育摆在社会公共事业发展序列中的合适位置。教育政策规划是社会治理的有机组成部分，需要协调教育与社会政治、经济、文化等各种要素的关系，使教育政策规划适应大的社会环境。从边境地区的区域空间来讲，教育政策规划要适应相对固定空间的水土，对其特定的因子保持敏感度和适应性。

一　积极推动"一带一路"建设

"一带一路"建设各参与国家的本国教育发展与教育合作交流是"一带一路"建设的重要内容与任务。教育承担着服务"一带一路"建设的独特使命，力促民心互通，对内扩大优质教育资源覆盖面，发挥教育改善人文环境的作用；对外形成教育交流合作的良性机制，发挥教育增进了解的作用。教育政策规划应对"一带一路"建设对教育的要求做出回应。通过教育政策规划提升边境地区义务教育发展及教育合作交流质量。"一带一路"建设要求沿线边境地区向国内发达地区义务教育的成熟模式取经，广泛吸收先进经验，立足本地区实际，找准"一带一路"建设在教育领域的着力点。同时，向世界范围内受教育权保障与教育普及的先进国家学习，积极响应全民教育运动的要求，谋划中国在世界教育格局中的站位，让边境地区广大人民共享教育发展成果。

（一）受教育权保障及教育普及

义务教育是保障所有适龄儿童，尤其是女童、贫困家庭子女等弱势群体子女能够按时接受基本保障的教育阶段。义务教育具有强制性、免费性。"一带一路"建设参与国家多数积极响应《达喀尔行动纲领》等国际教育文件的精神，同时，共建"一带一路"国家都是全民教育运动的参与国，切实履行其提供免费义务教育的责任。我国作为教育大国有责任在"一带一路"建设过程中进一步推动沿线地区尤其是边境地区受教育权保障，为各参与国一道为所有适龄儿童提供免费的有质量的基本教育保障提供中国方案，做出表率。义务教育普及与发展受公共政策的影响较大，换言之，通过教育政策规划的干预可以有效促进义务教育发展，可以有效提高受教育权保障及教育普及水平。"一带一路"建设要实现"五通"，就要依靠人才。人才是共建"一带一路"国家基础设施建设、经济金融发展的重要执行主体与推动力量，是提升当地发展水平的造血机体。义务教育阶段是人才的基础环节，具有普及性的特点。因此义务教育要广泛、普遍惠及沿线最薄弱地区、最弱势群体，逐渐改变当地的人才储备状况与人口红利，助推"一带一路"建设行稳致远。

第一，继续采取弱势补偿的差别化政策方案，惠及弱势群体。"一带一路"以包容、平等、交流、共赢等为价值理念，在教育领域也呼唤提供满足所有学习者需求的教育体制，学习者在学校能够平等地、无歧视地参加各项教育教学活动，身心得到健康成长。共建"一带一路"国家中，即便社会经济发达的国家，也仍然存在义务教育发展不均衡的现象；更多发展中国家仍面临受教育权保障的性别、城乡差异，中低收入国家和受冲突影响的国家尤为严重。在我国，全国教育发展平均数据显示了较高的保障水平，但有可能会掩盖地域之间的差别，事实上，我国义务教育县域均衡发展仍面临一些问题，仍有一些薄弱环节。"一带一路"沿线边境地区是我国教育水平相对滞后的地区，纵向相比在受教育权保障及教育普及方面已经取得了极大成绩，完全实现了义务教育的性别平等、民族平等，基本消除了贫困性辍学，甚至部分地区还享有免费教育向下、向上延伸的优惠待遇。但不容忽视的是，一些跨国婚姻子女等特殊群体受教育权保障与教育普及仍需要加以关注。除了提供免费的初等教育，需要降低入学的间接成本，特别关注生活在贫困中的儿童、遭受多种不利条件的弱势群体以及受灾害或其他因素影响而不能接受教育的儿童，努力为他们创造学校教育机会。① 教育政策规划应统合义务教育经费保障、教学点及小规模学校办学条件改善、师资补充与稳定等多项制度安排，坚持"雪中送炭"的教育政策价值导向，确保教育资源向最薄弱的学校、地区倾斜，师资、公共支出向最需要的群体倾斜。

第二，以优化义务教育资源配置为重点，输出更多构建优质公平教育的政策方案。联合国教科文组织和联合国儿童基金会提出了普及初等教育需关注的三个问题，即普遍接受和参与教育，普遍续读和升级，普遍良好的学习成绩和毕业率，这三个关切共同反映了让所有儿童入学、在校内定时升级并毕业的教育过程，同时反思了一些问题：儿童是否（有机会）入学，是否在不留级或退学的情况下在学校继续学习，是否完成了学业。② 这意味着保证适龄儿童按时进入校园，只是低层次的要求，更要保障适龄儿童完整地接受教育、有质量地完成义务教育。教育政策规划要在控辍保学、提升学生学业成绩、提高教育教学有效性等方面下功夫。国际经验表明，义务教育普及的关键在于政府的教育政策水平。教育政策规划体现出政府对教育发展方向、思路的把握，是政府教育治理能力的反映。因此，

---

① 北京师范大学中国教育与社会发展研究院"一带一路"国家教育发展研究课题组．"一带一路"国家教育发展研究［M］．北京：北京师范大学出版社，2017：50.

② UNESCO and UNICEF. *Asia-Pacific End of Decade Notes on Education for All：EFA Goal 2 Universal Primary Education*［R］．UNESCO Bangkok，UNICEF EAPRO and UNICEF ROSA，2013：5.

教育政策规划在确保各部门政令统一、政策方案互为补充的基础上，致力于边境地区等薄弱地带义务教育的可持续、优质化发展。从宏观方面，改善教育资源的配置状况，逐渐扩大优质教育资源的配置范围，增加享有优质教育资源的人群及地域范围。增强优质师资的培养、培训，激励优秀教师长期在边境地区从教。从中观方面，加快课程与教学改革，促进学校教育教学模式的转变，提高课堂效率，有效提高学生的学业水平，提高学生完成学业的质量。

总体而言，教育政策规划应致力于惠及处境不利儿童，通过开展符合当地特点的多种教育项目与活动、拓展合作伙伴关系、加大经费投入水平等干预措施，努力缩小义务教育阶段的差距，特别是保障边缘化儿童群体的受教育权。

（二）教育信息化基础设施建设与能力提升

共建"一带一路"国家对信息化的重要性达成了共识，都认为信息化是现代国家综合实力的重要组成部分。教育信息化基础设施建设与能力提升既是衡量教育现代化的重要指标，又是扩大教育合作交流的基础。据2016 年 5 月中国国家信息中心发布的《2015 全球信息社会发展报告》，2015 年全球信息社会指数为 0.5494，正在从工业社会向信息社会加速转型。"一带一路"有 26 个国家信息社会指数高于全球信息社会指数，还有30 多个国家和地区的信息社会指数低于全球信息社会指数。[①] "一带一路"大部分国家都有针对小学、初中推动信息技术与教育整合的国家政策、战略规划和监督管理机构，教育信息化意识超前的国家，已经把教育信息化作为提高全民素质、增强创新能力和国家竞争力的重要战略。[②] 我国高度重视教育信息化，从 20 世纪 70 年代以来陆续出台了若干关于教育信息化的政策规划（详见表 10）。《国家中长期教育改革和发展规划纲要》第十

---

① 北京师范大学中国教育与社会发展研究院"一带一路"国家教育发展研究课题组 . "一带一路"国家教育发展研究 ［M］. 北京：北京师范大学出版社，2017：232.

② 北京师范大学中国教育与社会发展研究院"一带一路"国家教育发展研究课题组 . "一带一路"国家教育发展研究 ［M］. 北京：北京师范大学出版社，2017：245.

九章单列"加快教育信息化进程",从基础设施建设、教育资源开发与应用、国家教育管理信息系统三个方面对全国教育信息化发展做出规划。

表 10　教育信息化专项教育政策规划

地区	政策规划名称	主要政策内容
内地	1.《关于电化教育工作的初步规划》(1978) 2.《1992—2000 年少数民族和民族地区电化教育发展纲要》(1993) 3.《中小学计算机教育软件规划(1996—2000 年)》(1996) 4.《全国电化教育"九五"计划》(1997) 5.《教育信息化"十五"发展规划(纲要)》(2002) 6.《2006—2020 年国家信息化发展战略》 7.《教育信息化十年发展规划(2011—2020 年)》(2012) 8.《教育信息化"十三五"规划》(2016) 9.《教育信息化 2.0 行动计划》(2018) 10.《加快推进教育现代化实施方案(2018—2022 年)》(2019)	硬件设施、设备配置;教育教学资源配置,电化教育教材、教育资源开发;课程教学支持,教师信息化培训;教育教学形式改善,计算机教育、远程教育
香港	1.《利用信息技术增强学习和教学》(*Empowering Learning and Teaching with Information Technology*) 2.《信息技术教育——前进的道路》(*Information Technology in Education:Way Forward*) 3.《与时俱进善用资讯科技学习五年策略 1998/99 至 2002/03》(1998) 4.《善用资讯新科技 开拓教学新世纪》(2006) 5.《适时适用科技 学教效能兼备》(2008)	软硬件配置、教师培训、资源开发与配置、软件平台建设

应对教育信息化发展的内外部形势,边境地区义务教育政策规划也应重视教育信息化的建设,聚焦于缩小"数字鸿沟"、促进教育信息化均衡发展的问题。教育信息化本应是优质教育资源共享、弥合差距的有效途径,但由于边境地区中小学教育信息化建设普遍滞后于其他地区,教育信息化的广泛应用反而会带来差距逐渐加大的风险。部分边境地区中小学在教育信息硬件基础设施的配置上不够完善,"校校通""班班通""人人通"尚未全覆盖,多媒体教室仍不够充足,电脑等配置水平仍较低。同时存在基础设施更新换代升级受阻、设备维护维修经费短缺等问题,导致这些设备一次性配置齐全,老化、损坏更换困难,成为"只能看、不能用"

的摆设。这样的发展情况与发达地区智慧教室正在逐步取代传统教室和多媒体教室的形势有较大的差距。加之，教师的信息化应用水平不足，已有信息化设备使用率较低，教育教学资源开发能力不足。因此，应通过教育政策规划加强边境地区教育信息化的制度设计，提高边境地区教育信息化基础设施配置水平及信息化应用能力。

在关于教育信息化的政策规划中，需科学谋划教育信息化发展战略，通过深度调研"一带一路"沿线其他地区教育信息化现状与典型经验，有针对性地提出边境地区与其他地区优质教育资源共享的政策方案，对基础设施建设、数字资源开发、师资能力培训、经费保障等多方面统筹规划。充分与"一带一路"基础设施建设相结合，优先考虑宽带网络基础设施的建设，加强教育信息化基础设施建设。同时，在软件、资源方面，建立教育信息化协同发展战略联盟，促进信息资源流动，消除"信息壁垒"，逐渐缩小边境地区与发达地区及国外的"数字鸿沟"。

（三）国际理解教育的持续完善

"一带一路"要实现民心互通，其本质就是要加强国际理解，做好文化交融。国际理解教育（Education for International Understanding）是联合国教科文组织在建立初期极力倡导的一种新型教育观念，是围绕"国际理解"这一核心概念而开展的各式各类教育活动的统称，目的是强化不同国家区域和文化间的互相尊重和平等理解①。2010 年，《国家中长期教育改革和发展规划纲要（2010—2020 年）》第五十一条提出，加强国际理解教育，推动跨文化交流，增进学生对不同国家、不同文化的认识和理解。

义务教育阶段开展国际理解教育有着重要的意义。随着"一带一路"建设的深入推进，复合型、通识型人才越来越适应国际交往需求。这些人才不仅具备高端的专业技能，还具备较好的外交素养，包括知识层面对国际惯例、国际事务规则的了解，以及情感态度层面具备国际视野、世界情怀，掌握积极参与国际事务的技能，在"一带一路"建设过程中有能力担

---

① 孙悦. 回顾与前瞻：新时代教育对外开放之高校国际理解教育问题初探 [J]. 文教资料，2020（5）：113 – 114.

负起推动国际交往的责任。培养具有国际理解精神的高精尖人才固然是高等教育阶段的责任，高校拥有便利的条件，可以通过学生互访交流、科研跨国合作等方式，发挥优势学科特长，培养具有高水平文化交往能力的人才。但国际理解能力的培养可以从义务教育阶段开始，尤其对于边境地区而言，学生的日常生活与国际理解密切相关，必须要在文化多样性的生活环境中引导边民特别是其中的青少年在增强中华文化认同感的基础上，放眼世界，正确理解文化的多样性，对毗邻国家、西方发达国家等文化加以了解，增强向世界传递中华文化的信心。

国际理解教育是边境地区不可回避的重要内容，边境地区义务教育政策规划必须回应国际理解教育的时代新命题。通过教育政策规划解决"一带一路"沿线边境地区国际理解教育的核心问题，即中华文化认同、国际文化理解、国际文化交流。

第一，文化知识、文化自信、文化理念等方面的认知与培养。学校教育是培养人才的主阵地，文化知识的传授与文化自信的培养是边境地区义务教育学校的重要任务。如何认识中华民族的优秀文化、如何增强对中华民族文化的认同感与凝聚力，这是边境地区学校教育在培养具有国际理解能力的人才过程中需要完成的第一步。通过历史、地理、思想政治等学科渗透以及各类主题活动，知己知彼，让学生掌握基本的文化知识，具备基本的文化素养。学校教育通过知识教学、活动设计，让学生充分体验，引导学生了解边境地区的民族风情，了解我国的历史文化知识，增强学生对中华文化的认同感，激发学生的民族自豪感与民族自信心。同时，了解不同国家的地理、民族、历史、文化、社会常识，消除知识盲点与认识误区，具备与毗邻国家学生进行文化教育交流的知识储备。

第二，文化理解、文化包容意识与能力的培养。学校教育应引导学生学会求同存异，以尊重、理解、欣赏、包容的态度正确对待毗邻国家的文化，学习借鉴毗邻国家优秀的文化。在边境地区义务教育阶段学校接受外国籍小留学生不断增多的情况下，学生在日常的交往中克服文化盲目自信的心理，避免以强凌弱，排斥、嘲讽外国籍学生的现象。对于外国籍学生特殊的生活、饮食、学习习惯，能够从文化差异的角度来解读，允许差异，建立同学间不分国籍的跨国友情。同时也要克服妄自菲薄的自卑心理，避免盲目崇拜国外文化形式的心理。

第三，文化交流、文化创新能力的习得。边境地区义务教育学校的师生相比内地，拥有更多参加国际文化交流活动的机会，如与毗邻国家学校学生共同庆祝六一儿童节、民族重大节日庆典活动、学习语言的短期培训交流等。在文化交流活动中，引导学生礼仪得当、言行举止得体，鼓励学生以文化交流为契机传播中国优秀文化，并逐步培养学生的创新精神，能够在弘扬中华文化的过程中有所升华，促进中华民族文化的创新与发展。

上述三个层次问题的解决不能只依靠学生自觉习得或教师自觉组织教育教学，而要依靠教育制度安排。教育政策规划要在顶层设计留有制度空间。首先，设计政府层面的政策保障，如加强国际理解教育的扶持力度，给予师资队伍保障、经费保障、资源保障等支持，为中小学国际理解教育提供稳定的教育教学资源、实践活动场所、师资服务等。其次，设计国际理解教育课程教学政策体系，通过政策方案的形式明确课程目标、内容体系、教育教学形式、载体开发等关键因素。

（四）教育合作交流的精准化与常态化

加强教育合作交流是备受关注的问题。我国国家级教育政策规划对教育合作交流都有所体现，如《国家中长期教育改革和发展规划纲要（2010—2020年）》专门用一章的篇幅（第十六章 扩大教育开放）从加强国际交流与合作、引进优质教育资源、提高交流合作水平三个方面对教育合作交流进行了规划。在"一带一路"建设过程中，针对教育合作交流的政策规划应加强形势研判，政策方案突出宏观视野、方向正确、合作共赢、精准明确等特点。

第一，围绕"讲好中国故事"做好战略布局，设计教育合作交流的若干制度安排。中国故事包含中国经验的方方面面，既是中华文化的历史积淀，又是现代科技、军事强大实力与经济突飞猛进发展谱写的奋斗历程。中国深厚的历史底蕴与大国崛起的奋进历程使得"有故事可讲"。高水平的教育文化交流是"讲中国故事"的重要渠道，积极有效运用教育国际合作、文化交流的多种方式，为传播中华文化、增强中国教育影响力提供了平台。"谁来讲好中国故事"则需要通过留学、互访、培训等多种教育合作方式，培养理解、认同中华文化与中国价值体系的"讲述者"。这些"讲述者"除了中国人，还可以是通过各种渠道了解中国、认同中国、喜爱中国的外国籍各阶层人士。教育国际合作与交流在培养"讲述者"的过程中发挥着独特的作用。

第二，坚守跨文化语境的"最大公约数"，促进教育合作交流的共赢。教育国际合作与交流应坚持共赢的理念。"讲好中国故事"并不是强硬地宣传中国价值观，更不能触碰对方的教育主权，而是以诚相见、心悦诚服的过程。由于教育理念本身蕴含着某些价值判断，较容易产生国际理解的分歧。因此，教育政策规划应有边界的限定，对于教育合作与交流应进入哪些领域、由哪些组织和机构来承担等做出明确规划，在教育合作交流过程中尊重国际规则、坚持价值中立，回避对方国家不愿接受、不愿开放的地域与领域，从双方文化语境的"最大公约数"切入，符合双方的共同利益与需求。同时，在与共建"一带一路"国家进行教育国际合作与交流时，要坚持长远规划与近期目标相结合，关键在于谋划长远。不可否认的是，共建"一带一路"国家的教育发展水平多数落后于我国。这就存在短期内我国与之进行国际教育合作与交流处于较低水平，在规范性等方面还需进一步提高。这就需要教育政策规划做好长期发展的准备，关注政策方案的延续性、稳定性与可持续性，需要有一以贯之的规划计划，对于项目建设、经费支持、管理规章等方面做出中长期规划，加大教育理念的更新与教育体制机制的综合改革。

第三，精准施策，为教育国际合作交流提供规范的制度框架。"精准施策"不仅仅用于"精准扶贫"，而是具有普遍意义的策略要求和具体的方法论指导，也适用于"一带一路"建设过程中教育国际合作思想与教育对外交流大局。"一带一路"建设过程中，沿线地区是"讲好中国故事"的重点地带。对于"一带一路"沿线地区而言，面临着教育合作交流越来越频繁的形势。"一带一路"沿线东部地区、沿海地区是教育合作交流较为发达的地带，留学生规模较大，合作交流较为规范。"一带一路"沿线边境地区的教育合作交流呈现出与之不同的特点，主要表现为：外国籍留学生来源国以毗邻国家为主，留学准入门槛较低，生源结构较为复杂，就读阶段主要集中在义务教育阶段，留学生就读的流动性较大；民间的教育交流较为频繁，形式较为随意；教育合作交流以学习中文为主要内容。除了我国内部"一带一路"沿线不同地区的差异，也面临着共建"一带一路"国家外部环境的差异性。共建"一带一路"国家教育发展程度不尽相同，教育制度及课程体系各有特点，人才培养规划各有侧重。因此，面对不同地区教育合作交流的不同需求、特点以及合作国的不同情况，教育政策规划要体现出"分类指导、精准施策"的特点。教育政策规划建立在深入了解共建"一带一路"国家国情民意的基础上，准确把握双方教育合作交流的"供求"特点，规划教育合作、文教交流形式，精准到"一国一策""一地一策"，甚至是"一项一策"，构建教育合作与交流机制，推动各种文教交流活动规范化、常态化。在宏观框架下，定期开展边境地区与毗邻国家的教育合作与交流活动，策划"游学两国""文化体验""中文研修"等长效品牌项目，通过长期的品牌项目经营，逐渐增强稳定的国际认知，提高国际知名度与影响力。

二 适应主体功能区定位与发展

《中华人民共和国国民经济和社会发展第十一个五年规划纲要》提出，将国土空间划分为优化开发、重点开发、限制开发和禁止开发四类主体功能区，按照主体功能定位调整完善区域政策和绩效评价，规范空间开发秩序，形成合理的空间开发结构。2011 年《全国主体功能区规划》正式发布，针对不同类型的主体功能区，在财政政策、投资政策、产业政策、土地政策、人口管理政策、环境保护政策、民族政策、绩效评价和政绩考核等方面要完善区域政策。边境地区义务教育政策规划除了适应教育自身的发展，还要与区域社会发展的整体定位与趋势相适应，与主体功能区规划相适应，这样才能实现教育服务于社会发展的功能。

（一）凸显边境地区主体功能区规划服务国家战略的定位

边境地区具有独特的生态环境及社会环境特点，针对这些特点，边境省（区）正在对分散的农业经济库存进行整合，对掠夺式无序开发资源的发展方式进行纠偏，凸显区域主体功能区的定位。学者吕曼秋对广西各地开展初步调研表明，越是落后的地区，发展就越没有预见性、越不重视规划，结果必然是造成当地空间开发无序，社会经济发展缓慢。中越边境地区具有特殊的区域功能和资源优势，但近 60 多年来社会经济发展仍然滞后。他认为，中越边境地区资源禀赋与区位条件决定了其地域具有以国防为主的社会功能、成为内地与东盟各国经济联系纽带及自身发展的经济功能、良好生态环境的生态功能。① 而这一结论不仅适用于中越边境，同样适用于其他边境地区。

边境地区多属于限制开发和禁止开发地区，国家安全、生态友好型经济发展、与周边国家友好经济互动的纽带功能成为边境地区的主体功能区规划功能定位。边境省（区）正在主体功能区规划中找准自己的发展格局。如：《广西壮族自治区国民经济和社会发展第十三个五年规划纲要》提出"推动市县依据主体功能定位科学发展，形成城镇化、农业发展、生态安全、自然岸线格局"。"深入实施双核驱动战略，促进北部湾经济区、西江经济带、左右江革命老区加快发展，推进桂林国际旅游胜地建设，构建沿海沿江沿边三区统筹发展新格局"。《云南省国民经济和社会发展第十三个五年规划纲要》提出主动服务和融入国家"孟中印缅"和"中国—中南半岛"经济走廊，加快建设沿边开放、澜沧江开发开放和金沙江对内开放合作经济带，有序推进六个城镇群协调发展的空间布局。《新疆维吾尔自治区国民经济和社会发展第十三个五年规划纲要》提出要深刻认识新疆在国家战略全局中的特殊重要性，指出"新疆是我国西北的战略屏障、实施西部大开发战略的重点地区、我国向西开放的重要门户、全国重要的能源基地和运输通道、丝绸之路经济带核心区、我国反恐维稳的前沿阵地和

---

① 吕曼秋. 基于区域主体功能区划的中越边境地区发展 [J]. 开发研究，2016（5）：85 - 88.

主战场"。

区域主体功能区规划以更为开放的思维方式，以保护本地区发展根本的态度，长远规划，避免短视，突出重点功能，协调经济、社会、文化发展的重点内容与发展次序，是一种由"点"连"线"构"面"的过程，最终实现地域功能。地域功能是指一定地域在更大的地域范围内，在自然资源与生态环境系统中、在人类生产活动和生活活动中所履行的职能和发挥的作用①。林毅夫认为，一个国家如果在发展的每一个阶段都能按照其要素禀赋……所决定的比较优势来选择产业、技术……（其）要素结构和产业、技术水平就能够得到最快速地提升②。因此，对于边境地区来讲，充分认识到其特有的自然与社会特点，从实际出发准确定位自身的发展功能与趋势，选择好发展的手段与次序，是实现边境地区全面发展的必然要求。当前，边境地区以守边固疆为主的维护国家安全的社会功能、保护生态环境与经济协调发展的生态功能、融入"一带一路"建设促进与毗邻国家交流合作的外交功能得到国家战略规划的重视，也被社会公众广泛认可。边境地区主体功能区规划服务于国家战略，就要按照主体功能区的定位，解决好发展的问题，统筹规划，做好区域政策设计。

（二）发挥教育促进区域发展的作用

在主体功能区规划的思维导向下，各地区自然地理环境和人文社会环境的地域性特点及社会运行机制的规律性，成为各级政府在制定本级主体功能区规划中重点考虑的因素。推进区域发展，就离不开对本辖区空间结构、发展方式、发展领域的合理布局与统筹规划，理性分析区域发展的内容主次，安排区域发展次序的轻重缓急，从而有效保障本区域健康有序发展。对于边境地区而言，在担负本地区经济增长、民生改善、人力资源培养、生态环境保护等普适性责任的同时，承担着守边戍疆的国家安全责任及民族团结安定、民族文化传承等多重责任。虽然主体功能区规划中的区域政策调整所涉及的内容非常宏观，并没有明确提及教育领域，但事实

---

① 樊杰．我国主体功能区划的科学基础［J］．地理学报，2007（4）：339－350．
② 余力之．中国经验的林氏解读［N］．文摘报，2008－02－28（6）．

上，人口政策、产业政策、投资政策、财政政策等宏观的政策规划为教育规划确定了发展格局、方向、规模。教育在边境地区区域主体功能区规划中占据着非常重要的地位，这是由教育启迪灵魂、引导思想成长、引领发展的功能所决定的。换言之，边境地区在实现主体功能区规划的过程中，教育具有优先发展的战略地位，教育政策规划是其主体功能区规划的有机组成部分。在边境地区多重功能定位的情形下，倚重教育，通过教育实现劳动力素质提升、人力资源储备、边民思想道德素养提升、社会精神文明水平提高，才有可能使纷繁复杂的边境地区在社会治理发展的道路上事半功倍，实现本区域主体功能区规划中的功能定位与发展目标，迎来边境地区经济、社会、政治、文化的共赢局面。

教育主体功能区规划是地理空间、功能空间和发展空间优化的复合体，其目标是不同教育功能区内部的自组织发展和有序的规划机制创生区域同质性协调发展的态势，形成功能一体化模式①。教育主体功能区规划将区域内教育要素加以整合，实现优化、提升、协同发展目标，获得教育发展的内生动力。同时，教育主体功能区规划作为区域规划的重要组成部分，在边境地区区域功能规划中具有基础性作用，发挥着人才储备、思想观念准备、民生改善与生态环保理念支持等方面的基础功能，由此实现教育主体功能区与教育系统外部的协调发展。

第一，边境地区亟须通过教育的力量实现发展思维的转变，完成发展方式的选择。边境地区面临着在社会经济发展水平较低且发展不均衡的双重矛盾下，选择发展方式的难题。对经济利益的过度追求，驱动着一些经济短视行为，过度开发丰富的物质资源、无序发展旅游业、默许违规边境贸易，甚至铤而走险从事非法活动等。部分边境地区自然资源较为丰富，如 G 自治区某边境县以前盛产钨矿，由于破坏式开采，现在钨矿已经被挖光，当地百姓的经济收入来源又少了一个。边境地区生态环境非常脆弱，有些地区又处于江河源头、野生动植物保护区，生态保护的理念非常重要。这就要求对通往富裕生活的道路进行选择，避免破坏式发展，实现

---

①　田养邑. 县域教育主体功能区规划与教育均衡发展——以宁夏南部山区 X 县为例［J］. 教育理论与实践，2015（14）：12-14.

"既要金山银山，又要绿水青山"。边境地区在保护开发、限制开发的功能方式定位下，在处理经济效益和综合效益的关系时，亟须具备"两弊相衡取其轻"的长远战略眼光与大局观思维方式。事实上，边境地区需要更多地追求国家安全与生态环境效益，在一定程度上牺牲经济总量和经济增长速度，通过短期的相对缓慢发展赢得未来的持续健康高速发展。如何形成科学的发展观，指引边境地区的社会发展方向，教育无疑发挥着开阔视野、转变观念的重要作用。通过教育促进边民思想素养的普遍提升，边民才有可能成为维护国家安全、保护生态环境的坚强卫士，成为边境地区社会发展的坚强力量。

第二，边境地区亟须发挥教育在人才培养上的巨大作用。在各类主体功能区中，限制和禁止开发，其人均受教育年限为 7.43 年。按照人均受教育年限从高到低排列依次为：草原生态功能区为 8.00 年，湿地生态功能区为 7.82 年，荒漠化生态功能区为 7.61 年，森林生态功能区为 7.51 年，水土流失防治区为 7.13 年①。这组数据表明，劳动者受教育年限与区域发展程度呈正比例关系。在人力资本储备的意义上，教育可以理解为限制开发区和禁止开发区实现主体功能规划目标的有效抓手甚至是捷径。充分的教育是培养符合社会发展需求劳动者的重要途径，学校教育可以发挥出强大的系统优势与组织优势，成为培养劳动者、储备人力资源的规模最大、效率最高、质量最高的场域。义务教育阶段虽然处于教育链条的前端，以低龄少年儿童为教育对象，无法直接发挥出劳动力转换的功能，但其基础性作用不容忽视。义务教育阶段是适龄儿童基础知识学习、基本生活技能习得、基本生活习惯养成、基本思考方式形成的关键期，奠定着人生发展方向的底色与基调，在人才储备的过程中是最为基础、不可替代的关键一环。

第三，边境地区发展亟须获得教育对其人文环境优势的培育、文化多样性的引导与保护。边境地区发展的滞后性主要由客观环境与主观环境两方面共同制约所造成，边境地区多地处偏远，地形原因导致的交通不便成

---

① 张耀军，陈伟，张颖．区域人口均衡：主体功能区规划的关键 [J]．人口研究，2010（7）：8－19．

为边境地区与内地沟通的自然障碍，制约了当地经济发展水平。但是地理位置、地理条件、自然气候、生态环境等客观因素的改善是一个长期的过程，边境地区大发展、大繁荣首先必须以改善人文环境为切入点，培育良好的人文环境，转变不良的风俗习惯，使之向先进的人文环境转化，培育出具有优势的人文环境，在增强中华文化认同的前提下，切实尊重民族文化多样性并加以适当的保护与必要的引导。边境地区实现主体功能区规划的美好愿景必须调动起人文因素这一重要的内生变量，充分发挥出教育整合利用多种文化资源实现"人的培养"的功能。民族地区教育政策的实施在培养现代人的同时也要培养民族人，如此才能满足民族地区可持续发展的内在要求①。人的培养过程中要格外重视中华文化认同与民族文化多样性的问题，使教育对象增强中华文化认同的同时，获得跨文化理解的观念与传承发展文化多样性的能力。边境地区由于少数民族人口相对较多的原因，是民族文化多样性体现较为集中的地区。尤其是云南省的边境县，在其辖区有多个少数民族，民族文化绚烂多彩。教育政策规划必须关注边境地区中华文化认同凝聚力的培育和文化多样性的引导，通过科学合理的课程设置与丰富多样的教育教学活动了解、学习中华文化，增强中华文化认同感，并适当地传承、保护民族文化多样性，实现文化传承与经济效益在"人的培养"中的互动生成、协调统一。

三 服务教育治理②

教育治理是特定主体以国家已有的政治、经济和文化制度为基础，对教育公共事务进行组织管理，主要活动是生产或提供教育公平产品与公共服务，涉及教育系统的机构设置、职责范围、隶属关系、权力划分和运行机制等方面，由以教育领导体制、办学体制和投资体制为核心的一系列教

---

① 张学敏，史利平．文化—教育—经济共生机制西南民族地区教育反贫困战略选择［J］．西南大学学报（社会科学版），2012（11）：48－53．
② 李芳．民族地区教育公共治理新格局的价值选择与制度安排［J］．当代教育与文化，2020（3）：89－96．

育制度所体现。教育治理是整个教育事业得以运行的保障。《中国教育现代化 2035》将推进教育治理体系和治理能力现代化列为重要战略之一。边境地区应通过教育政策规划推动教育公共治理新格局的形成及构建若干制度设计，推进教育治理主体从单一到多元、教育管理体制从碎片化到网格化管理以及教育决策从基于经验转向基于证据①，促进教育治理能力的提升，从而实现边境地区义务教育的善治，发挥出教育的独特功能。

（一）教育政策规划推进边境地区教育公共治理新格局的形成

由教育管理向教育治理转变，这体现出教育关系调整思路的变化。《中国教育现代化 2035》设定的目标是 2035 年形成全社会共同参与的教育治理新格局。教育治理并不是凭空的，而要通过制度设计及政策实施得以实现。社会进步和教育现代化并不只是价值的进步，也包括工具的改进②。教育政策规划是促进教育治理格局形成的重要手段。教育治理格局的主体职能定位、治理模式选择、政策方案系统性等都是由政策规划实现的。边境地区教育公共治理格局（即党的全面领导、中央政府承担主体责任、行政部门协同管理、学校自主管理、社会广泛参与）的形成要通过教育政策规划加以推动。

第一，教育政策规划确定了教育治理多元主体的权责。哪些主体被赋予参与教育治理的权力，不同的主体在教育治理中承担怎样的责任与义务，需要教育政策规划按照中央的要求进一步落实、赋权。教育政策规划应对四类主体赋予教育治理的权责。

第一类是领导主体，即坚持党对教育事业的全面领导。习近平总书记指出："国家治理体系是在党的领导下管理国家的制度体系，包括经济、政治、文化、社会、生态文明和党的建设等各领域体制机制、法律法规安排，也就是一整套紧密相连、相互协调的国家制度；国家治理能力则是运

---

① 申国昌，郭景川. 大数据时代的教育宏观治理体制现代化变革 ［J］. 教育研究与实验，2017（2）：36 – 40.
② 褚宏启. 教育现代化的本质与评价——我们需要什么样的教育现代化 ［J］. 教育研究，2013（11）：4 – 10.

用国家制度管理社会各方面事务的能力，包括改革发展稳定、内政外交国防、治党治国治军等各个方面。"① 可见，党领导一切，党对教育事业进行全面领导。由此，党的领导是边境地区教育公共治理格局的灵魂，是坚定社会主义办学方向的必然要求。加强党的领导是保障边境地区教育事业方向的重要途径，对于各民族青少年思想成长具有重要意义。各级政府和党组织必须在思想上高度重视，以习近平新时代中国特色社会主义思想为指导，全面贯彻党的教育方针，坚持马克思主义指导地位，坚持中国特色社会主义教育发展道路，把党对教育事业的全面领导贯彻好、落实好。教育领域要通过政策规划，细化坚持党对教育事业全面领导的相关制度安排，确保把党对教育事业全面领导落实到位。

第二类是决策主体，即以政府为代表的行政系统。加强中央对边境地区教育事业的领导，中央政府从整体布局出发，针对边境地区教育事业发展形成清晰的战略定位、发展规划、方针政策和基本标准，优化学科专业、类型、层次结构和区域布局，整体部署教育改革试验，统筹区域协调发展。中央政府加大对边境地区教育事业的扶持力度，在经费投入、基本办学条件保障、基础设施建设、教师队伍、人才培养等方面加大特殊政策倾斜。

第三类是参与主体，即政府以外的社会力量与公民参与。重视教育行政系统外部治理空间，保持教育系统的相对开放。教育公共治理是行政系统内外部的集合体，行政系统外部的治理是政府、市场、社会、学校等主体对教育决策的合理影响。实现教育公共治理首先要赋予多元主体在教育公共治理格局中的话语权。通过国家立法、制度规范等方法使政府以外的其他主体成为教育公共治理的共同体，形成政府、市场、社会、学校不同主体在教育领域的信息、资源开放与交流。行政系统外部建立教育外部多元治理格局，构建政府、学校、社会之间新型关系，实现从政府向社会、第三部门、民营组织等的横向权力转移。转变政府角色，政府变管理者为服务者、协调者、监督者、组织者，加大行政监督和问责力度，强化信息

---

① 习近平. 切实把思想统一到党的十八届三中全会精神上来 [N]. 光明日报，2014 - 01 - 01 (002).

公开和公众监督制度。减少政府对学校办学的直接干预和影响，增强办学自主权。深入推进教育管办评分离，健全国家教育督导制度，引导社会参与监督学校管理和改革。

第二，教育政策规划对各主体参与教育治理的运行机制进行制度设计。构建边境地区公共治理新格局关键是建立一整套与公共治理理念相匹配的制度体系，为各主体参与教育治理搭建组织机制运行的空间。

在领导层面，加强党对教育事业全面领导的体制机制设计。在教育治理过程中，不断完善组织建设，依靠广大教师队伍通过"全员、全程、全方位"育人体系，润物细无声，对青少年的思想成长进行正确引导，培养社会主义事业的接班人与建设者；发挥党团系统、基层党组织的强大组织凝聚力，把党的教育方针全面贯彻到学校工作各方面。各级各类学校党团组织把抓好学校党建工作作为办学治校的基本功，凝聚共识、积蓄力量。

在政府执行层面，建立顶层推进框架与统筹协调机制。在中央层面，建立跨界教育治理联动机制。健全政府主导推进制度，由政府全面负责，协调不同行政机构。部委及各级政府建立教育部门、民宗部门、财政部门、人事部门、社会保障部门等横向组织统筹协调、分工合作的管理机制。建立"上下联动、左右互动"的协作统筹机制。

发挥学校主体地位，建设现代学校制度。边境地区学校应焕发出主人翁责任感，进一步积极完善党委领导下的校长负责制或现代学校法人治理模式等现代学校制度，通过学校章程、家委会、教代会、学代会、社区代表制等制度的完善，形成依法治校、自主办学、多元参与、民主治理的学校内涵式发展模式。在依法治校的同时，充分发挥学校的办学自主权。制定学校章程，各级各类学校形成有关学校性质、办学宗旨、办学规模、主要任务、组织机构、教师和学生管理、财务管理的纲领性文件。健全学校内部管理机制。建立健全学校内部民主决策、监督机制及学校的政务和公开机制，广泛吸纳教师、学生、家长和社区成员参与学校管理。

搭建教育行政系统外部治理空间，完善公共参与机制。形成行政系统外部治理空间的制度设计。在重大教育决策法定程序中注重引进公众参与和社会协商机制，逐步建立社会公众和专业机构参与教育决策的机制。健全教育决策公开制度，在教育政策的决策过程中定期公开决策过程，使多元主体拥有知情权。引入专业、权威、科学、民主的教育决策论证制度，充分发挥政策咨询机构等智库的专业指导作用，促进教育政策的科学性。

第三，教育政策规划对政策过程的合理设计以保证教育治理的科学性。教育治理是通过政策方案的选择、系统化的制度输出实现的。要提高教育治理的科学性，就必须从教育政策决策的科学性入手。而教育政策规划通过对政策问题的全面梳理、政策目标的逐步聚焦、政策议程的充分讨论、政策方案的比较鉴别，最终实现教育政策安排的系统性、连续性、稳定性，从而大幅提高教育治理的科学性。教育政策规划确保教育治理从经验型决策走向理性型决策，基于大量的证据与逻辑关系，制定规范、科学的教育政策。通过教育政策规划，加强对长期困扰边境地区义务教育发展的难题进行破解，如：合理配置教育资源，重点缩小城乡、区域、校际、群体教育发展差距，深化义务教育城乡一体化发展；加强控辍保学力度，建立联动机制；完善中小学教师福利待遇保障机制，贯彻落实国家关于教师地位待遇的各项要求，切实减轻中小学教师负担等问题，通过政策规划的统筹贯通，实现制度创新。

（二）教育政策规划推动边境地区教育治理完成重大使命

边境地区教育善治的实现有既定的评价指标，主要围绕教育治理的水平展开，涉及义务教育均衡发展、学生培养质量（学生学业成绩监测）、教育管理理念、组织机构职能调整、教育管理体制、公共政策决策模式等。这些指标既用来评价教育治理的水平，同时也是提升教育治理能力的切入点。教育政策规划有助于改善教育治理的制度框架，通过触动不同主体权责分配、改革教育资源配置方式与组织机构运行机制，从而实现教育善治。边境地区教育善治，以教育科学稳定发展得以体现，有其重要的表征，即边境地区由于其特殊的区位特点与特有的地缘政治功能，教育治理担负着维护国家统一民族团结、维护国家教育安全的重要使命，这一重要使命必须纳入教育政策规划，应作为教育政策规划重要的政策目标及教育治理的重要目标。

第一，教育政策规划以铸牢中华民族共同体意识为价值导向，促进民心稳定与民族团结。在"一带一路"建设过程中，频繁的对外交流及文化多样性、多元价值观的碰撞，带来更加复杂的形势与不确定因素，这就更加要求边境地区义务教育除了完成教育资源均衡配置、学校标准化建设及优质教育资源提升等普适性的任务，还要着力落实好"立德树人"，加强对青少年思想成长的引导，必须发挥好统一思想、凝聚力量的基础性作用。教育政策规划必须以铸牢中华民族共同体意识为指导，有利于增强各民族青少年对伟大祖国、中华民族、中华文化、中国共产党、中国特色社会主义的认同，引导各民族青少年树立正确的祖国观、民族观、宗教观、文化观，维护民族团结与国家文化政治安全。

第二，教育政策规划树立维护国家教育安全的意识，对影响边境教育安全的内外部因素加强研判，通过政策方案设计有效控制安全风险。高度重视校园安全，加强边境地区接受外国籍小留学生来华接受义务教育的管理制度设计，提高风险防范意识，保护我国学生与外国籍学生的人身安全。尤其要严防"三股势力"随着"一带一路"建设以更加隐蔽、不易察觉的方式渗透。针对"一带一路"建设过程中的"三股势力"渗透问题，要从维护民族关系和谐、促进国家统一、社会稳定的高度来应对。需要我国政府积极与周边国家签订或完善打击防范"三股势力"的多边合作协定，建立跨国打击"三股势力"的联合机制；着力铲除"三股势力"滋生的土壤，为"一带一路"建设扫清障碍。①

---

① 田烨. "一带一路"战略对我国民族关系的影响——基于马克思主义民族交往理论的分析 [J]. 青海社会科学，2015（6）：20 – 25.

第五章

边境地区义务教育系统协作式政策规划模式的主要理念

教育政策规划的全过程需要建立在正确的理念基础上。系统协作式政策规划模式强调主体之间、政策环节之间、政策方案之间的协调，需要遵循生态机制，运用一定的策略，坚持与系统协作式政策规划模式相匹配的理念是一个重要的方面。

一　规划视角：由战术向战略的转变

规划在我国发挥着重要的作用。规划性活动是当代中国具有主导性和基础性特征的活动。党的十九大报告指出"创新和完善宏观调控，发挥国家发展规划的战略导向作用"。可见，规划的战略导向作用被提到重要的位置。教育政策规划也应关注战略问题，发挥出战略导向作用。

（一）规划是我国政治运作的重要特征

政策规划在我国历史上具有重要的地位与作用。新中国成立以来，我国政府便开始编制国民经济五年计划，教育是其中的重要组成内容。从第八个五年计划起，教育成为独立的专项计划。1995～1996 年，中央及各级地方政府又制定了《全国教育事业"九五"计划和 2010 年发展规划》，这一规划中数量指标大大减少，更多地突出了规划的预测性和政策措施的可操作性，初步实现了从指令性计划向指导性计划的转变。《全国教育事业

第十个五年计划》是 21 世纪初我国教育事业发展的第一个五年计划，是
社会主义市场经济条件下的第一个五年计划，教育规划的性质、形式、内
容、方法和制度建设等方面发生了变化，最突出的是加强了规划编制的前
期研究工作。教育部组织有关省（自治区、直辖市）教育厅（委）、高等
学校、科研院所对事关教育事业未来发展的重大问题，诸如外部机制、依
法治教等展开了研究，对教育事业发展中的重点、热点、难点问题进行了
专题调查研究。而前期研究报告对应对教育事业发展中的重点、热点、难
点问题提出了一系列新战略、新思想、新措施。并且省一级规划也开展了
类似的工作。前期研究成果为规划编制工作提供了坚实的基础，大大提高
了规划的科学性和指导性。① 从上述教育政策规划简要的发展历程来看，
无论在计划经济时代还是在市场经济时代，教育政策规划都起到了谋划教
育发展、统筹教育资源配置、协调教育政策体系等重要作用，并通过加大
前期研究力度不断提高教育政策规划的科学性，逐渐形成了科学预测、长
远谋划、宏观指导等特点。

政策规划在实践中成为治理的重要手段与方式之一。规划在中国政治
的运作过程中，是确定政策优先顺序的推动力，是政策调整的界限，是授
予机构权力的依据，是决定各级政府之间权力分配的关键因素，更重要的
是，规划已经成为治理各种问题的核心机制，构建了以"三级三类规划"
（国家—省—市县和总体—专项—区域）为主体的相互交织的庞大的规划
网络。② 教育政策规划作为专项规划，也组成了层级规划的网络体系。国
家级的教育政策规划从教育事业布局、发展思路、目标、措施等多角度为
国家教育事业宏观发展提供了纲领性指导，地方各级政府以国家级教育政
策规划为蓝本，对本地区未来一段时间的教育事业发展做出筹谋与组织。
在这个过程中，国家教育发展理念被层层转化，落实为具体的教育政策方
案，从而实现教育治理。在运用教育政策规划进行治理的过程中，我国从

---

① 教育部发展规划司. 教育规划理论与实践 ［M］. 北京：中国大百科全书出版社，2006：
13.
② 韩博天，奥利弗·麦尔敦. 规划：中国政策过程的核心机制 ［J］. 开放时代，2013（6）：
8－31.

中央到地方，在教育行政部门内部建立了专门负责教育政策规划的部门，形成了一支专业队伍，教育政策规划成为各级教育行政部门的日常工作之一。小到学校的规划与建设，大到国家教育事业的规划统筹。通过教育政策规划的方式，勾勒出教育发展的蓝图，谋划、推动教育事业的发展，成为各级教育行政部门对教育事业进行宏观管理的重要调控手段之一，从而减少教育发展的短视行为、避免教育发展的盲目性，实现教育事业健康可持续发展。

政策规划的实质是政治运行程序、机制、权力控制。由上述政策规划在我国政治运行中的重要地位与作用观之，我国政治运行具有规划性的特点。规划性政治具体到当代中国政治，是指公共权力机构或特定的非政府组织设置权力的基本议程和基本规则，主导、控制权力的变化过程。① 实施政策规划工作的主体是掌握权力的部门，通过一系列固定的议程和基本规则，以制度输出的形式行使权力，实现资源的调配、工程项目的安排。具体到教育政策规划，权力部门进行教育政策规划的过程首先建立在职能部门头脑中形成的教育理念、教育治理基本思路之上，继而在各自可调动的权力范围内，组织教育资源的配置、协调各种主体之间的关系及平衡不同主体的利益需求、设计各种教育政策方案、实施各类项目与工程。在权力运行的过程中，教育行政部门运用一定的策略，使教育政策规划在社会各界达成广泛的共识，从中央到地方、从政府到公民，自觉自愿地将目标转变为行动方案，获得教育政策规划的广泛支持力量与政策生存的良好社会环境。因此，教育政策规划不仅仅是教育制度的系统安排，背后是整个教育行政运行的缩影，反映了教育管理权支配的理念、运行程序、机制规则。

（二）教育政策规划要以战略思维为主导

教育发展战略与教育政策规划是相辅相成的关系，二者不是割裂的。所谓战略，就是指带有全局性、长远性和根本性的谋划和决策，它反映了

---

① 蔡益群. 当代中国规划性政治研究——以权力解释中国政治社会的范式［J］. 北京：中国社会科学出版社，2015：71.

组织在一个较长时期内所要达到的主要目标和实现这些目标的总体思路、基本部署和主要措施，并着眼于组织长期目标和宗旨的实现①。教育发展战略是一国或一地区在未来较长时期内教育发展的重大的、全局性的、导向性的谋略和策划②。成功的战略思想建立在对科学理念、哲学思想的正确解读之上，为教育事业发展做出整体的布局。教育发展战略是教育政策规划的生存环境与政策空间，为教育政策规划提出指导思想，为规划思路、政策方案选择、规划方法提供前提和背景，把握教育事业发展的方向。教育政策规划是教育战略实现的途径与手段，战略思想是政策规划的理论基础与社会背景。二者相互促进，互为前提。因此，教育政策规划要以战略思维主导，从而实现教育的战略布局。

在教育政策规划中以战略思维为主导，首先要处理好过去、现在、未来的关系，将前瞻性放在重要位置。树立"站在未来谋划当下"的思维，避免"站在现在看未来"甚至是"站在过去看现在"的思维。战略是具有前瞻性的谋略，应建立在对未来形势与发展方向科学预判的基础上，打算现在的应对策略，为将来做好准备。因此，教育政策规划从过去中吸取经验教训是必要的，但不能停留在过去或者是现在。战略思维导向下的教育政策规划是以未来为目标，迎接未来，将未来的格局、需求与当下的环境、资源、要素等条件进行比照，找到当下与未来的差距、现有制度对未来发展的障碍与制约，谋划当下如何挖掘潜力，通过政策方案的调整以支撑未来的格局。教育政策规划应体现明的战略意图，使整个政策体系具有鲜明的方向，描绘出未来发展的蓝图，重点是告诉人们为了未来的目标，今天和明天做些什么、怎么做。

教育政策规划以战略思维为主导还需要有创新的勇气，尝试首创式规划，敢于超越突破，以超常规的思维思考，要善于打破"按既定方针办"的思维定式。如果在教育政策规划过程中，习惯于思维惯性，总是沿着既定的思路考虑问题，就容易强调目前的种种制约，将"办不成""条件不

---

① 杨吉兴. 湘西区域经济与人才资源开发论［M］. 北京：群言出版社，2004：178.
② 教育部发展规划司. 教育规划理论与实践［M］. 北京：中国大百科全书出版社，2006：32.

成熟""有困难"作为借口，难以突破现有的制度框架。这样的政策规划就不是战略规划，而是可行性分析。规划者从既有思路出发，就仿佛给自己套上了思想的枷锁，对其想象力有很大的限制，在一定程度上导致其对未来的不确定感、悲观情绪和乏力感，无法做出有开创性、突破性的制度设计，只能停留于小修小补，错失发展机会。战略思维就要求规划主体摆脱思想束缚，将如何冲破现有障碍作为思考重点，而不是限于这些障碍畏首畏尾。不破不立，规划主体勇于尝试，通过创新型思维，对现有制度框架做出必要的突破，确定新的政策思路与政策模式，形成适应未来发展的制度框架。边境地区义务教育发展中一直存在的现实问题在现有制度框架下难以取得突破性进展，要想得到根本解决，必须以战略思维为导向，合理运用革新计划的策略，做出制度框架的适当突破。

坚持全局思维，处理好整体与局部、眼前与长远的关系，是战略思维的另一个重要表现。战略谋划必然是一种大格局、大架构，是对整体的谋篇布局，而不是对局部的修修补补。战略思维导向下的教育政策规划必须有全局观、远景眼光，站在教育事业发展的全局上，风物长宜放眼量，统筹规划，形成具有前瞻性、系统性、协调性的教育政策体系。教育政策规划主体只有胸怀大局，从全局的共同利益出发，才能实现各个部分的协调发展，使各个部分整合在一起，形成合力。如果缺乏大局观，只从解决某一个局部问题出发，就会出现"政策打架"，教育政策处于零散状态，无法形成步调一致的教育政策网络体系。教育政策规划主体从全局利益出发权衡多元利益相关者需求时，必须放弃短视行为，要从长远考虑问题，即便是眼前有利可图但损害长远利益的政策，要坚决终结，一切教育政策的设计要符合长远利益。

（三）教育政策规划要与国家规划的战略导向相契合

国家战略是围绕国家发展目标而制定的总体方略。科教兴国与人才强国是与教育密切相关的两大国家战略。"科教兴国"是建立在"科学技术是第一生产力"的论断上，将劳动者的素质转化为现实的生产力，把经济建设转移到依靠科技进步和提高劳动者素质的轨道上来。"人才强国"是建立在"人才资源是第一资源"的判断上，倡导建设人力资源强国，提升国家核心竞争力和综合国力。这两大国家战略的共同点是将教育摆在优先发展的位置，教育无疑是培养人才、提升科技水平、提升国民素质、加速实现国家繁荣富强的基础性事业。从某种意义上讲，教育是实现科教兴国与人才强国两大国家战略的前提与重要支撑。有学者认为"教育是民生更是国家战略"，并提出了从战略高度积极推动学习科学研究、从战略高度考虑教育一致性和多样化之间的关系、从战略高度把握教育主权和话语权。① 因此，教育政策规划应突出教育的基础地位、先导性作用，致力于提供高质量的更加公平的公共教育服务。边境地区义务教育政策规划在面对教育发展水平相对滞后的现实状况时，要首先坚持教育优先发展，解决教育自身安全、科学、高质量、可持续发展的问题，不断缩小边境地区与其他地区教育发展的差距，促进边境地区义务教育优质化发展。

国家战略是由各领域总方略组合而成的集合体，除教育领域的国家战略之外，各领域都有国家战略的体现。因此，要重视教育领域与其他领域国家战略思想的结合。将教育置身于社会发展的大环境中，发挥教育服务社会发展的功能。尤其通过人才培养的重要媒介，发挥出教育在促进"一带一路"建设、乡村振兴战略规划、兴边富民发展规划、西部大开发等国家发展战略中的积极作用。边境地区由于地缘位置的重要性与特殊性，既是"一带一路"建设重要的辐射地区，又是兴边富民的主体地带，又与乡村、西部有较大范围的重合。因此，边境地区义务教育政策规划必须树立起系统性思维，不能孤立地看待问题，而要坚持生态学的观点，努力实现教育政策生态环境与政策方案的匹配，保持教育政策规划生态系统的动态平衡。一方面边境地区义务教育政策规划要同国家级教育政策规划做好纵向的衔接，另一方面教育政策规划要以战略性、基础性、约束性规划为基础依据，同其他重大规划做好横向衔接，格外重视教育与其他公共事业的密切配合，加强各类规划的统筹管理和系统衔接。规划的目的就是加强整合，使零散的制度安排形成周密的、系统的政策体系，从而有统一的指向

与政令，朝着明确的目标协同共进。

（四）把教育政策规划作为撬动边境地区教育综合改革的杠杆

边境地区义务教育发展中的现实问题由复杂的表象呈现出来，触及根本的问题集中于"人财物力"的种种限制，根源是体制机制的问题。因此，要想彻底解决边境地区义务教育现实情境中的某一个具体问题，必须依赖于教育综合改革，解决体制机制等根本性问题，方能药到病除。教育综合改革是以系统性思维，对制约教育发展的各种体制机制的全面梳理与调整，从根本上解决公共教育服务水平不高的问题，是创新型思维的运用。边境地区义务教育阶段应着眼于深化课程教学改革、考试招生制度改革，完善教育评价制度，推进中小学校长职级制改革，优化教师教育体系和教师管理体制，构建社会参与监督体制等根本性问题，破解制约教育发展的不良体制机制，建构符合边境地区义务教育发展需求的体制机制。同时，边境地区教育综合改革还应关注边境地区特殊困难，对个性问题给予关注，通过体制机制的改革为特殊问题解决提供政策依据。

在教育综合改革中，教育政策规划具有重要的作用。教育综合改革是在教育理论的指导下，对现有体制机制的调整，政策规划是一种未雨绸缪的战略布局过程，与教育综合改革的系统性思维导向是一致的，而且为教育综合改革提供了抓手。教育综合改革的表现形式就是一系列教育政策方案的创新。教育政策规划在某种意义上是教育综合改革的呈现方式。因此，教育政策规划提出推进体制机制改革的思路固然很重要，但围绕深化体制机制改革提出一些切实可行的方向性、目标性要求，为深化、实化体制机制改革自身提供有效的体制机制保障，努力把规划的编制和实施转化为撬动体制机制改革深入推进的杠杆，借此"扣动"激发系列、连锁改革的"扳机"，对提升规划质量更有重要意义。①

边境地区义务教育政策规划应着力解决政策措施协调性的问题，理顺现有各种关系，对某些关键体制机制进行创新，运用协作计划策略，从而

---

① 姜长云. 乡村振兴战略：理论、政策和规划研究 [M]. 北京：中国财经出版传媒集团，2018：84.

形成"连锁反应"，撬动教育综合改革。例如，边境县多把教育发展的难点归结于"经费不足、人员不足"，提出的建议也多为"增加投入、增加人员编制"。事实上，由于国家对边远地区的重视，给予的教育经费支持力度是比较大的，中央转移支付、专项经费、省级经费以及其他各种渠道的经费支持，在总量上应该是可以满足教育发展需求的。但边境县仍然感觉经费不足，在很大程度上问题出在了经费保障的连续性、协调性不足，"钱花在哪儿、怎么花"出现了制度障碍。正如 Y 省边境县官员所讲："实践中最迫切的问题、最需要投放经费的项目没有经费来源，而一些项目经费花不完；一些项目经费今年有、明年没有，教学楼建起来了就没钱了，学校的大门、围墙等就没钱修了；经费到位有滞后性，钱到位了，各种因素又跟不上；经费拨付比预算'缩水'，由于边境地区学校建设成本高，所拨付的钱不够用。"由于经费统筹的机制问题，存在经费使用结构不合理的问题，地方政府希望"缺什么补什么"，把钱花在刀刃上，避免重复建设与经费短缺并存。推动教育经费管理体制及经费投放、使用机制改革是非常必要的。教师编制的问题也有相似性，如何招得来、留得住、教得好，是一个多种机制相互支撑的系统，不单单是投放更多编制把人招进来就高枕无忧了，事实上边境地区中小学教师仍存在人浮于事的现象，在编在岗教师的教育教学胜任力、工作态度等并不能完全达标。除了上述两个方面，制约边境地区义务教育发展的体制机制障碍表现在多个方面，如课程教学、学生评价、校长领导力、学校管理等。抓住关键体制机制问题，进行政策创新，形成新的政策规划，对于推动教育综合改革具有重要作用。

二　规划作用：由管理规制向治理服务转变

教育政策规划是教育政策手段的一种，强调预见性、前瞻性、统筹性。从教育管理走向教育治理，是教育现代化发展的理念要求。教育治理蕴含着丰富的内涵，要求教育管理理念、方式的转变。因此，教育政策规划也要随之实现由管理规制向治理服务的转变，成为促进教育治理的有效手段与方法。

（一）教育管理向教育治理转变的时代背景与特点

从教育管理到教育治理的转变，有着深刻的社会发展背景，体现出教育发展理念的转变。

1. 教育管理与教育治理的概念

教育管理是在一个国家或地区的政治、经济、文化等因素的约束下，遵循教育自身的规律，对整个教育系统及各级各类教育组织（正规的与非正规的）进行预测与规划，组织与指挥，监督与协调，激励与控制，使有限的办教育的资源得到合理配置，以实现提高教育质量，改善办学条件，促进教育发展和教育管理人才成长的有序过程。[①] 教育管理的实质是在教育事业规模逐渐壮大、教育体系制度化专业化的过程中，以政府为主体的管理者对教育事业人财物力等各种要素的调配和规范。教育管理体制主要包括教育系统的机构设置、职责范围、隶属关系、权力划分和运行机制等方面，其外延包括以教育领导体制、办学体制和投资体制为核心的一系列教育制度。

"治理"这一概念首先出现在《撒哈拉以南非洲：从危机到可持续增长》的研究报告中，这一研究报告是由世界银行在 1989 年联合调查制约非洲社会发展基本问题时所做的，首次使用了"治理危机"的概念。[②] 治理这一概念被引入社会科学研究中，也逐渐应用于教育系统。治理强调构建多主体多元合作的模式从而达到"善治"。得到较为广泛共识的关于教育治理的定义是，教育治理是指政府、社会组织、利益群体和公民个体通过一定的制度安排进行合作互动，共同管理教育公共事务的过程。[③]

2. 教育管理与教育治理的关系

教育管理与教育治理并非是泾渭分明的两个概念，二者是相互联系的，

---

① 黄济，王策三. 现代教育论 [M]. 北京：人民教育出版社，2005：314.

② 郝福生. 从管理转向治理的义务教育路径探索 [J]. 宁夏师范学院学报（社会科学），2016（10）：148 – 151.

③ 褚宏启. 教育治理：以共治求善治 [J]. 教育研究，2014（10）：4 – 11.

具有延续关系，既有区别，又有联系。治理和管理都是促进教育发展的手段，都对教育活动进行规范与约束。管理强调自上而下纵向垂直式的约束，多体现为对管理对象的控制。治理偏向于多途径的协调，宣扬治理主体之间的平等、互助关系，治理主体与治理对象之间的对话、合作、协调。

教育管理与教育治理的区别主要表现在四个方面。第一，谁是主体的区别。教育管理的主体是政府。由政府来全权处理教育事业发展中各种关系，包括教师队伍的调动、教育资源的配置、教育信息的通报等。事实上，教育治理的主体并不是单一的，政府只是其中较为重要的主体。教育治理的主体是多元的，是由不同类型、性质的组织及个体所组成的"共同体"。不可忽视的是，在教育治理主体的"共同体"结构中，不同主体的能力、职责、权限、作用、治理方式是不同的，所涉及的治理范围不尽相同。

第二，政府角色的区别。教育管理的假设是政府是无所不能的，高度信赖政府行政系统的能力与作用。因此，政府充当既"掌舵"又"划桨"的角色，以行政手段为主，直接干预较多。教育治理对政府的作用并没有绝对的信任，认为政府并不是无所不能的，政府是"有限"政府。政府并不能凭一己之力处理所有教育事业发展的问题。相反，统得过死、管得过多，会使教育事业中的其他主体丧失主动性与积极性。在教育治理的观念下，政府应主要以"宏观调控"的方式进行治理，而不是直接干涉。政府应只掌舵，不划桨。

第三，主体关系的区别。教育管理依托于自上而下的行政系统，以科层制为特征，其沟通方式是上级对下级下达指令，下级服从上级，下级执行指令并向上级"请示、汇报"。同时，政府作为管理者，学校等主体成为被管理者。政府通过行政审批、行政处罚等方式，自上而下发力，扮演"提要求"的角色。学校等其他主体需要"按照要求做"。教育治理模式下，主体是多元的，政府、市场、社会三大领域，以及涉及的各类企事业单位、社会组织、学校等，这些主体之间的关系是平等的。通过协商、合作、协同、互动的方式，将各个主体的积极性调动起来。多元主体之间的关系不再是自上而下的，而是平等对话的主体，可以表述为纵向沟通、横向联动。

　　第四，主体决策模式的区别。教育管理的决策模式是以政府为主体的行政权力行使，是自上而下的一元单向。在执行上由行政系统的强制性保证。教育治理的决策模式强调多元主体之间的共治，通过充分的协商、沟通、互动，达成共识。教育行政部门的作用是作为决策的主导者，推动决策，处理教育事业发展中的事务，承担责任与履行义务。决策思想反映不同主体的利益需求，具有民主性的特点。

　　由教育管理向教育治理的转向，是教育事业发展阶段的需要。在教育事业的起步阶段，尤其是义务教育的普及阶段，教育管理以其强大的行政权力运转，对于建立基本教育保障的制度体系、基本办学条件保障、适龄儿童强制接受义务教育的受教育机会均等具有重要的作用。管理者正是通过建立起完善的对教育事业进行组织管理的管理体制及具体管理制度，保证了教育复杂系统的正常运转。教育管理在解决基本的教育公平问题上起到了重要作用。伴随着教育事业的发展，教育对象对受教育权的要求越来越高，相继以择校热、在家上学、私塾、乡村学校空巢、城镇挤等形式反映出来。面对不同主体对教育资源配置的多样化需求，以及对优质教育资源的热切追求，仅仅依靠政府单一主体以及行政命令的方式，难以解决教育公平的深层次问题。在这样的发展形势下，教育"善治"的第三条道路出现了：不能依靠单一的主体，而是构建多元治理格局，即以政府为主导，政府、市场、社会形成合作关系，使学校、公众等利益相关者以合适的渠道和方法更多地参与到教育事务中来。通过这样的方式，更好地平衡社会各阶层的教育利益，实现"人人满意的教育"。虽然边境地区多元主体参与教育治理的能力有所欠缺，但引导学校、第三部门（含各类咨询机构）、市场等多元主体积极有序介入教育事业，以实现教育的参与性，是教育治理现代化的必然要求。由政府、学校、专业机构和利益相关者团体共同参与教育管理过程，打破以往政府"包干"的管理方式，形成政府管教育、学校办教育、社会多方评价的"管办评分离"的共治体系，实现教育民主管理。①

---

　　①　刘慧.弹性治理：全球治理的新议程［J］.国外社会科学，2017（5）：17－25.

3. 教育管理向教育治理转变下教育政策规划的适应

无论是教育管理还是教育治理，教育政策规划都是将理念、思路转变为具体措施的重要手段。教育政策规划的出发点要从管理转变为治理，坚持正义与公平，协调各阶层教育利益。从教育治理的理念出发，教育政策规划在主体、模式、程序等方面需要作出适当的调整以适应教育治理的特点。

教育政策规划常态化，突出基层性。一些边境县教育行政部门的人员还存在一种误区，认为教育政策规划是上级领导制定的，非常宏大，县里面制定政策规划是较为困难的。在教育治理的理念下，教育政策规划应充分表达出基层组织及群体的意见，具有广泛的参与性。

教育政策规划有序化，突出合法性。治理本身强调合作、协商、沟通，因此，教育政策规划应充分运用协作计划的策略，以体现出对话、协商、互动的特点。同时，多元主体的沟通与对话应建立在一定的规则体系下，教育政策规划是将某些主体的某些正当教育诉求合法化的过程，对话、协商并不意味着对所有人的迎合甚至是对教育公平的损伤。因此，多元主体的利益表达需要合法的渠道及规范，在既有的道德准则、行业规范框架下，进行有序的对话，进而将多方主体的"最大公约数"纳入教育政策规划中。教育政策规划的合法性基于多方主体充分的利益表达，同时又有筛选机制，只有符合国家利益的、符合社会约定俗成道德规范的、符合法律精神的，才能成为教育政策规划的选择。这种筛选机制是对多方主体利益协调有序性的保证。而在这一筛选过程中，政府是具有主导地位的规划主体。

（二）教育治理理念下的教育政策规划特点[①]

教育治理理念下的教育政策规划要作出相应的调整，体现出"治理"的特点。

---

① 李芳.民族地区教育公共治理新格局的价值选择与制度安排[J].当代教育与文化，2020（3）：89－96.

1. 教育公共性与政府主导

教育公共性应成为教育政策规划过程的首要价值选择。边境地区义务教育事业的公共性特征非常明显，在一定程度上需要政府充分把握教育资源的配置情况，并对优质公平的教育资源需求更为迫切。公共性本身表现为一个独立的领域，即公共领域，它与私人领域是相对的。① 在哈贝马斯看来，"公共性"等同于"公共领域"（Public Sphere），认为"公共性本身就表现为一个独立的领域，即公共领域，是一个介于私人领域与公共权力领域之间的中间地带，是一个向所有公民开放，由对话组成的，旨在形成公共舆论，体现公共理性精神的，以大众传媒为主要运作工具的批判空间"②。克拉克认为，教育是公有性而非私有性、共享性而非排他性、共同性而非差异性。③

教育公共性的价值导向契合了边境地区教育治理体系的发展趋势，保障边境地区公共部门正当地行使公权力。公共性的特征表现在教育的目的与功能的公共性；教育价值观的公共性；教育成果的"社会共享性"；教育影响的广泛性；教育管理主体的公共性；教育问题是公共管理的逻辑起点。④ 可见，公共性主要体现为伦理价值层面上，必须体现公共部门作为教育治理主体的公正与正义；在公共权力运用上，体现人民主权和政府行为的合法性；在利益取向上，表明公共利益是公共部门一切活动的最终目的，必须克服私人或部门利益的缺陷。"公共性"是政府公共行政发展的核心价值，它集中体现在公共行政主体即政府部门的"公共性"，管理手段即公共权力的"公共性"，价值观即公平、正义、民主等价值的"公共性"，管理目标即公共利益的"公共性"。⑤ 这意味着在边境地区教育治理过程中，政府应坚持以人民为中心，将人民的利益与需求放在首位，突出

① 哈贝马斯. 公共领域的结构转型［M］. 曹卫东，译. 上海：学林出版社，1999：2.
② 袁祖社. 公共性的价值信念及其文化理想［J］. 中国人民大学学报，2007（1）：78 – 84.
③ 伯顿·克拉克. 教育新论：多学科的研究［M］. 王承绪，徐辉，译. 杭州：浙江教育出版社，2001：23.
④ 余雅风. 教育立法必须以教育的公共性为价值基础［J］. 北京师范大学学报（社会科学版），2005（1）：30 – 39.
⑤ 丁煌，张雅勤. 公共性：西方行政学发展的重要价值趋向［J］. 学海，2007（4）：113 – 117.

"公共利益"。

2. 适度集权与分权

边境地区建立教育公共治理格局难点在于保持集权与分权的平衡。一方面，坚持适度的集权符合边境地区教育复杂性与系统性的特征。长期以来，我国教育是以政府为唯一主体的"单一权力中心"，其权力运行方向总是自上而下的，它运用政府的政治权威，通过发号施令、制定教育政策和实施政策，对公共教育事务实行单一向度的管理。[①] 边境地区公众对教育的重要性普遍缺乏深刻认识，在教育治理中容易受到风俗习惯等多方面的影响，加之教育发展基础较差，政府作为重要的权力中心具有其合理性。政府代表国家进行教育治理，实施国家教育权。政府对教育事业所承担的发展规划、政策指导、标准研制、经费保障、队伍建设、督导评估等管理职责是现代教育体系形成所必需的、必要的，而且有其方向指引性。尤其涉及边境地区跨区域教育资源整合与配置、教育文化国际交往等重大事项，特别需要政府甚至是中央政府的统筹协调。东西协作计划、对口支援等政策就是发挥政策行政调配权力优势的体现。

另一方面，适度放权是增强地方政府积极性、满足边境地区教育多样性需求、建立更加灵活多样教育政策体系的要求。权力高度集中带来制度的僵化，使个性化问题缺乏制度弹性。现代化的教育治理强调适度地"放权"，即纵向的行政系统内部上下左右之间的权力再分配，横向的行政系统外部政府与市场、与各类社会组织之间的权力再分配[②]。构建政府、学校、学生以及社会主体之间的新型关系，要求切实转变政府职能，强化政府的教育治理责任，深化简政放权，适当赋予地方政府教育决策权，以增强教育政策的灵活性。

政府和市场都不是万能的，在不同情境都不同程度地出现"政府失灵"或"市场失灵"。因此，二者并不是非此即彼的对立关系，而是相互补充、相互配合的关系，目的就是形成合理的权力分配格局、促进教育治

---

① 蒲蕊. 公共教育服务体制创新：治理的视角 [J]. 教育研究，2011（7）：54 – 59.

② 劳凯声. 简政放权改革与教育权的再分配 [M] //中国教育法制评论（第15辑）. 北京：教育科学出版社，2017：1 – 17.

理功能的发挥，实现善治。判断哪些教育事务由政府垄断，哪些教育事务可以由市场介入，依据就是不同教育领域教育产品生产与服务的公共性程度。公共性是判断政府与市场介入教育治理权限的依据。根据教育公共性的程度，边境地区办学机构也出现一定的分化，"无偿提供政府规定的社会公益性教育服务任务"只能由政府垄断，市场机构不能介入，如边境地区各级各类教育阶段的教材，特别是涉及意识形态的学科教材、教学材料及教育资源。"按照政府规定的公益服务价格提供收费的公益教育服务任务"可由市场机构介入，如后勤服务社会化、评估评价专业化等领域，同时，边境地区民办学校、校外社会教育辅导机构等就是市场机制介入教育领域的有效补充。"在国家教育政策许可范围内的具有公益属性教育服务"可由市场机构配置资源。

3. 多元参与

教育作为公共产品与公共事务，应以政府为主体，社会及公众适度参与，由多元主体共同治理。有学者以"善治"概念来进一步阐发治理的内涵，即以合法性、透明性、责任性、法治、回应、有效为标准，最终达到缓和政府与公民之间矛盾的作用。[①] 由善治的特点与要求可知，边境地区通过教育政策规划可以起到统一认识、凝聚共识的作用，吸纳多元主体参与教育政策规划过程，使各方力量得以充分地调动，对教育发展形成高度的共识，降低教育政策执行的阻力。公共治理就是让公众以主体身份参与到国家治理当中，既管理国家事务、经济社会文化事务，又对自身事务实行高度自治。[②]

教育政策规划主体以政府为主导，社会、学校、公众等多元主体共同参与。在这个主体结构中，各级政府应打破行政区域壁垒及部门条块分割。目前，我国以行政区划为单位，各省（区市）统筹发展本地方的教育事业。教育事业的跨行政区域合作与沟通主要体现在对口支援的帮扶政策上。我国针对民族地区教育事业发展的系列教育政策都体现着鲜明的跨地

---

① 阿尔坎塔拉．"治理"概念的运用与滥用 ［M］//俞可平．致力于善治．北京：社会科学文献出版社，2000：16 – 30.

② 张文显．法治与国家治理现代化 ［J］．中国法学，2014（4）：5 – 27.

区教育治理思路。如：内地民族班办学政策；内地经济发达地区教育系统各单位采取多种方式与民族地区开展教育对口支援与协作等。这些跨区域教育治理政策充分发挥了补偿性教育政策功能，使民族地区教育事业得到有效补充与有力支持，是我国民族教育现代化不可忽视的重要经验。除了以帮扶为主的跨地区协作教育政策，跨行政区域的教育合作机制还有待于进一步探索。特别是边境地区对逐渐形成区域合作、协调统筹的意识和制度保障的要求日益迫切。边境地区虽然分散在我国的 9 省（区），但在教育资源配置、教育对象、教育课程等方面所呈现出来的特点与需求具有相似性，亟待通过跨区域的沟通、协作，实现区域统筹发展。

4. 民主化及教育政策规划程序公平

长期以来，我国的教育决策是与其民主化的要求相背离的，教育政策活动常常处于"受益人缺席"的状态，教育政策的利益相关者缺乏其表达利益诉求的渠道，政策活动对政府机构自身以外的利益主体缺乏"回应性"机制。① 在边境地区，由于较强的政治性特征，教育决策更大程度上依赖自上而下的决策模式，公民参与等民主化形式较少运用于教育决策过程中。伴随着教育治理时代的开启，边境地区也要尝试在教育政策规划过程中通过规划模式的调整，逐渐发挥出多元主体的作用。事实上，教育决策民主化是提高教育决策科学性与应对教育活动系统性、复杂性的必然要求。教育过程内部诸要素之间显现出各种不确定的非线性关系，导致教育系统成为非线性反馈系统，具有明显的混沌特征，体现出复杂系统的不确定性、非线性等特征。② 教育政策规划是对关涉教育政策问题各种要求关系的协调，以保证利益的合理配置。在这一过程中，民主化的决策主体与决策程序能够充分反映不同主体的利益诉求，改变"核心利益相关者缺位"的状态，通过群策群力的集体智慧对决策要素进行筛选与优化。

多元主体参与的决策模式是教育决策民主化的重要方面。行政自上而下的决策模式在一定程度上提高了决策的效率，但决策主体的单一性导致

① 刘复兴. 论我国教育政策范式的转变 [J]. 北京师范大学学报（社会科学版），2004（3）：17 – 19.

② 陈振明. 政策科学——公共政策分析导论 [M]. 北京：中国人民大学出版社，2006：6.

"民意"表达不畅。教育政策价值选择的"一致性"需要建立在公众多样化教育需要和价值选择基础上，政府关于教育政策的强制性的价值选择不是强加在利益主体之上的政治意识，不是"价值给定"，而是以公众多样化的教育需要和价值选择为基础进行交流、整合、选择的必然结果。[①] 教育政策规划的决策民主化是程序公平的体现。程序民主的核心问题是人民的参与过程，人民的参与过程是实现民主的根本途径，参与本身就是一种人民行使民主权利的表现。[②] 因此，在决策过程中，引入广泛的基线调研、专题调研、专家等智囊团咨询、各群体代表参加论证会、向公众公开征求意见等环节，是教育政策规划过程民主化的体现，也在一定程度上与"教育治理"的特点相符合。

三　规划过程：由单向响应向双向对话转变

在我国的政治环境中，尤其是应对边境地区这样的复杂情境与棘手问题，教育政策规划的主体应以政府为主。我国教育政策规划体系是由从国家级到地方各级教育政策规划构成的，存在各层级政府之间的沟通模式。单向的自上而下的传达与指令，以及下级单向的服从与执行，都不是理想的方式。理想的方式是上级政府与下级政府的双向对话与沟通，以实现教育政策规划信息的充分传导、政策目标的逐级细化、政策方案的逐级"因地制宜"。

（一）层级响应模式下教育政策规划的衔接

教育政策规划的层级响应模式构成了教育政策规划从国家到省区甚至是地市的系统结构。在这个系统结构中，从上到下的教育政策规划应是一以贯通的，即各级教育政策规划应是衔接、连续的。除了纵向的不同层级的教育政策规划，还有年度计划和"五年"规划的有效衔接。通过层级传

---

① 刘复兴. 教育政策的价值分析［M］. 北京：教育科学出版社，2003：72.
② 俞可平. 权利政治与公益政治：当代西方政治哲学评析［M］. 北京：社会科学文献出版社，2000：126.

导及年度分解，教育政策规划实现对教育公共资源均衡配置、重大工程项目精心组织等，将国家级教育政策规划提出的宏观目标、总体任务细化为具体政策措施，落到实处。

1. 层级响应模式下教育政策规划的"传达"与"再制定"

层级响应过程即在我国现有行政体制下，下一级行政机构对上一级行政机构指令进一步细化分解、进一步贯彻落实。在层级响应的过程中，首先实现自上而下的指令传达、信息流动，同时完成了自上而下的政策再制定。因此，教育政策规划的层级响应模式首先是一个决策过程，是上级单位政策意图逐步得到落实，并融入地方化特点进行"再制定"的过程，其次是一个执行过程，是下级单位对上级单位治理要求的逐层执行。

在实践中，教育政策规划的层级响应模式主要体现在政令自上而下的传达与落实。边境地区教育政策规划的层层传导经过"中央—省（区）—地（州）—县（市）"。目前，我国教育行政体制自上而下的单向传导是主要方式，包括边境地区在内的教育发展规划、重大教育政策落实、重大教育改革项目推进。在层级响应过程中，中央决策模式占很大比例，继而通过政策方案的"层层传达"及"层层响应"进行贯彻落实，并通过中央部委的会议、文件等传统方式指导、督促各地的落实情况。边境地区往往处于教育政策规划传导的末梢，由于环境因素制约性、执行能动性等原因，易陷入中央政策简单复制、执行阻滞的状态，影响教育治理的效果。在响应过程中，主动性的发挥较少，更偏重于贯彻、落实。

理想状态下的教育政策规划层级响应模式，应是下级政府在贯彻落实上级政府指令的同时，进行因地制宜的再决策。这个响应过程中应包含双向的动作。中央（上级）决策时应将充分了解地方（下级）情况作为重要组成部分，并在决策中留出地方"再制定"的空间。建立在这个前提下，地方（下级）作为代表基层公众利益的主体，是具有主观能动性的一级主体，应对中央（上级）的政策意图进行准确理解。在理解上级政策的精神后，不是直接复制、刻板地予以贯彻，而是准确分析当地的实际情况，结合地方实际及群众需求对贯彻上级的政策意图采取合适的方式，对内容作出相应的调整，最终实现下级政策规划再制定，与上级政策意图保持一致性，实现下级条件和利益的兼容调和。由于边境地区软硬件条件的不同及公众教育需求的不同，下级对上级的层层响应呈现出差别化。而这种差别化也就是"因地制宜"。这样的双向互动过程不仅发生在"中央—省（区）"，而且应存在于各个层级的响应中。同时，在边境地区对于诸如义务教育经费投入比例等问题，层级响应的模式也不排斥中央、省级政府的主导作用，中央、省级政府的义务教育经费投入比例可以大幅提高，为财政自给能力不足的边境县减轻压力。

在层级响应过程中，各层级教育行政部门的主观能动性有所差异，导致教育政策规划再制定的动力、能力有所差别。在主观意愿上，与教育行政部门现行教育政策思路较为契合的或是考核指标要求较为明确的，被列为优先项，基层教育行政部门更容易以国家级教育政策规划为"尚方宝剑"，结合地方实际进一步"再制定"。对于现行教育政策思路尚不明确的、与现有教育资源分配格局和方式不一致的、容易引发不同主体利益冲突的等内容，基层教育行政部门进行"再制定"进一步推动的动力不足、惰性较大。因此，层级响应模式下，除了行政命令等硬性推动手段，要格外关注下级的主观能动性，运用拥护、诱导、动员、激励、奖惩等多种策略，调动下级教育行政部门的主动性。

2. 层级响应模式下教育政策规划衔接的关注点

层级响应过程实质是不同层级政府参与教育政策规划再制定的过程，是教育政策规划不断地方化的过程。在层级响应的过程中，各级政府核心的问题是将上级的教育政策规划转变为符合地方实际和特点的地方性思路和文本。由于公共政策最终是要落实到一定的场域，这一过程实际上已经转变为一次次再细化和再规划的过程，所以地方可能会根据自身的地方性知识和地方利益对政策采取强化或钝化处理，而形成各具特色的具有层级性的公共政策。[①] 这一层级响应的过程，以两种方式体现出来，一种是对政策意图、政策思路的层层传递，另一种是依托于教育政策规划文本的层级制定。

---

① 贺东航，孔繁斌. 公共政策执行的中国经验 [J]. 中国社会科学，2011（5）：61-79.

关注本地化的政策环境，是教育政策规划地方化的第一步。具有良好效果的地方教育政策规划必须是符合当地实际情况的。与本地政策环境不相符的教育政策规划就较难推行，容易产生执行阻滞。在层级响应过程中，首先要考虑：这一政策问题在当地有哪些表现，哪些方面较为突出，哪些方面问题较轻或者基本不存在；政策目标的轻重缓急在当地如何排列；政策措施哪些是当地已经在执行的，哪些是需要新增的，哪些是需要终止的；等等。这些问题都围绕适应本地化的政策环境，进行再调整。本地化的政策环境由主客观环境组成，大到边境地区整体社会发展形势、教育氛围、人文观念，小到边境学校的具体环境，办学条件等基础设置，学生学习积极性、家长配合度、教师专业能力等软件条件，以及不同主体的利益诉求。在教育政策规划文本中"发展基础与发展环境"就是对本地化政策环境的判断。边境9省（区）都会从本地区近几年教育发展取得成就的角度对发展基础进行总结，同时，从国内外教育发展形势、本地区教育发展环境、本地区教育发展存在的问题与机遇等角度对教育政策规划的环境进行研判。《西藏自治区教育事业发展"十三五"规划》对当地的政策环境判断为"由于自然、历史和社会等原因，西藏教育与党和政府的要求相比，与人民群众对教育的期盼相比，与全国平均水平相比，仍有较大差距，在西部十二省区处于落后地位"。

具体到某一项政策措施，同样需要对当地政策环境的判断。如：边境地区教育对外交流政策规划，边境9省（区）都根据当地对外交流的环境、条件支持、目标等进行了进一步的细化。云南省、广西壮族自治区等与毗邻国家交流较为频繁的地区，一些边境学校距离口岸非常近，在六一儿童节等节日，学校会组织非正式的以文艺表演为主的交流活动。在民族节日庆典活动中，也会吸引毗邻国家的学生来我国参观。因此，在这样的政策环境下，促进教育国际交流的相关教育政策规划就具备了实施的条件和现实的需求，各主体希望通过教育政策规划促进当地的教育国际交流更加规范、更加有保障、更加高质量。《临沧市教育事业发展"十三五"规划》根据本地区的定位和发展特点，认为"'一带一路'和面向南亚东南亚辐射中心建设，为临沧教育对外开放提出了新高度"，从而提出"开展重点面向缅甸的教育交流与合作，形成具有区域特色的国际教育开放格局"。在甘肃省肃北县，由于自然生态环境的差异，边境线距离边民居住的地方有大片的沙漠这一自然屏障，在这样的政策环境下，教育国际交流的形式就与云南、广西不同，经常性的非正式互访就不具备条件。

政策目标和政策方案的具体化，是教育政策规划由宏观思路逐渐具体化和可操作化的过程，将国家级教育政策规划的理念与思路转变为明确的政策目标集合、切实可行的政策方案。在国家级治理场域中，中央制定的公共政策，较之于地方制定的公共政策，往往具有宏观性的特征。国家公共政策在出台之前，因为涉及多个政策相关部门，需要对这些部门进行协调、均衡，从而使最终的政策文本往往采取指导性和宏观性的表述。① 上级教育政策规划的方向指导性与宏观性恰恰为下级教育政策规划留出了制度空间。以"国家—云南省—临沧市—耿马傣族佤族自治县"的教育政策规划层级响应为例（详见表11），可见，省、市、县关于义务教育政策目标具有一致性，明显可见县级教育政策规划的政策目标更为具体，在总体政策目标之外，还有具体的指标，但也可看出，县级教育政策规划政策目标有所侧重，对于教育均衡和质量提升更为关注，目标更为具体，也有相关的指标要求，对于教育治理的政策目标仍是较为宏观的表述，缺乏具体化。而云南省和临沧市的教育政策规划对本级教育政策目标的具体化不足，是对国家教育政策规划政策目标的转述，在转述过程中把本级的情况稍加反映，如云南省点出 129 个县、临沧市点出 8 个县实现县域义务教育均衡发展。这两个层级的响应在政策目标的具体化上并不充分。同时临沧市下辖的沧源佤族自治县教育政策规划政策目标的具体化并不充分，只是提出了"标准化建设，配齐教学设施设备，义务教育入学率达99%以上、巩固率达95%以上"。可见，目前层级响应过程中，政策目标具体化并不是非常突出，不同县之间呈现出较大的差异，下级对上级政策目标进行转述而不进一步具体化仍不在少数。这与理想状态下的层级响应模式仍有一定的距离。理想的政策目标具体化是层级响应模式下，层层转化，将宏观

---

① 贺东航，孔繁斌. 公共政策执行的中国经验［J］. 中国社会科学，2011（5）：61 – 79.

表11　教育政策规划层级响应教育政策目标的逐级具体化

教育政策规划	基本教育权保障	教育质量提高	教育公平扩大	教育治理
国家教育事业发展"十三五"规划	义务教育普及成果进一步巩固提升	教师素质进一步提高，学校办学条件明显改善，教育信息化实现新突破，学生全面发展	完成教育脱贫攻坚任务；义务教育实现基本均衡的县（市、区）比例达到95%，城乡、区域、校之间差距进一步缩小	教育标准、监管、评价、督导、投入保障、教师队伍建设、学校管理等基础性制度体系更加完善
云南省教育事业发展"十三五"规划	均衡发展义务教育	增强学生法治意识、社会责任感、创新精神、实践能力，提高教师队伍整体素质，改善办学条件	完成义务教育均衡发展目标，129个县、市、区全部实现县域内义务教育基本均衡，九年义务教育巩固率达95%	初步建立起更高质量、更有效率、更加公平、更可持续发展的现代化教育体系，基本实现教育现代化
临沧市教育事业发展"十三五"规划	均衡发展义务教育	提高教育供给能力和水平	义务教育巩固率达95%以上，全市8县（区）实现义务教育基本均衡，城乡一体化发展取得新进展	基本实现教育现代化、基本形成学习型社会
耿马自治县教育事业发展"十三五"规划	小学入学率99.5%以上，辍学率0.6%以下；初中毛入学率99%以上，辍学率1.8%以下。义务教育巩固率达95%以上；青壮年人口文盲率控制在5%以下	全面提升教育教学质量，小学专任教师具备大专以上学历80%以上；初中70%以上。中小学教师专业对口任职率达100%	加大投入，整合优化教育资源配置；耿马一中达一级三等完全中学办学水平；规划投资8.28亿元，新建校舍360392平方米；村完小及以上学校县级语言文字规范化学校合格率达100%	加强师资队伍建设和教育管理，提升教育现代化水平

的政策目标逐渐清晰化，并以量化指标的形式明确，同时，对政策目标实现的体制、机制、路径依赖等进行系统性规划，以增强目标实现的可能性。

根据地方实际情况及政策目标细化，对政策方案进一步细化，形成地方化的制度措施，是层级响应模式的重要内容。由于国家、省（区）是对较大范围教育整体发展的规划与指导，故而对政策方案的表述是较为宏观的方向性的描述。市、县一级的教育政策规划就可以做到相对聚焦，将政策方案具体到主要措施和重大工程，对每一类政策问题和政策目标可以具体列出相应的措施，对全县的重大教育工程进行具体规划。如广西壮族自治区崇左市的凭祥市在教育政策规划中具体提出了学校布局调整和校舍标准化建设、教师队伍建设、现代教育技术、教育投入保障、素质教育推进、特殊群体关爱、安全稳定保障八项工程，规划了25项教育项目，并对校舍建设、体育场馆、新增校园等进行了详细规划。云南省临沧市的沧源佤族自治县具体规划了"全面改薄"、学校布局调整、边远地区农村学校教师周转宿舍、中小学运动场地建设、中小学饮用水、农村中小学厕所等项目，具体到新建、改扩建学校的面积、配套设施购置的数量等。可见，义务教育以县为主的框架下，县级政府在义务教育政策规划的过程中，具有稳定性，较中央、省（区）更加熟悉本地区教育发展的特殊情况，对其前因后果较为了解，县级政府教育政策规划能够将国家、省（区）的教育政策方案进一步具体细化，形成具有操作性的行动计划，使国家教育政策规划的政策目标得以层层落实。政策问题越是聚焦，政策方案越是具体，政策目标就越容易实现。

（二）层级响应模式下教育政策规划主体的对话

理想状态下的层级响应模式，可以跨越宏观政策意图与地方经验之间的"鸿沟"，其前提是各层级教育政策规划主体的充分对话与沟通。这种沟通既涉及跨层级之间的，又涉及同级之间不同部门。在对话过程中，各层级教育政策规划主体的沟通能力虽然起着重要的作用，但更重要的是对话机制的畅通。

1. 上级对下级规划能力的期待

上级教育政策规划文本发布后，可以从文本内容及上级部署工作的系列活动中传达出教育政策意图，上级教育政策意图的落实、转化，需要下级单位进一步规划，上级对下级的规划能力形成多方面的期待。

第一，学习、领悟能力。上级以文件、会议、调研等活动方式，对本级教育政策规划思路、政策意图进行表达。中央在表达教育政策规划时往往以原则性指导为主。下级首先需要加强政策学习、精神领会，能够准确理解中央的政策意图，避免"曲解、错解、偏差"，在方向上与中央保持一致。

第二，组织管理能力。上级的教育政策规划向下一级传导，需要下级一系列的组织协调。为了准确推进上级的政策规划安排，针对政策方案的要求做好内部建设，如调整各部门分工并明确责权利、理顺管理体制、完备组织机构设置、完善常态化管理机制与工作机制、清晰工作程序与流程等。同时，在本级教育政策"再规划"的过程中，充分发挥主导作用，组织好各类主体参与规划的全部或部分环节，使各个环节无缝对接。

第三，资源配置能力。教育政策规划是对各类教育资源进行分配的抓手之一。办学条件改善、教学课堂质量提升、办学质量的提高都依赖于基础设施、教师资源、制度资源的合理配置。边境地区基层教育行政部门统筹能力直接决定了资源配置的水平。不可否认的是边境地区县级教育行政部门的资源配置能力受客观条件的影响较大，尤其是自身吸引优质资源聚集较为困难，在一定程度上需要上级准备充足的资源，否则就会面临"巧妇难为无米之炊"的问题。而上级对下级的资源配置能力期待在于下级发挥主观能动性，必须摒弃"等靠要"的思想，创造性地盘活资源。

第四，利益调节能力。教育政策规划所涉及的利益主体是较为复杂的。国家的教育政策规划与地方的利益有时并不能完全一致。国家从全局的角度考虑利益的调配问题，从维护正义的立场出发，与"地方保护主义"有着不同的立场。同时，任何层级的教育政策规划都不可能满足所有人的利益需求，甚至会触动一部分人的既得利益。对于边境地区复杂情境下的利益关系，基层教育政策规划主体应从公共性的角度思考利益调节，解决好多元利益相关者的诉求问题。

第五，执行能力。将上级的政策意图及政策方案要求原原本本地落实下去，需要下级有力执行。有些指令具有强制性，较容易调动下级单位的执行意愿；有些指令是倡导性的，较难调动下级的执行意愿。同时，下级的执行能力有所差别。尤其是边境地区义务教育政策规划执行的过程中，县级教育行政部门作为基层的政策规划执行部门，动员技术不能仅依靠正式制度、行政权力的运转，而要适应乡土社会中非正式行为的作用，依靠乡土精英阶层的影响力。

2. 下级对上级表达政策意愿的诉求

在基层所产生的教育问题，往往具有深刻的社会历史原因和现实原因。这也就解释了老生常谈的问题历久弥新，难以攻破。自上而下的层层传导与自下而上的层层响应实际上是单向的政策意愿表达。上级的教育政策规划对下级的政策要求体现的是"应该怎么做"，但由于基层教育政策生态环境的复杂性，一些政策安排或者超出了基层政府的能力，或者需要足够的资源输入、政策保障才能实现。下级需要表达出"能不能实现""实现过程中需要怎样的支持"。有了上级与下级双向的对话，才有可能对棘手问题通过"上下联动"的方式制定出合适的政策方案加以解决，否则，就会出现"要求"与"实际"不相符合，或者"要求"与"配套支持"不匹配的现象。

针对边境地区政策需求多样、利益关系复杂、政策执行干扰因素多等特点，亟待建立双向的层级对话机制，尤其要完善下级对上级表达政策意愿的机制，使本级政府能对教育改革发展的实际困难、规划意愿、发展思路、目标、改革对策及举措等充分发言。下级对上级的政策意愿表达应通过常态化的议事机制来实现。在这种常态化的议事机制下，上级与下级消除对彼此的"戒备"，如：上级认为"下级所谓的政策意愿就是要钱、要政策"，下级认为"提了也没用"。对于边境地区义务教育政策规划拟解决的特殊问题，下级应充分研判当地的现实环境与实际困难，实事求是地将无法解决的问题以及拟需要的帮助向上级反映；上级应对下级所提出的政策诉求认真研究，将下级所提出的政策诉求作为教育政策规划需聚焦的政策问题候选项，尤其是对于目前政策规划处于空白状态的盲点问题，打破"问题不普遍，以地方为主解决"的惯性思维，从顶层设计的角度进行系统规划。上下级的对话是建立在解决实际问题、深刻分析问题、从自身角度做好规划设计的基础上。有实质效果的议事机制是着力避免沟通流于形式的有效方法，可以实现多次反复、不断深入的沟通。

3. 同级政府不同部门利益整合机制

在同级的行政部门中，由于各自职责的不同，形成了相对独立的分工与治理领域。但由于教育是综合性较强的一个系统，如果仅从本部门的立场出发，就容易出现教育资源配置系统性不够的问题。我国形成了在教育部门专设民族教育司（处），在民宗部门专设科技教育司（处）的组织机构设置，并在工作中形成了教育部门与民宗部门分工协作的工作机制。这是综合性处理民族教育事业的制度基础。但从实际成效看，教育部门与民宗部门需进一步加强有效统筹协调，尤其在基层，两个部门要进一步明确责任分工，加强协调沟通。如：在调研中发现，民族地区民族文化传承归民宗部门管，民族文化进校园归教育部门管，组织少数民族运动会等文体活动由民宗部门负责，必须由两家单位协调一致才能顺利开展，必须避免踢皮球的现象。在实践中，基层学校将民族文化传承窄化为设置民族文化课，忽略了民族文化教育课外、校外等诸多方面，难以将学校教育与社会教育整合起来，发挥合力。在同级政府中，各行政部门应打破条块分割的局面，形成各机构紧密合作的机制。条块分割的出现源于部门利益不一致，甚至出现某些冲突。部门利益的不一致可以追溯至部门职能之间有所交叉、重叠，从而导致难以协调一致，加之，按照行政系统垂直管理体制，不同的行政部门归口对上负责，容易出现考虑局部的问题。上述状况给同级各行政部门合作带来了体制机制障碍。可见，要打破不同部门之间的条块分割，需要从根本上梳理行政职能，尽量减少职能交叉引发的利益保护与冲突。但对于综合性较强的领域，各部门协同治理是一种趋势，也有利于问题解决。因此，需要从顶层机构设计开始，以全局、整体利益为重，建立协同治理机制。尤其是边境地区义务教育政策规划所需要解决的特殊困难与问题，如外国籍小留学生来边境地区接受义务教育等问题，需由边防、公安、卫生防疫、外交等多部门协同治理，应逐渐完善不同部门常态化沟通协商的议事机制，并简化流程、畅通渠道。

4. 跨层级联动机制

跨层级联动机制是不同层级政府之间就重大改革发展目标、发展路径、发展任务职责的协商、分工与合作，适用于复杂情境下处理棘手问题的教育政策规划。边境地区义务教育政策规划属于复杂情境，且面临诸多棘手问题，符合跨层级联动机制的应用范围。针对边境地区义务教育发展中的特殊问题，教育政策规划需要对现有体制机制做出突破，建立起跨层级的合作、沟通机制，通过非常规的办法，促进棘手问题的解决。

跨层级联动机制有两个层面，一是在层级沟通对话中，对于特殊属性的问题，可以形成越级管理的模式，即由中央政府直接负责，中央政府直达边境县政府；或省级政府直达县级政府，强化中央政府责任主体地位，加强省级统筹责任。如边境地区中小学校接受外国籍小留学生问题，这其中涉及外交、边防等一系列问题，边境县不具备对此类棘手问题的解决能力，应出台国家层面的教育政策方案。义务教育经费保障政策，取消边境县的经费投入比例，由中央转移支付承担或中央转移支付与省级财政统筹相结合。这样就克服了边境县财政自给能力不足导致的教育经费不充足的问题。二是跨地区的跨层级联动机制，主要是对口支援的形式，如各部委定点帮扶、各省定点帮扶。江西省对口支援新疆维吾尔自治区克州的阿克陶县。在阿克陶县教育行政部门工作的江西援疆干部谈道："虽然江西也不富裕，却把阿克陶当作自己的第101个儿子。不仅有政府层面的帮扶，还有省内大企业的援助，主要方式是选派援疆师资，在阿克陶办学校，把内地成熟有效的教学模式、课程理念引入阿克陶，并组织教师、学生交流活动，有短期的参观、交流活动，也有一个学期这样较长时间的跟班学习。"对口支援这种形式所体现的跨层级联动既是跨地区合作，又是省级政府与县级政府的对话。可见，在跨层级联动机制的建立中，要坚持问题导向，考虑问题属性与政府职能的匹配度，直达问题症结，有效解决边境地区义务教育政策规划的政策问题。

第六章

边境地区义务教育政策规划的重点环节与思路

　　由上述分析可见，教育政策规划所要解决的问题是：通过规划解决哪些政策问题、达成怎样的目的、坚持何种理念进行规划、谁来规划、选择何种模式规划、规划形成何种政策方案。相对应，教育政策规划的重点环节包括：政策问题分析、政策目标确定、规划主体权责分配、政策议程启动与规划模式选择、政策方案优化等。这些重点环节构成教育政策规划的"生态链"。

一　政策问题确定的思维模式与层次结构

　　教育政策规划面对的政策问题具有庞杂的特点，既有长期难以解决的问题，又有新形势下出现的新的问题以及老问题的新型表现形式。特别是边境地区这一复杂情境，有诸多棘手问题需要加以解决。政策问题如何确定，形成怎样的层次结构，需要建立在有限理性模式基础上，进一步聚焦政策问题，并确定轻重缓急。

（一）运用有限理性模式聚焦政策问题

　　边境地区义务教育政策规划的目标是针对政策问题所确定的。在政策规划过程中，全面理性是一种追求，但有限理性是一种现实状态。有限理性思维是边境地区义务教育政策规划一种切合实际的选择。有限理性模式（Bounded Rationality Model）是西蒙（Herbert A. Simon）和马奇（James G. March）在批评全面理性模式及对行政决策的研究基础上提出的，他认为这种模式更符合实际，更适用于行政决策行为。① 有限理性模式尊重、正视决策过程中不可避免的局限性，是建立在对现实条件掌握基础上的科学决策。全面理性是对所有可能出现的因素加以考量，是较为理想的状态，但事实上，任何政策规划不可能周全所有的要素，不可能解决全部政策问题，都面临着政策问题的筛选与排序，在一定的教育政策问题分析维度下，逐渐梳理、聚焦，并对这些政策问题的轻重缓急进行排列。

特别是边境地区义务教育政策规划，这一类型的教育政策规划首先是针对教育的专项政策规划，其次是针对特定地域范围和特定学段的专门教育政策规划，具有明显的指向性。其特殊性表现在这一专项、专门的教育政策规划却体现出全局性、综合性。由于边境地区义务教育的特点，需要从国家教育战略的高度对其进行规划，其中涉及边疆稳定、国家教育安全、铸牢中华民族共同体意识、教育文化国际交流、教育均衡发展等多方面的政策问题，这些政策问题并不是孤立存在的，彼此之间形成显性或隐性的联系。将这一庞杂的教育政策问题网络全部纳入教育政策规划的范围，就需要放弃全面理性思维，重视最关键的因素与问题，在有限理性的思维方式下，聚焦教育政策问题，集中筛选出最迫切需要解决的问题进而确定政策规划目标，避免"眉毛胡子一把抓"。这是符合实际的做法，也是优化教育政策规划的思路。

运用有限理性思维聚焦教育政策问题，首先需要列"全"问题清单。有限理性思维模式并不意味着对边境地区义务教育政策问题域的片面理解与随意抓取。正因为问题的解决是有限理性的，更加需要对问题域的全貌形成系统的梳理，要形成政策问题的"全貌图"。先将现实呈现出来的问题表象全部列出来，可以从不同利益相关者的立场出发，梳理政策问题，如控辍保学、义务教育均衡发展、立德树人、课程教材体系、办学经费保

---

① 陈振明. 公共政策学——政策分析的理论、方法和技术［M］. 北京：中国人民大学出版社，2004：50.

障、师资队伍培养、教师专业发展、教师福利待遇提高、教育教学质量提升、学校管理制度完善、中外合作办学、中小学校对外交流、民族文化进校园等。然后对这些问题背后的原因进行分析归类，往往不同的政策问题都可以归结为同一个原因，这样就可以将纷繁的政策问题进行归类，对同类的教育政策问题一揽子解决。建立在尽可能穷尽政策问题的基础上，进一步"抓主要矛盾"，找到这些问题及其表象的症结，即"牛鼻子"，抓住关键问题与源头性问题。基于现有认知能力、资源条件，聚焦政策问题，避免大而全、零散，尽量突出重点，确定最迫切、最重要的政策问题。

（二）克服政策问题确定的局限性

有限理性思维承认决策过程中存在的种种局限性，具体到边境地区义务教育政策规划，在其政策问题确定过程中存在四类局限性。

第一，政策问题闯入政策视野的局限性。政策之窗并不是随时开启的，很多现实中的问题并不能及时实现问题源流、政治源流、政策源流的交汇。在实践中，很多时候问题源流是较为充分的，但政治源流、政策源流并未交汇。现实问题难以进入国家教育政策规划视野主要有四个方面的局限性。一是现实问题影响的局部性，即局部问题难以进入决策者的视野，由于影响范围主要集中在当地，未产生较为普遍的影响，决策者容易将之视为当地政策规划的范畴。诸如少数民族学生高考加分制度的问题，由于影响广泛，加之媒体的发酵，较容易进入决策者的视野。二是政策问题提出者的身份局限性，即决策者以外其他群体发现的现实问题难以传递到决策者面前，而领导批示所关注的现实问题，很容易被确定为政策问题。三是政策问题解决主体的局限性。越是协调难度大、需要各部门协调的政策问题，越容易出现各部门相互推诿。四是决策主体的偏好与价值判断。最先进入政策视野而被列入政策议程的很大程度上是符合决策者喜好的政策问题，也是与决策者价值判断相符合的政策问题。

第二，决策者结构及决策者能力的局限性。我国教育政策重功能轻结构，重结果轻过程。事实上，决策者的结构对政策问题的确认具有重要影响。教育决策人员成分较为单一、决策主体多局限于行政系统，其他教育政策利益相关者较难进入决策群体范围，导致教育政策问题的确认会出现一定的偏差。边境地区义务教育政策规划起源于当地义务教育发展中的特殊问题，如果决策者中没有公众代表、没有政府以外的其他人员，那么对边境地区义务教育发展中的特殊问题就不会形成生动的感性认识，较难理解问题背后的原因，从而导致政策问题被排除。同时，决策者本身也具有较大的局限。西蒙认为"人们在实际活动中，由于受能力、信息、时间、知识等因素的制约，只能在有限的且力所能及的范围内从事决策"，主要理由是：知识的不完备性；预测的困难；可能行为的范围。① 尤其是边境地区义务教育政策规划面对复杂的情境与诸多棘手的问题，专业性强、政策导向性突出、政治安全问题突出，政策难度大，决策者对政策问题的认识也存在主观上认识不到位等现象。

第三，政策工具的局限性。政策工具在教育治理中发挥着重要作用，但其使用范围指向行政关系，尤其适用于具有隶属关系的组织之间，并不能对所有的政策对象起作用。政策工具以制度建设和完善、政府财政支付、政府间协议、管理型法令、计划、标准、禁令、特许、市场、自愿性组织、家庭社区、信息与劝诫、呼吁、示范、补贴等行政手段为主，其效力、强制性、执行力也具有局限性，并不适用于所有问题的解决。尤其是边境地区义务教育发展中涉及国家主权、国家教育安全、外交安全等问题，运用行政手段是不够的，还必须依赖于法律手段。在纠正边境地区边民教育理念的偏颇、引导青少年思想成长时，政策工具的效果也不是立竿见影的。

第四，信息的局限性。西蒙的有限理性模式指出认识上的不可克服的局限性。J. 福里斯特继而列举了影响决策的制约因素的两种情况，即不可避免的歪曲和可避免的歪曲，指出了信息歪曲的不可避免的局限性（详见

---

① 陈振明. 公共政策学——政策分析的理论、方法和技术［M］. 北京：中国人民大学出版社，2004：50 - 51.

表 12）。① 从表 12 可见，J. 福里斯特指出了有限合理性可避免的情况：源于多元冲突的有限性（Ⅲ）和源于结构性歪曲的局限性（Ⅳ）。

表 12　影响决策的制约因素和有限合理性模型的四种类型

发生歪曲的偶然性	歪曲源泉的自主性	
	临时的	结构性和系统性
不可避免的歪曲（必要的歪曲）	有限的合理性　Ⅰ ● 沟通上的个人的特殊素质 ● 没有料到的临时的噪音 （认识上的局限性）	有限的合理性　Ⅱ ● 因法制化的分工原则而发生的信息不平等 ● 在组织境界上所发生的传达上和内容上的损失 （劳动的分工）
不必要的歪曲	有限的合理性　Ⅲ ● 故意的不相应 ● 欺骗、欺诈 ● 协商 （人际关系上的操作）	有限的合理性　Ⅳ ● 交换上的垄断性歪曲 ● 要求的垄断性表达 ● 阶级和权力结构的理念上的合理化 （结构上的正统性）

从上述影响边境地区义务教育政策规划政策问题确定的因素来看，克服政策问题确定的局限性是有规律可循的。一方面是从政策规划的主体入手。提升政策规划主体对政策问题研判的能力是根本。边境地区的某些局部问题还存在潜在的风险，政策规划主体应具备透过现象看本质的能力，对现实问题的性质形成准确判断，及时将之纳入政策视野、列上议事日程。同时，提高政策规划主体对政策工具的运用能力，能够将柔性管理与刚性管理相结合，使政策问题与政策方案的匹配度更高，政策工具适用范围进一步拓展、手段效果进一步增强。另一方面是从政策问题确定的机制入手，尽量减少人为的干扰，探索政策问题梳理、筛选、研判工作流程及规范标准，充分运用技术策略，形成标准化程序，避免主观性、随意性等不理性因素。建立合理的政策规划主体结构体系，避免政策规划主体结构单一，尽量形成以专业人员为主的、结构来源多样化的、覆盖范围较广

---

① 吴锡泓，金荣枰. 政策学的主要理论［M］. 金东日，译. 上海：复旦大学出版社. 2005：230.

的政策规划主体组合体，保证对政策问题研判的综合视角以及专业性。设计信息传导链条适中的沟通机制，降低信息损耗，克服可避免的信息歪曲，尽量保证信息传导过程中的完整与准确。简化政策问题确定过程的人际关系，营建和谐的组织文化，提升协商技术，避免不良人际关系的损耗。

（三）教育政策问题确认的象限管理

边境地区义务教育政策规划的政策问题确认应坚持问题导向，围绕边境地区义务教育发展水平薄弱、教育教学质量低、人才培养不充分、社会服务水平不高等现实问题，形成政策问题的排列次序，研判哪些现实问题可以转化为政策问题；可转化为政策问题的内容，应按照怎样的步骤安排先后顺序。由此看来，象限管理通过横纵坐标不同维度可以更加清晰准确地对政策问题进行分类，根据指标的轻重缓急而确定四个象限的顺序。象限管理的办法与边境地区义务教育政策问题复杂性、层次性的特点相匹配。

象限管理实质是确定教育政策问题的研判维度，横纵坐标所代表的是政策问题确认的二维分析框架的指标。象限管理的横纵坐标并不是唯一的，可以根据政策规划决策者的需要来设定。比如，象限横坐标是事业领域，坐标轴左边是教育事业，右边是教育事业以外的社会事业，包括经济、文化、国防、外交，即外部目标。纵坐标是政策规划对象范围，坐标轴上方是国际范围和国家层面，下方是省区和边境县地方范围。由此形成以目标涉及人群范围的宏观性、事业的协调性为指标的排列组合，区分出四个象限：全国/国际—社会（Ⅰ），教育—全国/国际（Ⅱ），教育—地方（Ⅲ），社会—地方（Ⅳ）（详见图8）。根据目标选择的原则，就可以进行象限排列。根据先宏观后微观的顺序，政策规划目标的次序将为Ⅰ—Ⅱ—Ⅳ—Ⅲ；根据先内部后外部的顺序，政策规划目标的次序将为Ⅱ—Ⅲ—Ⅰ—Ⅳ；根据先短期后长期的顺序，政策规划目标的次序将为Ⅲ—Ⅳ—Ⅱ—Ⅰ；等等。除上述象限划分外，可以有多种方法，政策问题的重要性为横坐标、紧急性为纵坐标，由此分为紧急且重要（Ⅰ）、紧急但不重要

（Ⅱ）、不紧急且不重要（Ⅲ）、重要但不紧急（Ⅳ）。因此，Ⅰ象限因为紧急且重要应放在第一时间加以处理，往往紧急优先，Ⅰ、Ⅱ象限的政策问题会优先于Ⅳ象限，Ⅲ象限则需要进行清理、剔除，同时Ⅳ象限需要做好长期工作，以避免被Ⅱ象限的工作所淹没。

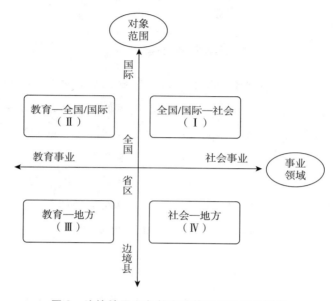

图8　边境地区义务教育政策规划目标象限图

二　政策目标的维度与体系

边境地区义务教育阶段所表现出来的庞杂政策问题域使边境地区义务教育政策规划的目标并不是单一的，而是复杂情境下解决棘手问题的目标体系。边境地区义务教育政策规划是教育治理的手段之一，直接目标在于将教育作为自变量，促进自身的改变；外部目标在于将教育作为因变量，带动其他变量的改变；其本质目标在于教育对象的改变。

（一）教育政策目标的三个维度

在有限理性思维模式下，边境地区义务教育政策规划应将政策规划目标聚焦在三个维度：极大改善边境地区义务教育发展水平、提升教育治理能力的直接目标；发挥教育辐射作用、促进边境地区社会发展的外部目标；培养全面发展的人、提升边境地区适龄儿童科学文化素养与思想道德水平的本质目标。

1. 促进教育自身的发展

教育是社会事业的重要组成部分。将教育作为自变量来考虑，焕发边境地区义务教育发展的内生力量是教育政策规划的直接目标。边境地区义务教育由于历史、地理、文化、政治等多种原因，处于相对薄弱的状态，其发展水平低于全国平均水平。边境地区义务教育发展现有质量与边境地区重要的战略地位、"一带一路"建设的要求不相适应。因此，教育政策规划的首要政策目标应定位于教育自身的发展，进入教育安全的状态。边境地区义务教育自身的发展要逐渐实现由均衡向优质公平的转变。第一步是扩面保量阶段，尽快完成所有边境县义务教育均衡发展验收达标，在持续改善办学条件、加大配套设施建设等硬件方面继续提升。第二步是增质提效阶段，在提升教育教学水平、提高人才培养质量、促进教师专业发展、改善学校管理状况等软件方面逐步缩小差距。第三步是特色化发展阶段，充分发挥边境地区特有资源的作用，形成适合边境特色的教育发展之路。这三个阶段只是从普遍意义上反映了发展由硬件到软件的大体层次，并不代表在实践中必须完全顺序递进而不能同时进行，事实上，这"三步"也表示了同一阶段的三个重要方面，可以在同一阶段同时发力。

2. 提升教育服务社会的能力

将教育作为因变量，发挥出教育强大的辐射功能、推动社会发展是教育政策规划的外部目标。第一，形成教育政策规划的系统性思维方式，将教育事业置于其他社会事业的总格局之中，形成相互协调、互动发展的局面，充分发挥教育的辐射作用。对于边境地区而言，教育对于打赢脱贫攻坚战具有重要意义。"通过教育来提升劳动者的综合素质，促进贫困人口掌握脱贫致富本领，阻断贫困代际传递"[①]。这就决定了教育事业发展的步

---

① 王嘉毅，封清云，张金．教育与精准扶贫精准脱贫［J］．教育研究，2016（7）：12－21.

骤，即始于教育自身发展，推动教育均衡发展，继而发挥教育的辐射带动作用，助力全社会脱贫。阿马蒂亚·森认为，"更好的教育和医疗保健不仅能直接改善生活质量，同时也能提高获取收入并摆脱收入贫困的能力。教育和医疗保健越普及，则越有可能使那些本来会是穷人的人得到更好的机会去克服贫困"①。教育优先发展是以教育为载体、手段，授之以渔，变输血为造血，使边境地区青少年获得自我发展的能力，是一种内生式发展的方式。提高边境地区社会经济发展水平，要从内部发力，首先逐渐满足处境不利贫困群体享有同等教育条件，并不断提高教育保障水平。然后发挥出教育服务社会的功能，教育的功能主要体现在改变边民特别是其中的青少年的认知能力、思想状态、价值观念、实践能力，使最为活跃的劳动者变得强大，从而创造出更多社会财富。教育服务社会的作用是长远的，教育的代际传承保持了高素质人才的源源不断，使社会发展获得持续动力。

第二，突出教育政策规划战略性的特征，将边境地区义务教育发展置于时空战略发展的格局中，发挥出教育在促进国家战略发展中的作用。边境地区教育对外开放应与中国对外开放整体进程、民族政策和教育改革紧密结合，为建设中国特色社会主义、实现中国梦的目标服务。因此，边境地区教育对外开放应以服务党和国家工作大局为宗旨，以配合国家外交总体战略为取向，主动与"一带一路"建设相契合，以促进民族教育改革发展为重点，以推进人文交流合作为载体，创新思路、完善体制机制，注重质量提升和品牌建设，促进沿线文化交流、国家民心相通，为建设中国特色社会主义现代教育体系贡献更大力量。

3. 实现人的全面发展

教育政策规划要走出线性思维，发挥出统筹全局的特点，使教育政策的决策、执行围绕着人的全面发展而展开。教育政策不能就事论事，不能只盯着短期目标、外部目标，而忽视人才培养这一根本性、长远性目标。教育政策规划要真正发挥出为推动事业发展做好思想准备、人才储备的

---

① 阿马蒂亚·森. 以自由看待发展 ［M］. 任赜，等，译. 北京：中国人民大学出版社，2013：88.

作用。

第一，以促进学生的全面发展为目标。由于义务教育阶段处于教育各阶段的前端，以基础知识、基本技能学习为主，与适龄儿童身心发展特点、规律相匹配，重点在于基本生活习惯、生活态度、思想品德、社会性等方面的养成。处于教育层次最顶端的高等教育阶段往往被视为人才筛选与培养的摇篮。事实上，创造力的培养，价值观、世界观、人生观的形成，义务教育阶段具有"一张白纸好画图"的特点与基础性作用。加之，边境地区义务教育客观上由于发展起点较低，主观上仍存在较为落后的教育观念，因此，更需要发挥出义务教育阶段培养德智体美劳全面发展的人的重要作用。有的家长将学校当做看护所，对孩子学习、发展并不关心，只是完成国家"强制性"的要求。有的教师以条件不具备为借口，缺乏校本课程开发的动力，将自己的工作局限于完成教学任务；有的教师以学生成绩为指挥棒，忽视智育以外的教育内容与教育目标。可见，边境地区义务教育政策规划应将学生的全面发展作为第一目标。通过政策规划，促进学生思想道德素质、科学文化素质、身心健康素质明显提高，社会责任感、法治意识、创新精神和实践能力显著增强，学业水平和自主学习、终身学习能力全面提升。

学校标准化建设、资源均衡配置、课程教学改革、学生综合评价等均服务于学生培养的政策目标。围绕学生全面发展的目标，政策规划应对边境地区义务教育体制、机制进行创新，对边境学校发展做出相应制度支持。推动边境学校深化课程改革，全面落实中小学国家课程方案和课程标准，开齐开足国家课程，保证学生学习"音体美"副科的权利。强化实践育人功能，加强综合实践活动课程，组织开展丰富多彩的校园文化活动。改进和完善教学方法，提高教学效率，减轻学生过重的课业负担。

第二，以促进教师的全面发展为目标。在边境地区中小学校从教的教师普遍存在职业倦怠感较强的问题，这一方面源于教师的主观原因，但制度性障碍是更为主要的原因。边境地区中小学校的教师老龄化现象严重，年轻教师多通过特岗计划进行补充，服务期满调动、深造的人多，留在边境地区继续任教的人少。边境学校教师岗位吸引力不足，与教师福利待遇不高、专业成长通道不畅通等有密切关系。因此，边境地区义务教育政策规划应将教师的全面发展作为目标，教师人才储备与培养是边境地区义务教育走出薄弱状态的关键性条件。通过政策的创新，帮助边境地区从教教师从超负荷运转、透支性工作的状态中解脱出来，激发教师群体焕发出自我学习、自我实现的活力与动力，成为推动边境地区义务教育发展的重要力量。

综上，边境地区义务教育政策规划目标的三个维度体现了不同的需求层次，也就相应形成了政策目标的层次结构。政策目标可分为本体需求与发展性需求，本体需求优先于发展性需求。其中，直接目标、本质目标是本体需求，外部目标是发展性需求。将直接目标作为第一层次的目标，率先通过政策设计从硬件保障开始，奠定边境地区义务教育发展的坚实基础与物质前提。将本质目标作为长期目标，避免政策设计急功近利的短视行为，从边境地区边民教育观念转变、教育氛围营造、教育环境改善、教育资源配置平衡、教育软实力增强等多方面入手，置身于边境地区社会结构与社会制度改革的大背景中，将人才培养的目标与加快边境地区教育综合改革结合起来，通过教育体制创新释放人才培养的活力。当本体需求得以充分满足，那么外部目标才有实现的可能，才有可能创造更多的附加价值。

（二）以教育现代化为目标的边境地区义务教育政策规划指标体系

《国家教育发展中长期发展规划（2010—2020）》中将基本实现教育现代化作为发展目标，明确指出"到2020年基本实现教育现代化"。党的十九大报告要求"决胜全面建成小康社会，开启全面建设社会主义现代化国家新征程"，其中教育现代化是重要组成部分。而边境地区义务教育发展的现实水平与教育现代化尚存一定距离，教育现代化可作为边境地区义务教育政策规划教育事业自身发展的目标。

教育现代化可以从两种意义上去理解：一种意义是作为一种"运动"，它是指教育为适应现代社会的发展趋势，适应政治、经济、文化等方面的客观需要，改革自身传统中与现实和未来不相适应的方面，逐步形成一种新形态的发展变革过程；另一种意义是作为一种"状态"，是指教育所具有的反映当代教育的基本特征，反映教育发展的当代高度或现代化水平，而与传统教育有着显著差异的新形态。① 这两种理解都需要确定一整套教育现代化的指标，来衡量目前教育现代化的状态与水平，确定未来发展的目标与方向。关于教育现代化的发展指标，已经有很多成熟的研究，如：有学者提出设计民族地区的教育现代化评价指标体系，必须遵循引领性、可比性、适切性、定量和定性指标相结合的原则；并设计出了民族地区教育现代化评价指标体系，即 5 个一级指标、14 个二级指标和 50 个三级指标②。有学者梳理出定性指标 5 个方面（教育制度，教育思想与教育观念，教育内容、教育手段与设备等具有鲜明的时代特征，教育管理的制度化、理性化及教育决策的科学化，教师队伍强大、整体师资水平高）；定量指标 7 个方面（15 岁以上人口的识字率、平均预期受教育年限、中等教育的毛入学率、高等教育的毛入学率、每 10 万人口中的高等学校在校生人数、公共教育经费占 GDP 的比例、人均公共教育经费）③。

边境地区义务教育发展由其特殊性所决定，在教育现代化的发展过程中既需要追求通识性的教育发展目标，如小学及初中毛入学率、巩固率、辍学率、完成率等；又要追求边境地区特有的教育发展目标，如睦邻友好国际交往、国防知识学习效果、民族团结实践活动完成效果等。本研究在借鉴已有对教育现代化发展指标的研究成果基础上，初步提出以教育现代化为目标的边境地区义务教育政策规划指标框架，一级指标由普及与公平、条件与保障、理念与制度、质量与效果 4 个维度构成，二级指标由毛入学率、巩固率、教育机会均等、资源配置均衡程度、经费投入、师资水平、办学条件、学校布局、教育管理制度、课程教学水平、学生素质 11 个方面组成，三级指标共计 35 个（详见表 13）。

---

① 冯增俊. 论教育现代化的基本概念［J］. 教育研究，1999（3）：12 – 19.
② 罗云，武建鑫. 民族地区教育现代化评价指标体系研究［J］. 教育发展研究，2015（1）：43 – 47.
③ 谈松华，袁本涛. 教育现代化衡量指标问题的探讨［J］. 清华大学教育研究，2001（1）：14 – 21.

表 13 以教育现代化为目标的边境地区义务教育政策规划指标体系

一级指标	二级指标	三级指标
普及与公平	毛入学率	1. 小学毛入学率
		2. 初中毛入学率
	巩固率	3. 9 年义务教育巩固率
	教育机会均等	4. 少数民族学生与汉族学生在校生比例及差异系数
		5. 男生与女生在校生比例及差异系数
		6. 建档立卡贫困学生在校生比例及资助水平
	资源配置均衡程度	7. 城乡教育一体化发展水平
		8. 义务教育发展基本均衡县达标率
		9. 省域内义务教育县际差异程度
条件与保障	经费投入	10. 中央转移支付占教育经费比例
		11. 教育经费占地方财政支出的比例
		12. 生均公用经费
		13. 生均预算内教育经费
		14. 生均教育事业费
		15. 教师人均收入水平
	师资水平	16. 生师比
		17. 专任教师学历
		18. 教师年龄结构及老龄化
		19. 高级职称教师比例
		20. 教师使用国家通用语言文字的水平
	办学条件	21. 标准化学校达标率
		22. 班额达标率
		23. 基本办学条件达标学校比例
		24. 信息化配备水平
理念与制度	学校布局	25. 教学点数量及布局
		26. 边境线五公里内学校数及布局
	教育管理制度	27. 县域教育发展规划
		28. 边境学校发展规划
		29. 考核评价制度及督导制度
质量与效果	课程教学水平	30. 开齐开足国家规定学科课程
		31. 体育、艺术、国际理解等综合素养培育水平

续表

一级指标	二级指标	三级指标
质量与效果	课程教学水平	32. 爱国主义、铸牢中华民族共同体意识等思想成长培育水平
	学生素质	33. 学生思想道德水平
		34. 学生学习成就
		35. 学生体育、美育、劳育素养及技能

三　教育政策规划主体及其权责分配

（一）政府在边境地区义务教育政策规划中主体地位的合法性

不可否认，各级政府是边境地区义务教育政策规划的制定主体，包括中央政府、省级地方政府与州、县（市）级地方政府。

国家在保障适龄儿童受教育权中担负着法定的责任与义务。国家通过积极作为与消极作为保障适龄儿童平等接收义务教育的权利。按照埃德关于国家义务的分类，积极义务包括保护和实现的义务：保护的义务要求政府防止第三方对这些权利的侵犯，而实现的义务则要求政府采取适当的立法、行政、司法和其他措施以确保权利的充分实现。[1] 在我国的教育实践中，具体涵盖了教育均衡发展、教育目的、教育物质条件、制度保障以及教材审定等诸多方面。[2] 按照国际人权法的规定，国家要履行的消极义务主要体现在三个方面：一是承认并尊重人的受教育权利；二是尊重父母对其子女所应受的教育种类的优先选择权；三是不得干涉个人或团体设立和管理教育机构的自由。边境地区义务教育政策规划就是国家积极作为的表现形式，对现有教育制度的调整与完善，使边境地区适龄儿童的受教育权得到平等、有效保障，促进边境地区适龄儿童获得更加适切的教育，个性得到健康发展。

---

[1]　A. 埃德. 人权对社会和经济发展的要求［M］//刘海年. 经济、社会和文化权利国际公约研究. 北京：中国法制出版社，2000：15－16.

[2]　尹力. 儿童受教育权：性质、内容与路径［M］. 北京：教育科学出版社，2011：124.

在边境地区义务教育资源总量有限、质量不高、分布不均衡的条件下，政府代表国家履行公共服务和政治管理的职能，对边境地区义务教育事业进行科学规划，能够最大限度地保证教育资源的合理分配，克服理性经济人的盲目性，避免马太效应。边境地区义务教育发展涉及学校、学生及家长多元主体的切身利益，并牵涉国家安全，只有政府才具有反映和整合各主体利益需要与利益关系的责任与能力。林永波、张世贤认为，政策问题是在一个社群中，大多数人觉察到或关心到一种情况，与他们所持有的价值、规范或利益相冲突时，便产生一种需要，受剥夺或不满足的感觉，于是透过团体的活动向权威当局提出，当权威当局认为所提出者属其权限范围内的事务，且有采取行动，加以解决的必要者。① 其中的"权威当局"具有认定政策问题并进行决策的权力，"权威当局"就是国家，即由政府所代表，行使的决策权便是国家教育权的组成部分。政府是教育事业的主体，这是由政府的性质所决定的。政府是国家公共权力的代表，由政府代表国家运用法律、政策等管理手段积极介入教育事业，维护教育的公益性、公平性，促进人的现代化。因此，各级政府是国家教育权行使的主体，而权力形式就包括对教育事业发展的决策与规划。

（二）中央政府与地方政府权责分担

在纵向的各级政府权力下放及横向的政府各职能部门统筹协调过程中，应从边境地区义务教育的特殊性出发，进一步完善教育政策规划中央与地方、各职能部门的权责分配机制。从纵向上，形成中央与地方政府就重大改革发展目标、发展路径、发展任务职责进行谈判协商、分工合作、共商共推跨层合作联动机制。边境地区义务教育发展的特殊性得到更为充分的关注，就需要形成中央与地方的良性互动机制。中央政府对地方政府的责任安排，不能是单向的线性过程，而应建立在充分沟通、反馈的基础上，合理划分各自的责任范围与限度。针对边境地区的教育问题，中央政府不仅要承担起分类指导、宏观调控的职能，而且在某些制度上，应强调

---

① 林永波，张世贤. 公共政策［M］. 台北：五南图书出版公司，1993：72.

中央政府的责任，使政策保障的责任重心上移。更加重视边境地区的现实需求，构建边境教育政策特殊体系，实现经费保障、教育教学课程体系、评价考核等方面的特殊优惠政策。特别是建立边境地区义务教育经费长效保障制度，中央重点加大对边境地区农村义务教育的投入力度，兜住底、补短板、促公正；完善教育财政转移支付和成本分担机制，中央财政对于边境地区、集中贫困连片地区等特殊地带采取当地义务教育经费由中央财政及省级财政转移支付分担的特殊政策，取消县级财政的经费配比；撤销教育专项投入中边境地区市（县）匹配经费要求，由国家财政通过一般性转移支付给予补足；增加中央财政民族教育专款额度主要用于国家通用语言文字教育、民族团结进步教育、教师培养培训、农牧民子女教育、人口较少民族教育、民族教育科研等方面，提升边境地区教育质量和办学水平；根据边境地区教育的特殊需求，在生均公用经费、教师津补贴等方面适当提高拨款标准。

中央政府在坚持责任主体的同时，教育权力适度纵向下放。实现从中央向省、市、县地方政府的纵向教育分权，简政放权，简化行政程序。通过划定政府职能边界、设置权力清单等方式，明确各级政府责任，进一步建立和完善各级政府职能分担机制，发挥各级政府在教育经费投入、基础教育设施建设、公共教育资源配置等方面的主体责任。完善责任分担及问责机制，将边境地区省、市、县各级地方政府所负担的教育现代化推进任务加以分解、量化，作为政绩考核的重要指标。省级教育部门要明确改革目标责任制，将任务分解到具体部门和各地区，落实责任到人，加强改革成效监测评估，建立健全重大改革决策风险评估机制。

从横向上，明晰同级各职能部门之间的责任与义务，形成分工协作、高效整合的运行模式。从源头上建立起联合领导小组的工作机制，并通过联席会议制度、部门协商制度、联合发文、共同指导与督促等方式，将多部门协调的工作模式落到实处，共同完成边境地区义务教育综合改革与发展的任务。

（三）教育放权背景下边境地区地方政府积极作为

教育放权是我国近三十年来教育发展的趋势，符合我国教育发展的要求与形势。近代我国国家教育权是在封建王权直接涉入教育领域而产生的，而不是在"公权"和"私权"分化的基础上产生的，这导致了国家教育权对社会教育权和家长教育权的忽视。① 新中国成立以后，全能政府是我国各类社会事业管理的主要模式，与长期以来的计划经济体制相对应，具有集权制的基本特征。政府不仅集中配置社会资源，而且对经济和社会生活实行全面、微观和直接的干预，甚至连个人决策的领域（职业选择和消费选择）也由政府包办。② 教育权力的高度集中，在统一政令方面发挥出制度优势，但在一定程度上，对地方政府的积极性造成抑制，尤其是在处理本级教育事务中，行政成本增加、政策执行效率降低。因此，教育放权在一定程度上鼓励地方调动积极性、主动性。以 1985 年《中共中央关于教育体制改革的决定》、1993 年《中国教育改革和发展纲要》和 1999 年《中共中央国务院关于深化教育改革全面推进素质教育的决定》为标志，提出了"基础教育管理权交给地方""基础教育实行地方负责、分级管理的体制""建立国家、地方、学校三级课程管理体制""简政放权"等一系列政策要求，均鲜明体现出"教育权力下放"的特征。

教育权力下放的过程中，中央政府与地方政府的关系及权力运转形式有所转变。政府公共教育权力在教育体制内的下放，要求中央政府与地方政府之间逐渐改变原先"命令—服从"的权力关系特点，取而代之的是中央与地方的"命令、指导、监督"的权力关系特点，赋权给地方，调动地方政府的积极性。在教育放权的背景下，中央和地方在推动教育发展方面的根本利益是一致的，都是围绕义务教育的公共性，提供义务教育这一纯粹公共产品，推动教育公平的实现，使边境地区义务教育发展均衡化水平、优质化水平得到大幅提升，办好人民满意的教育。边境地区地方政府尽职履职，增强主动性，加强教育公共治理能力建设，负责落实国家方针政策，开展教育改革试验，根据职责分工负责区域内教育改革、发展和稳定，创造性地解决本地区存在的重点难点问题。边境地区地方政府针对各

---

① 劳凯声，郑新蓉．规矩方圆——教育管理与法律［M］．北京：中国铁道出版社，1997：112－113．

② 陈振明．政治学前沿［M］．福州：福建人民出版社，2000：153．

级各类教育招生政策、办学规模、结构、学科专业、课程设置、教学方式、人才培养模式、师资队伍、硬件资源、就业制度等各环节，在符合国家标准的同时，可根据本地区情况进行灵活处理。在本级政府权限范围内，实施特殊政策，探索出一条适合边境地区学生成长成才的具有本土特色的科学发展方式。尤其是在解决边境地区义务教育重点难点问题时，不仅要扎实落实中央的倾斜政策，而且要根据本地区情况制定更加优惠的特殊政策。边境地区加强省级统筹与指导，省域整体推进，深化教育领域综合改革的总体部署。省、市、县各级地方政府作为改革的实践主体和责任主体，切实增强担当意识，抓落实、攻难题。充分考虑自身实际，进一步聚焦民族教育领域综合改革的突破口，明确时间表和路线图，统筹推进全面深化改革各项工作。边境地区地方政府积极主动推动教育综合改革，支持条件成熟的地区和学校探索新理念、新办法，通过评估确立一批改革示范项目，充分发挥试点的引领和带动作用。如：推进学生评价制度改革，形成综合评价、过程评价、增量评价模式；加快教育信息基础设施建设，构建利用信息化手段扩大优质教育资源覆盖面的有效机制，完善国家教育管理信息系统；支持和规范民办教育发展，健全公共财政对民办教育的扶持政策。

（四）学校发展规划与区域教育规划相衔接

我国基础教育采取地方分级管理体制，招生计划、学校基本建设和课程教学等都由地方政府统一安排，学校虽然有法人地位，却没有完全意义上的人事权、财政权。正是因为长期以来的计划工作方式，学校一般都需要按照上级教育行政部门的规定和具体要求，制定每个学年或学期的工作计划并且进行相应的总结。[①] 延续以往的学校发展规划模式，学校处于被动地位，学校教育发展规划围绕政府及上级行政部门的工作要求展开，缺乏前瞻性与预见性，而且束缚于政府制定的统一要求而导致学校发展特色的不足。在教育放权的背景下，学校享有更多的自主权，建立现代学校制

---

① 教育部发展规划司. 教育规划理论与实践［M］. 北京：中国大百科全书出版社，2006：286.

度被日益重视，制定学校发展规划及学校章程，将成为现代学校制度建立的突破口。在增强学校办学自主权、建立现代学校制度的背景下，边境地区中小学校应重视学校发展规划的制定，主动谋发展，并与当地教育政策规划保持一致性。

边境学校作为最小单位的规划主体，在发展方向、路径等方面学校规划的重点是对上级政府发展规划的落实，重点任务在于措施的具体化、可操作性。因此，边境地区中小学校发展规划不能脱离当地教育政策规划的大环境，要适应于当地学龄人口的教育需要，特别要把握好本地区义务教育政策规划对学校布局的规划，以及对本校发展的定位。同时，学校应准确掌握服务半径内学龄人口家庭实际情况以及生源流动变化情况，从而着眼于学校的长远发展，清晰规划学校的发展规模。政府对边境学校的布局设想、发展定位是决定学校发展方向的重要因素。政府通过"国门学校工程""内地援建项目""新建扩建"等方式，扶持、帮助一批边境学校发展，通过"撤、并、改"等方式淘汰一批边境学校。加之，边境地区人口流动增加，本地区人口外出劳务打工、出国经商等都会使学龄人口发生变化。因此，学校发展规划不是盲目的"做大做强"，而是围绕着当地对学校设点布局的安排，做好衔接，履行好自身职责。

边境地区中小学校应在当地教育政策规划的框架下，积极主动做好发展规划，深入思考学校定位、发展特点、发展方向，旨在实现学校的特色发展。边境地区中小学校发展规划应以课程为突破口，实现质量提升、特色鲜明的发展目标。我国基础教育实行三级课程制，边境学校在推动地方课程建设、开发校本课程上大有作为。学校是课程、教学实施的主要载体。边境学校在开齐开足国家课程的同时，应充分挖掘边境地区的特色教育资源，主动探索课程改革的地方经验，成为地方课程的执行者、修订者，为地方课程的设计和完善提供必要的经验，发展创造性，不断凸显地方课程的特点。校本课程是边境学校在课程改革中最能体现主观能动性的领域。校本课程强调课程的开放性、民主性、多样性和参与性，强调交流与合作，有利于全面推进素质教育，有利于学校办出特色，有利于满足学生的个性特长发展需要，也有利于教师自身的专业发展。因此开发校本课程是学校规划的重要内容，有条件的学校应当在规划中予以突出。[①] 边境学校有着丰富的校本课程资源，但普遍存在教师数量少、工作量大、分科不细致、专业能力弱等问题，导致开发校本课程缺乏主动性与积极性。边境学校发展规划就是对未来的谋划，应将校本课程开发作为学校发展的增长点，拉动边境地区义务教育的内生性发展。

四　政策议程的多元主体参与机制

边境地区义务教育政策规划是决策环节的一部分，是系统思维、体系化政策设计的结果。在这一复杂过程中，必然是"中央—省—市—县"不同层级相互响应、配合、推动的结果，也是"政府—学校（含教师）（社会组织）—家庭（公民）"多主体之间不断互动、对话、协商的过程。在多层级与多主体的互动过程中，应建立互动模式，吸收多元主体适度参与到政策议程中。

（一）转变观念，将政府以外的主体视为政策规划的参与者

传统意义上，政府在边境地区义务教育政策规划中处于主体地位。学校、教师、学生、家长被视为政策规划的对象，是政策规划进行政策设计的目标群体，将这些教育政策作用于学校、教师、学生、家长，以实现政策问题的解决。因此，在传统的管理主义政策决策模式下，政府（体现为官员）在政策制定过程中占据着主导地位，公众在政策制定体制中"最多只是被咨询的对象，并不是治理过程的有机组成部分"，"政府通过政治和社会动员的手段来塑造公众的政策偏好"[②]。学校、教师、学生、家长被视为政策规划的接收者、执行者、评价者。同时，边境地区义务教育政策规划由于其内容的专业性，公众参与的程度较低。在政策规划的制定过程

---

① 教育部发展规划司．教育规划理论与实践［M］．北京：中国大百科全书出版社，2006：288．

② 王锡锌，章永乐．我国行政决策模式之转型——从管理主义模式到参与式治理模式［J］．法商研究，2010（5）：3－12．

中，规划环境测评、潜在需求分析、重要指标测算等均需要科学的分析方法，具有专业性特点，在对专业技术、理性思维要求非常高的前提下，专家等专业群体被推到了核心地位，形成了政策规划的"技术路线"。在遵循"技术路线"的政策分析路径选择以及在对"现代性"价值的关照与强调之下便产生了公众参与"边缘化"与"形式化"的问题。①

　　联合国教科文组织的专家认为，教育规划缺少社会参与度，易造成"政策空白"，包括印度在内的发展中国家的规划制定工作主要还是由政府和各级教育管理机构承担，公民、社会出于多种原因极少参与。虽然机会成本低（相互制约少），但是缺少体制外利益相关者参与的规划容易产生"政策空白"，脱离现实，不能满足地方的需要，导致政策意向与政策落实相脱节。② 事实上，学校、教师、学生、家长的角色并不是仅在政策规划完成后才开始，而是应始于政策规划制定之初，并贯穿于整个政策规划决策过程，应是政策规划的参与者，应形成"政府—学校（其他组织）—公众（教师、学生、家长）"的有效互动。政府以外其他主体应有效参与到政策规划的政策议程中。除政府以外的多元主体积极参与边境地区义务教育政策规划是使规划切合实际需求的有效途径，可以大幅增强政策规划的针对性、操作性，保证规划执行的顺畅性及规划效果的优化。

（二）建立多元主体广泛参与政策议程的机制

　　"公众参与、专家论证、政府决策"三位一体的制度设计已经越来越多地应用到教育决策中。三位一体的制度设计反映在决策主体上是政府、社会组织、专家、咨询机构、公众的多元参与；反映在政策议程中是"系统上下"与"系统内外"相结合。行政系统内部由上级向下级层层传导的政策议程机制体现的是民主精神，是我国教育政策常见的决策机制。行政系统内部与政府主体以外其他主体的结合，广泛吸纳多元主体的建议和利

---

① 王锡锌. 公共决策中的大众、专家与政府——以中国价格决策听证制度为个案的研究视角 [J]. 中外法学，2006（4）：462－483.
② 中国常驻联合国教科文组织代表团. 联合国教科文组织专家视野中的教育战略规划 [J]. 世界教育信息，2009（5）：26－28.

益诉求，是民主精神更加充分的体现，也是我国教育政策决策机制的有效补充。温家宝在 2004 年十届全国人大二次会议上所作的《政府工作报告》对我国政策制定体制内涵进行了概要性、规范性阐述："坚持科学民主决策。要进一步完善公众参与、专家论证和政府决策相结合的决策机制，保证决策的科学性和正确性。加快建立和完善重大问题集体决策制度、专家咨询制度、社会公示和社会听证制度、决策责任制度。所有重大决策，都要在深入调查研究、广泛听取意见、进行充分论证的基础上，由集体讨论决定。这些要作为政府的一项基本工作制度，长期坚持下去。"可见，"系统上下"与"系统内外"相结合的决策模式，是我国坚持科学民主决策的必然要求，并由"公众参与、专家论证和政府决策相结合的决策机制"加以具体化。"系统上下"与"系统内外"相结合的决策模式才能多渠道了解不同利益相关者的不同利益诉求，进而使政策目标更加精准，在决策过程中充分交流达成最大共识，在政策执行过程中阻力变小。

第一，调整政策规划政策议程、政策方案决策模式，增强规划过程的民主性与科学性。行政决策在保证政策的高效性、国家意志表达准确性等方面具有不可替代的优势，但同时存在利益相关者缺席的弊端，使得利益相关者尤其是基层的核心利益相关者由于缺乏表达其利益诉求的制度化渠道而被忽视。这样，教育政策规划就容易出现制定与执行分离、政策目标难以实现等政策失真甚至政策偏离。边境地区义务教育政策规划是一项专业性较强的政策，加之其在承担国家教育安全方面的责任，使之维护教育公共性、教育安全成为首要责任，应是一项非专业主体参与较为有限的教育政策规划过程。在边境地区义务教育政策规划的政策议程、政策方案选择模式改进中，从参与主体上，吸纳专家学者、第三方教育政策研究机构等参与规划政策议程讨论，同时，在合理范围内，逐步建立社会公众和专业机构参与政策议程的机制，引入公民参与机制，可采取意见征求、群众调研等方式，广泛了解公众的需求；从政策方案决策机制上，应引入科学化、规范化的政策咨询制度，以保证教育政策的民主性与科学性。

第二，启动边境地区义务教育政策规划的决策咨询制度和专业的教育决策论证制度。充分整合智库资源，发挥跨学科、跨地域研究平台及各类智库的作用，广泛征求专家意见，通过专业团队有序表达相关利益者的政策诉求。对于边境地区义务教育发展中牵涉利益群体多、内容涉及国家安全或外交安全等重要问题，建立一系列政策规划决策机制。如：建立调研制度，掌握详实的论据，帮助决策者梳理政策问题，并剖析政策问题之间的联系，以制定具有针对性、实操性的政策方案。健全动态、全面、准确、开放、共享的教育信息制度；建立舆情监测机制、预警机制及风险评估机制，综合收集、整理各渠道的信息，对当前实际情况综合分析，及时、准确预测可能出现的风险与问题。建立公众听证制度，听证制度有利于保证多样化的教育政策相关利益群体参与和了解决策进程和政策诉求。建立量化、精准、有效的教育政策实施效果评估与改进制度，形成系统的评价指标体系，运用定量与定性相结合的评价方式，不断改进政策方案的科学性、提高政策措施的有效性。

（三）培育参与能力是公众高质量参与政策议程的关键因素

事实上，公众参与规划的能力不足是阻碍公众参与政策议程的重要因素。在边境地区义务教育政策规划中，应加强公民理性思维与参与能力的培育，使公民在参与热情高涨的前提下，能够理性表达实际需求，客观评价规划内容。

公民参与的困难很多时候并非根源于法律意义上公民权利的缺位，而恰恰在于公民尚未学会如何运用这些权利，尤其是在特定组织机制中来行使这种权利。[①] 这揭示出公众在参与教育政策规划中的自身限制因素。有的公众缺乏参与公共政策的意识，只关心自己的"一亩三分地"，除此之外都视为"闲事儿"，一概不理；有的边民热衷公共政策，关心国家、地方发展，但参与的理念与方式不尽合理。这些乐于、勇于参与公共政策规划的公众状态又可分化为两种：一种是全盘接收型，积极拥护政府出台的各项政策，缺乏理性批判性思维；一种是全盘否定型，对政策过程不了解、消息来源不准确、偏听偏信、扭曲事实，传播时不加过滤甚至"添油

---

① 刘良. 中国公民社会的兴起与公共政策制定的范式转换 [J]. 中共天津市委党校学报，2006（1）：87—91.

加醋"，利用各种媒体宣泄个人情绪等。

事实上，在边境地区教育实践中，公众对教育的理解与重视确实存在态度认识、能力水平上的分化。在"我为边境教育提建议"的家长座谈会上，不少家长表示"边境教育要采取一些实实在在的措施，贴近边民的生活实际""教科书和学校教的内容能不能更有实用性，能让孩子将所学的知识和现实生活结合在一起""边境教育必须有边境的特点，毕竟生活在边境地区，就必须尊重这个事实"等观点。家长的这些想法不仅表达了边民对教育的理解与诉求，而且对于边境地区义务教育政策规划具有启发性、建设性，具备参与意识与能力的公众就会使教育政策规划"锦上添花"。边境地区义务教育政策规划由于其话题是公众不陌生的问题，且关涉公众切身利益，具有公民参与的基础，也很容易吸引公众参与的兴趣。但确实不排除一些公众不想参与、不会参与，要么漠不关心、要么唱反调。不理性的参与，使得公民参与走向反面，难以起到多主体沟通、群策群力的效果。公民参与固然可以带来决策的民主化，但是同时也会造成管理绩效的降低，并对决策的质量产生威胁。① 因此，提升公众参与政策规划的能力就显得非常必要。

在培育公众政策规划参与能力的过程中，政府首先要转变观念。树立起政务公开的意识，政府将边民带入政策规划过程，以开放的态度欢迎边民的参与。谢尔·阿恩斯坦提出了"公民参与阶梯理论"，他认为在现实中，渐进、理性的公民参与将是一个国家民主政治健康发展的路径选择。② 建立起"问政于民""问计于民""广开言路"的机制，一些边境地区义务教育发展中的难点问题可以向公众征求意见。其次，政府主动开展公民参与能力的培训。公民参与政策规划的培养课程可以依托工会、妇联、学校等机构开展，通过劳动者职业技能培训、家长学校、家访的形式开展。再次，要充分发挥媒体的作用。通过人民政府官方网站、教育行政部门官方网站，及时发布政务信息，公开边境地区义务教育政策规划的进展。同

---

① 约翰·克莱顿·托马斯. 公共决策中的公民参与：公共管理者的新技能与新策略 [M]. 北京：中国人民大学出版社，2005：31-33.

② 孙柏瑛. 当代地方治理 [M]. 北京：中国人民大学出版社，2004：227.

时，通过公众关注度高的媒体平台加强教育政策规划的解释与宣传，积极做好舆论引导，引导公众理性看待边境地区义务教育发展及教育政策规划。

（四）参与式技术方法是多元主体参与政策议程的有效路径

参与式技术方法其特点在于运用参与式的技术方法，能够深入到基层了解情况，准确把握本地区特定群体的现实需求、问题困惑及发展重点，尤其适用于规划环境较为复杂，现实需求多元，发展目标不够清晰等政策规划。对于边境地区而言，边境地区义务教育发展的特殊性较为复杂，可借鉴的经验较少，各主体的利益关系较为复杂，发展战略定位还需要进一步明晰。加之，边境地区实际情况复杂，政策规划制定者很难在短时间内对民情、民意作出正确判断。采取理性技术路线，由于调研时间等方面的局限性，很可能所获取的情况浮于表面，甚至不够准确。实地调研节奏较快，对问题的了解难以在短时间内形成深入、全面的认识。同时，受制于信息渠道的限制，对于信息的客观性、准确性存在一定干扰。如：信息的收集非常庞杂，在后期分析整理的难度大，有时甚至用不上；存在融入主观感受，对边民义务教育发展需求及边境地区义务教育发展现状得出不切实际印象或结论的风险；传统的调研反映官员、专家学者的视角，对百姓关心的问题反映不够充分。实践证明当地边民的感性经验及知识判断对于解决问题有很大的参考价值。

参与式教育规划背后的理念支撑是尽可能为弱势群体提供表达自身利益的机会，可以有效增强公民参与的可能性与参与空间。教育政策规划的决策权从中央转移到地方和学区一级，中观、微观教育政策规划重视公众参与和公众利益，已经越来越常见。参与式方法被广泛应用于教育政策规划过程中。参与式方法应用的领域主要包括四个方面。一是需求评估和发展重点的确定。参与式方法在考察规划区域内某群体的现实需求、问题及发展重点时效果非常显著。该地区成员自己最了解自身状况，他们在共享资源和充分交流的前提下，有能力思考他们当前和将来的需求、问题及发展优势。二是制定规划和设计。在制定规划和设计阶段采用参与式方法的基本思路是通过采取参与式研讨会方式，从项目区潜在的目标群体所面临的发展现状和问题入手，找到制约发展的根本原因，从而为确定发展项目的目标奠定决策基础。三是规划执行。规划执行阶段，包含着规划执行中各方面的管理工作。由于涉及不同利益群体的相互协商、制约和一些不确定因素，规划的执行、实施往往是一个动态变化的过程，因此管理人员需要不断地了解规划的进展情况以及所遇到的问题，以便及时采取措施，解决实施过程中出现的一些新情况、新问题，保证尽量按规划和设计的内容顺利地实施。四是规划监测与评估。监测是指依据一定的指标体系和为了特定的目标对事物的发展过程进行观察、测量、记录和分析，在规划监测中则被定义为一个监测系统，用于了解规划的一切项目和活动，使其尽可能按规划进行并避免资源的浪费。评估是指评价规划的实施对目标群体的影响，如规划实施前后的教育普及程度、教育质量、群众对学校的看法、学校对社区发展作用等方面的变化。参与式监测与评估目前在国际上得到越来越多的认可，并被证明是达成规划和项目可持续性的最基本方法。①

同时，参与式规划方法应遵循一定的程序。首先，通过各种形式营造一个鼓励公众参与的社会氛围和社会环境。可以采取志愿者上门宣传、街头宣传等方式，可以发挥村委会、街道、社区等组织功能，以组织公众参观展览、参加文艺表演、开动员会等方式，广泛宣传教育政策规划的相关内容，使公众了解教育、关心教育，主动参与到教育政策规划中来。其次，形成公众参与教育政策规划的代表人选名单。公众参与教育政策规划的人选要吸纳足够的基层代表，特别是弱势群体，如妇女代表、贫困人口等代表。并根据情况成立公众组织，起到召集代表的作用，以保证各位代表在参与教育政策规划过程中有组织、有纪律、有连贯性。最后，由研究者引导公众参与的过程，完成规划图，并对公众意见进行梳理、分析、甄别。公众参与不是"七嘴八舌"地自由表达意见，而是由研究者引导的专业过程。研究者对需要了解的问题预先设计好工具，诸如结构化访谈提纲、问卷、量表，还可以运用"问题树"等思维导图的方式，引导公众共

---

① 教育部发展规划司. 教育规划理论与实践［M］. 北京：中国大百科全书出版社，2006：313 – 314.

同梳理问题。并对零散的公众意见进行集中整理，形成结构化的建议。

◎ 参与式教育规划的案例①

———————————————————————

    Rajasthan 是印度一个比较落后的地区，虽然经过国家周密的教育规划，在过去40年内学校数增长了8倍，教师数增长了10倍，学校服务区已覆盖93%的儿童，确切地说，就是有93%的儿童住在离学校不到3公里的范围内，可是学校入学率仍然很低，55%的儿童在1~5年级就辍学了，家长们似乎对学校的事不感兴趣。所以为了实现全民教育的目标，要解决的最重要的问题不是建学校，而是怎么样使群众关心教育，怎样更好地利用已有的教学设施，使学校教育能够满足当地人的需求。

    研究人员仔细调查后发现，过去的规划仅仅注意表面上的学校设点布局，但这并不能真正实现初等教育普及。首先，学校的设点仅仅考虑了大的村庄而没有考虑小的部落分布，小的部落条件比较差，与大的村子往往隔了相当的距离；其次，这些小部落社会地位比较低，这些部落家庭的儿童被排斥在正规教育之外了；再次，以往普及初等教育仅仅考虑正规学校，而没有考虑非正规教育。因此，仅仅考虑学校物理位置的教条的学校布局图是没有用的，必须采用参与式规划的方法，在制定学校布局图的过程中让广大群众特别是妇女都来参加，自下而上地制定学校规划。参与式规划采用的主要策略有六个方面。一是群众参与，即动员广大村民参与微观规划，由当地人参与决定需要配备哪些教学设施，这样可以使教育规划符合地方发展的要求。二是管理权力下放，即把决策权交给学区和村一级。三是教师参与，即提高教师的地位，建立教师的专业声誉，让教师看到他们在各级决策中的作用。四是培训人员，即重点是改变教师对教育改革的态度，提高他们的能力，并且培训村民使他们能有效地发挥自己的作用。五是提高质量，即提高教师的教学能力，提供符合标准的教学设施，改革教学内容和教学过程。六是评价，不断地进行评价，把评价作为教学

———————————————————————

① 教育部发展规划司. 教育规划理论与实践［M］. 北京：中国大百科全书出版社，2006：314-315.

活动和学校管理过程的一部分。

　　有了村领导、教师、村民和学生家长的参与，制作学校布局图就不仅仅是一项技术工作了，而成了一个动员全社区参与普及初等教育的有力工具。在制作学校布局图的过程中研究人员还设计了一些工具和技术，让村民们自己利用这些工具和技术参与诊断学校的问题，使小学教育入学率、保留率等统计信息能够更直观地被村民所理解，而不是像过去那样只有学校教师和政府官员才了解学校的问题。

　　参与制作学校布局图拉近了社会成员之间的距离，减少了政府提供的初等教育与农村社区需要之间的障碍，直接参与制作学校布局图的全过程还加强了村民的自主能力。两年以后（从 1994~1995 学年到 1996~1997 学年），Rajasthan 初等教育的入学率就提高了 25 个百分点。可见参与规划能有效提高初等教育入学率，从而有助于提高教育质量。

第七章

边境地区义务教育政策规划的政策方案设计

政策方案是教育政策规划的核心内容，也是最终文本呈现的内容。通过设计完善系统的政策方案，教育政策规划既要解决边境地区义务教育质量提高、规范发展的问题，又要解决边境地区义务教育发展中的特殊问题与困难。在"十四五"期间，教育政策规划要着眼于以前瞻的眼光，加强顶层设计，保持适度的超前性，建设性地解决边境地区义务教育政策空白、政策不良等问题，构建适应"一带一路"建设要求的边境地区义务教育政策规划的政策方案体系（详见图9）。

一 构建学校民族团结进步教育"全范围、全思维、全方位"制度框架

相比起内地，边境地区青少年在铸牢中华民族共同体意识上极具特殊性。在文教交流不断频繁的情形下，边民之间的交往、交流、交融不可回避，加之跨境民族天然的历史渊源，对铸牢中华民族共同体意识提出了很高的要求。教育就是以用情、讲理、明智的方式，从根本上改变人的情感态度、价值判断、思维方式、行动方式。积极主动将铸牢中华民族共同体意识教育融入国民教育体系，是引导边境地区各民族青少年适应文化教育交流发展的要求，也是适应巩固民族团结、睦邻安邦、维护边疆稳定的必然要求。边境地区义务教育应以学校民族团结进步教育为抓手，铸牢中华

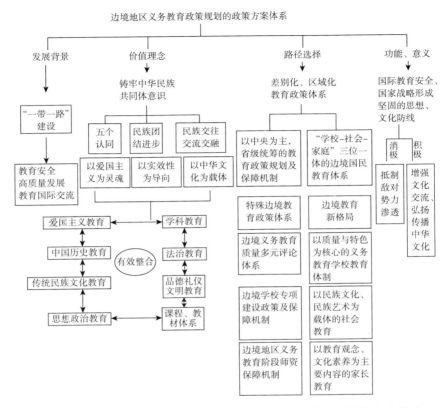

图9 适应"一带一路"建设的边境地区义务教育政策规划政策方案体系

民族共同体意识。站在国家安全的战略高度，自觉将总体国家安全观作为重要指导思想，加强顶层设计，构建学校民族团结进步教育"全范围、全思维、全方位"育人政策体系，适应国家边境安全战略的需求与各民族青少年国家观、民族观培育的需求，确保思想教育的正确方向、健康内容、科学方式。

（一）以教育政策规划意识统领民族团结进步教育政策创新

建立在对新时代中小学民族团结进步教育新要求把握的基础上，通过政策规划，做好顶层设计，是推动中小学民族团结进步教育政策创新的有效路径。

第一，加强规划统筹意识，抓住政策规划这一教育政策创新的源头性路径依赖。从中小学民族团结进步教育的现实问题与制度障碍回溯到政策规划，教育政策规划在新时代民族团结新要求与中小学民族团结进步教育实践诉求之间架设起一座桥梁。通过科学的教育政策规划实现教育政策创新，做好中小学民族团结进步教育的制度安排，促进中小学民族团结进步教育新时代新要求与实践效果的无缝对接。教育政策规划就是为最大化实现政策目标而进行整体、系统、综合规划，将中小学民族团结进步教育的主体、内容、方法等各要素置于教育生态环境中，考量政策方案与制度安排对政策环境的适应性、匹配度，优化、选择出最佳的政策方案或政策群。中小学民族团结进步教育突出学校教育的主战场作用，但其成效发挥并不局限于学校场域，需要对多种资源进行分配，要求多个机构发挥调配功能，教育政策规划通过事前安排的方式能够促进各机构形成预案，有效统筹协调。

第二，适应新时代新要求，做好顶层设计，构建民族团结进步教育"全范围、全思维、全方位"育人政策体系。从教育对象上，全范围，在全国各地各中小学广泛深入持久开展民族团结进步教育，普遍形成相互理解、相互尊重、相互团结的良好氛围，引导各民族学生铸牢中华民族共同体意识。从价值理念上，全思维，挖掘铸牢中华民族共同体意识教育的深刻内涵与丰富内容。整合多个模块的教育内容，强调认知、情感、态度、价值观、行为方式多个维度的深层次整合。引导学生正确理解中华民族与各民族的关系，理性处理"多元"与"一体"的关系。从实践路径上，全方位，做好顶层设计，统筹做好中小学民族团结进步教育课程制度、保障机制、工作机制等设计，加强协作统筹；构建常态化机制，坚持全员育人与全过程育人；完善民族交往交流交融机制，重视教育实践活动的实效性（详见图10）。

（二）以铸牢中华民族共同体意识为灵魂，整合现有课程资源，构建系统的教育内容体系①

民族团结进步教育应以铸牢中华民族共同体意识为灵魂。中华民族共

---

① 李芳. 高校加强中华民族共同体教育的基本问题探析［J］. 民族教育研究，2020（4）：33－40.

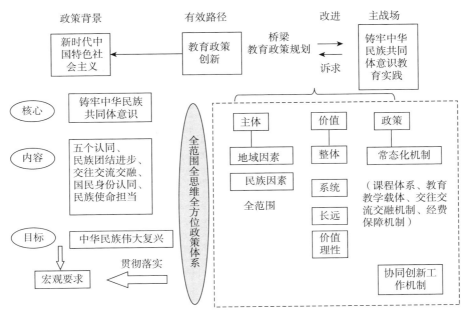

图10　民族团结进步教育"全范围、全思维、全方位"制度设计

同体意识是建立在正确的民族关系认识论基础上的，强调各民族水乳交融、唇齿相依、休戚相关、荣辱与共的关系。铸牢中华民族共同体意识是维护国家安全的重要思想保障，规定了教育发展的社会主义方向、培养可靠的社会主义接班人的教育目标、以中华民族认同感为核心的教育内容及方式。对边境地区各民族青少年尤其要加大铸牢中华民族共同体意识教育，帮助各民族青少年清晰辨识民族与国家的关系、少数民族与中华民族的关系，树立起正确的民族观、国家观、文化观。民族团结进步教育要将铸牢中华民族共同体意识作为首要目标价值与重点教育内容。

教育内容是学校场域加强中华民族共同体教育的关键问题。将宏大、抽象的概念变得具体、生动，需要通过层次性、体系化的教育内容加以实现。教育内容是教育过程、教育方式的内核，无论是通过课程课堂主渠道，还是通过实践活动、线上学习平台等多种育人方式，其核心是教育内容。教育方式、教育载体的选择服务于教育内容的呈现。同时，教育内容应在现有课程框架下，充分整合现有人文社会科学类课程资源，各类课程与思政课程同向同行，形成协同效应。有条件的学校可根据实际情况开设

"铸牢中华民族共同体意识"专题教育模块。紧扣中华民族共同体的内涵，本课题提出以下列五个模块为骨架的铸牢中华民族共同体意识教育内容体系。

1. 以爱国精神为核心的"五个认同"教育

"五个认同"即对伟大祖国、中华民族、中华文化、中国共产党、中国特色社会主义的认同，是铸牢中华民族共同体意识的核心内容，也是教育对象对中华民族共同体积极认可态度的体现形式。铸牢中华民族共同体意识应以爱国主义教育为灵魂，厚植爱国主义情怀，弘扬理性爱国主义精神，引入社会主义核心价值观、国家总体安全观等内容，引导青少年维护国家利益，树立建设国家的远大理想，增强凝聚力。铸牢中华民族共同体意识应以中华文化为切入点，增强青少年的中华民族自豪感与归属感。习近平总书记提出，坚持文化认同是最深层的认同，构筑中华民族共有精神家园①。中华文化在全球范围内，是中华民族的标志，体现中华民族所有成员的文化共性；在中国国境范围内，是各民族文化共生的结果，体现中华民族大家庭中家庭成员内部的多样性与差异性。以中华文化为纽带的中华民族认同就是坚持中国特色社会主义文化观，"民族的科学的大众的社会主义文化"②，在此基础上增强"中华民族认同"。学校场域应在哲学、社会学等课程中，以及在学生文艺社团实践活动中，一方面，以尊重、欣赏的态度，对各民族的优秀传统文化形式进行必要的了解与科学的认识，"重视少数民族文化保护和传承"③；另一方面，以"美美与共"的态度，学习、继承、发扬中华民族厚重的传统文化。铸牢中华民族共同体意识应以中国革命史为线索，增进青少年对中国社会意识形态选择、中国特色社会主义道路的理解与信心。以"中国近现代史纲要"为主，补充中国共产

---

① 巴特尔．铸牢中华民族共同体意识——学习贯彻习近平总书记在全国民族团结进步表彰大会上的讲话精神［EB/OL］．（2019－12－01）［2020－03－09］http：//www．qstheory．cn/du-kan/qs/2019－12/01/c_1125288535．htm．

② 习近平：决胜全面建成小康社会　夺取新时代中国特色社会主义伟大胜利——在中国共产党第十九次全国代表大会上的报告［EB/OL］．（2017－10－27）［2020－03－23］http：//cpc．people．com．cn/19th/n1/2017/1027/c414395－29613458．html．

③ 陈沸宇，吴勇，张枨．习近平总书记内蒙古考察重要讲话引发热烈反响［N］．人民日报，2019－07－19（01）．

党党史，呈现从新民主主义革命到社会主义革命再到中国特色社会主义建设历程中，中国共产党历史选择的正确性。丰富"马克思主义中国化"的理论内容，呈现新中国成立以来历任领导人对中国特色社会主义道路的理论探索。

2. 以民族平等为基础的民族团结进步教育

民族团结是各族人民的生命线，是处理民族关系的价值规范，是铸牢中华民族共同体意识的基础。民族平等是民族团结的前提，民族团结是平等、互助、和谐的思维方式。通过语文、历史、思想政治等学科课程，引导学生认识到 56 个民族虽然有人口数量、居住分布、历史跨度、文化积淀、生产方式现代化程度、经济发展程度等多方面差异，但从政治地位、法律权利、社会福利待遇、人格身份等方面都是平等的。在宿舍管理、文体竞赛、社会服务、学科实践等活动中，加大"民族团结"的宣传教育，鼓励各民族学生在平等的基础上，以尊重、友善的态度增进交往，激发其民族团结的意愿。在丰富的实践活动和校园文化建设中，传递出民族团结意识和中华民族共同体意识的交互性，即 56 个民族的双向度交往互动，"各民族相互了解、相互尊重、相互包容、相互欣赏、相互学习、相互帮助"①；而不是某一个民族的单向度努力，不是某一方向另一方的靠拢。

3. 以共享为目标的民族交流交往交融教育

民族交流交往交融是铸牢中华民族共同体意识的实践路径与有效方式，代表了中华民族共同体意识的开放性、包容性、交流性。中华民族共同体意识不是狭隘、封闭的团体意识，而是在全球一体化、人口流动频繁的社会现实中以开放的心态、交流的姿态通过凝聚力形成战斗力，共享发展的果实。尤其在新时代，中华民族共同体意识是为共同理想而共同奋斗，从而实现共同富裕、共同发展、共同繁荣。学校场域是社会现实的缩影，高度浓缩了师生（教学）、同伴（学习）、邻里（生活）等多种社会关系。学校在学生生活管理、学习指导等过程中应设法为各民族青少年提供"共居""共学""共事""共乐"的融洽环境。在学校嵌入式环境中混

---

① 习近平在第二次中央新疆工作座谈会上发表重要讲话［EB/OL］. （2014 – 05 – 29）［2020 – 03 – 23］http://www. xinhuanet. com//photo/2014 – 05/29/c_126564529. htm.

学混宿，引导各民族学生在生活上关爱、照顾、交流，形成共同的价值观；鼓励他们通过学科课程、文体活动、主题班队会、社团活动、志愿者服务、实践活动等多种形式，相互帮助、比学赶帮；在社会实践中"共事"结成团队、合作进步。培养文化理解、文化交往的意识，引导他们正确看待合作和竞争的关系，以共同进步为目标。

4. 以国籍为标志的国民身份认同教育

国民身份认同教育是纠偏狭隘民族主义的良方。国民身份意识是中华民族共同体意识在全球民族国家话语体系中的体现。民族和主权国家是紧密联系的两个概念，民族身份与国民身份同时出现在中华民族共同体成员的身上。无论是哪一个民族，中华民族共同体的成员都有两个共同的身份，即中华民族的民族身份、中华人民共和国公民身份。中华民族共同体的成员，一般都拥有与中华人民共和国国家主权或者国籍关联在一起的国民公民身份；当今世界仍然处在民族国家时代，一般没有脱离国民身份的公民（无国籍人士、难民等除外）。① 学校应通过道德与法治等模块，加强对青少年国民身份认同的教育，引导青少年遵守中国法律，积极履行中国国民的义务，以国家利益为重实现自我价值，使青少年对境外敌对势力、宗教极端主义、极端民族主义、民族分裂势力的渗透获得免疫力。通过国民身份认同教育引导海外留学生保持高度的爱国热情，牢记祖国，建设祖国；引导青少年正确理解民族和国家的关系，引导青少年处理好个人与集体、个体与民族、个体与国家、民族与国家的关系，铸牢中华民族共同体意识②，认识到民族身份意识和国民身份意识都是中华民族共同体意识的组成部分，不断铸牢中华民族共同体意识。

5. 以中国梦为载体的民族使命担当教育

中华民族共同体意识强调一种责任感、担当意识，即 56 个民族作为中华民族共同体成员共同拼搏、共同建设自己家园的理想与使命。使命意识是铸牢中华民族共同体意识的凝聚点，引导青少年主动担当中华民族伟大

---

① 王延中. 铸牢中华民族共同体意识 建设中华民族共同体 [J]. 民族研究，2018（1）：1 – 8.
② 李芳. 民族青少年国家认同学校教育探析——基于总体国家安全观的视角 [J]. 云南师范大学学报（哲学社会科学版），2020（1）：148 – 156.

复兴的历史使命是学校场域中华民族共同体教育的必然结果，也是学校场域培养堪当大任的时代新人的必然要求。在新时代这一历史方位中，"中国梦"是中华民族共同体的使命与担当，是新时代重要的目标定位。习近平总书记明确指出"实现中华民族伟大复兴，是近代以来中国人民最伟大的梦想"①。"中国梦"所表达的内涵是团结全体中华儿女建设好国家、发展好民族，实现国家繁荣富强、人民幸福生活。"实现中华民族伟大复兴的中国梦是各民族大家的梦，也是我们各民族自己的梦。"②"中国梦"将国家、民族、个人凝聚成为"命运共同体"，将国家最高利益、民族根本利益、个人具体利益完全结合在一起。学校场域应通过理想教育等课程模块，激发学生将个人命运与祖国命运紧密结合的志向，引导学生在创造、实现、见证"中国梦"的伟大实践过程中，铸牢中华民族共同体意识，担负中华民族伟大复兴使命。

（三）构建民族团结进步教育常态化机制

常态化即要求制度化、规范化。缺乏常态化机制，中小学民族团结进步教育就有可能出现一些随意现象。因此，应通过建章立制，推动中小学民族团结进步教育成为一种常态。

第一，建立中小学民族团结进步教育课程常态化机制。学校民族团结进步教育是铸牢中华民族共同体意识的有力抓手，是思想政治成长的必要内容，应上升到国家战略的层面统筹考虑。只有国家统筹，才能从顶层设计上实现知识体系、课程方案的整合，形成有梯度、有体系的教育课程模式，真正实现为中小学生的思想状态、心理状态奠定底色的目标，从而支撑起民族团结"生命线"的战略定位。如果民族团结进步教育课程进入国家课程体系，那么课时、教材、教学大纲等就能成为硬性要求，使得民族团结进步教育面向所有地区、所有学生群体，不因各地实际情况不一致而

---

① 顺应时代前进潮流，促进世界和平发展——在莫斯科国际关系学院的演讲（2013 年 3 月 23 日）[N]. 中国青年报，2013 – 03 – 24（2）.

② 习近平在会见基层民族团结优秀代表时强调中华民族一家亲 同心共筑中国梦 [EB/OL]. (2015 – 09 – 30)[2020 – 03 – 23] http://www. xinhuanet. com//politics/2015 – 09/30/c_ 1116727894. htm.

被虚化、弱化甚至搁置。国家层面应将思想政治、品德与社会等现有的课程进行深度整合，形成全新的民族团结进步教育课程体系。从民族团结进步教育的重要性以及中小学校自主权较小、灵活性较差等特点出发，明确民族团结进步教育的国家课程地位，加强国家层面的保障力度与课程教学指导、规范力度。中小学民族团结进步教育应紧密围绕"政治认同""文化认同""心理认同"三个维度设计课程内容；遵循"认知—情感—态度—价值观—行为"的心理发展规律设计课程梯度；整合爱国主义教育、国防教育、民族历史、民族常识、民族政策与法律法规、民族文化传承等多个模块的内容，形成以铸牢中华民族共同体意识为灵魂、以爱国主义教育为主线的系统性中小学民族团结进步教育课程内容体系。

第二，建立并完善中小学民族团结进步教育教学载体编审开发常态化机制。中小学民族团结进步教育无论是以单独课程形式还是学科融合形式开展，都需要国家层面统一开发有关民族团结进步教育的教学载体。由国家教育行政部门组织专家进行论证，对民族团结进步教育的教育教学形式予以规划，并形成与之配套的教学载体形式。对于学科融合开展民族团结进步教育，国家教育行政部门需下大力气加大现有课程、学科与民族团结进步教育的整合，重新修订教材、调整课程计划与课时量，将民族团结进步教育深度整合到现有学科中，并体现在教材中。同时，加大课程及其配套资源开发与建设的保障力度。通过专项经费保障、技术力量支持等方式，加大以微课、资源包等形式为载体的民族团结进步教育资源的开发、利用，推动自主性、个性化的民族团结进步教育过程。

第三，完善民族交往交流交融机制。民族交往交流交融应创新活动形式，使交往交流交融成为定期、连续、常态的教育形式。构建"学科课程—活动课程—实践课程"的课程形式体系，面向全体学生全面展开，以实践活动为主要载体，为学生丰富情感体验、提高实践能力提供广泛的平台。通过开展文体演出、竞技比赛、志愿服务等活动，释放民族团结进步教育的价值，促进学生在活动中相互了解、相互包容、相互帮助，促进民族交往交流交融。

第四，建立民族团结进步教育专项经费保障机制。目前，由于缺乏经费保障，中小学民族团结进步教育的连续性、系统性、规模性难以保障。针对贫困地区应建立民族团结进步教育专项经费保障机制，专款专用，为教育主管部门和学校举行师资培训、聘请兼职教师、表彰典型模范、开展实践活动、开发辅助教学资源、开展科学研究、组织经验交流与合作推广等，提供常态化的物质支持，保证中小学民族团结进步教育工作的有序性、持续性和实效性。

（四）完善民族团结进步教育协同创新工作机制

中小学民族团结进步教育"全范围、全思维、全方位"政策体系意味着资源调动的协同性，要求建立起高效的民族团结进步教育协作机制，实现"左右协作"与"上下联动"，能够快速、有效、充分地实现主体间、领域间、地域间、学校间的资源整合。同时，协同创新工作机制是中小学民族团结进步教育常态化运转的有效支持条件与制度保障。

第一，完善行政系统内的协同创新机制。基于教育政策规划的层级响应模式，建立成果共建共享机制，激励各层级的教育政策执行者协同创新，建立政府部门协作支持中小学民族团结进步教育工作机制。从工作领导部署层面，建立领导小组负责、多部门联动机制，确定由教育行政主管部门总负责，民委、统战、宣传等政府部门形成同层级左右联动协作工作模式。关于中小学民族团结进步教育的政策要求、制度保障、评估评价、宣传引导、激励奖惩，形成统一部署，打破围绕各自业务分工各自谋划的状况。工作部署形成后，各部门密切合作，避免低水平重复，走向高效合作。在统整社会资源、调动各方社会力量上，各政府部门形成合力，使得中小学民族团结进步教育得到高效的社会资源保障。

第二，教育系统内的协同创新。在教育系统内部，形成统一谋划、各主体各负其责、资源共享、互帮互助的中小学民族团结进步教育支持保障体制。由教育行政部门统一筹划，负责资源调配与人财物力统一调度；学校与中小学结盟，充分发挥科研优势、资源优势、人员优势，帮助中小学做好民族团结进步教育课程开发、教学改革等探索。建立全国学校民族团结进步教育专家委员会和专家库，为中小学开展民族团结进步教育提供智力支持。中小学内部各部门通力合作，真正落实全过程育人。

第三，地域间、学校间的协同创新。建立跨省区、跨学校的中小学民族团结进步教育工作联盟机制，保证不同省区间、不同学校间民族团结进步教育工作经验分享交流与合作机制的常态化。在现有运转机制下，跨省区、跨学校的合作、分享机制，在高校系统由于高校自主权较大而更容易实现，但对于中小学校而言，受制于财政拨款、资源调配、人员配置等规则限制，以及权责分配体制、绩效考核办法等限制，学校间合作多体现在学生联谊、手拉手结对子等形式上，触动深层次的资源调配机制尚未建立。在中小学校属地化管理原则的基础上，突破资源调配的地域限制，创新民族团结进步教育组织协调工作机制。

二　完善边境地区"立德树人"多元评价机制

边境地区中小学校应高度重视"立德树人"，树立全面、科学、系统的教育质量观，充分发挥评价的正确导向作用，坚持正确的教育质量发展方向。从宏观上，教育质量是指教育事业的高质量发展水平，是整个教育体系的质量评价，关键在于处理好教育系统规模、结构和效益之间协调发展的关系。从微观上，教育质量是指教育输出环节的质量，关键在于培养高质量的人才和生产高质量的成果。因此，边境地区义务教育质量评价要从理念上形成高质量、系统化发展的思路，一方面把握好教育事业的宏观布局，将教育置于边境地区社会发展的大局中，把教育事业自身发展与服务经济社会发展紧密结合起来，全面适应创新、协调、绿色、开放、共享发展的需求，充分体现教育事业的基础地位、重要作用和独特价值。另一方面要严把教育事业发展质量关，全面落实立德树人根本任务，把促进学生全面发展、健康成长作为边境地区义务教育一切工作的出发点和落脚点，尤其是边境中小学校做好立德树人的关键主体。

第一，以高质量发展为导向，建立边境地区义务教育质量评价指标体系。从边境地区教育事业发展的角度，对边境地区义务教育规模、学校布局、资源配置水平、学校基础建设水平、教育信息化设备配置水平等硬件质量，对教育理念、教学方式、教育资源开发、课堂有效性等软件质量进行全面评价。运用行政督导方式定期对边境地区义务教育发展进行指导，有针对性地改进提高。同时，将边境地区学业质量监测纳入全国教育质量监测体系中，进行较为稳定的动态追踪与科学评价。通过纵向比较与横向对比，科学研判边境地区义务教育学业水平质量在全国所处的位置，诊断发现边境地区义务教育质量存在的问题与不足，从深层次剖析影响边境地区义务教育质量的因素与影响机制，进而提出改进策略，有效促进边境地区义务教育质量提升。

第二，形成"以德为先"的育人导向，构建科学的教师评价体系。目前，边境地区义务教育仍未摆脱应试教育的影响。在县城，由于优质教育资源稀缺，择校热仍是一直存在的问题。追求较高的学业成绩仍被教师、家长、学生所追捧。应试指挥棒仍在一定程度上决定着教师工作的重点与教育方式的选择。受到重智育、重升学率观念的影响，教师的教育教学成果量化评价及职务职称晋升评价体系，在一定程度上形成了"重学科、轻德育""重专业、轻道德"的负面导向，教师考核指标绕不开"升学率"。面对复杂的量化考核指标，教师疲于应付，主要精力集中在教学、科研上，对学生的培养侧重知识教授、能力训练，以提高学生学习成绩为主要目标。教师本人的理论修养提升及对学生的道德教育成为软性要求。这从客观上造成了教师对学生的德育重视程度不足、教育引导功能弱化。因此，提升师生对立德树人的重视程度，必须从扭转育人导向开始，形成"以德为先"的育人导向，将"立德树人"放在先导位置，学校的教学、科研、管理等工作环节围绕"立德树人"展开。打破"升学率"等量化指标对教师的束缚，将师德师风、立德树人成效等纳入教师评价体系，并增大立德树人相应指标的考核权重。

第三，着眼于每一个学生的全面发展，建立以人为本、科学系统、多元全面的学生评价体系。必须打破升学率至上的观念，把德育置于学业能力培养之上。充分考虑边境地区的历史文化背景、地域特点和特定的发展环境、经济结构、生产生活方式等因素，形成灵活多样、针对性强、实效性强、特色鲜明的评价指标体系。把学生的品德发展水平（包括行为习惯、人格品质、理想信念等关键性指标）、学业发展水平（包括知识技能、学科思想方法、实践能力、创新意识等关键性指标）、身心发展水平（包括身体形态机能、健康生活方式、审美修养、情绪行为调控、人际沟通等关键性指标）、兴趣特长养成（包括好奇心求知欲、爱好特长、潜能发展等关键性指标）等作为评价学生发展的主要内容，着力构建育人质量多元综合评价指标体系。放弃只盯着学生学习成绩的做法，从德智体美劳各方面评价学生，促进学生的全面发展。边境地区地方政府应加快建立综合评价制度，更加注重对学生综合素质和兴趣特长的考查，为学生建立成长记录袋，记录学生在学校生活学习的全过程。

第四，以提升思想政治教育实效性为目标，构建思想政治教育的科学评价体系。强化"课程思政"的观念，加大对教师"全员思政"功能的考核，增加教师承担德育工作教学设计、教学材料开发、实践活动组织、师生谈心谈话交往等评价指标，使教师真正成为立德树人的执行者与引领者。通过考核的方式，强调立德树人的重要性，促进"全员思政"，使全体教师参与到立德树人的教育中，避免思政课教师、党团负责人、大队辅导员等被边缘化。减轻学生书面化考核压力，从知识、积极情感、正向价值态度、亲社会行为（如团结互助、友好交流、参与社会实践活动、服务社会等）多方面评价学生对德育相关内容掌握的牢固程度，引导学生将德育发展放在首位。

三　健全边境学校特色化高质量发展保障机制

边境地区国门学校是一种具有边境特色的办学形式，在教育实践中承担着接受本地中小学生及外国籍来华小留学生开展学校教育的功能。在西南边境部分地区，国门学校招收了较大数量的外国籍来华小留学生，有的学校是寄宿制，承担了外国籍来华小留学生在我国学习、生活的大部分教育责任。对于边境国门学校，"小"学校隐藏着"大"潜力，办好国门学校不仅是提升一所学校办学质量的问题，而且关系到边境地区国家教育安全的问题。国门学校应充分发挥自身的作用，通过学校教育有效引领学生的思想成长，并通过家庭交往与社会活动的传递，发挥学校教育的辐射作用，帮助边民增强对中华民族和国家的认同。因此，应进一步探索以国门学校为代表的边境学校建设专项政策及保障机制。

第一，加大边境学校基础建设保障力度，将国门学校打造成边境线上的亮丽风景线。越南在边境地区实施"金边工程"，顾名思义就是把边境地区的建筑物建得非常美观，从而彰显国家实力。从这个意义上讲，边境学校具有重要的符号意义。以国门学校为代表的边境学校由于矗立在边境线上，象征着国家对教育的重视程度以及国家的综合教育实力，是对外展示国家教育形象、教育实力的窗口。这意味着我国教育吸引力的增强最直观地表现在国门学校上，国门学校对于增强我国学生自信心、自豪感、凝聚力以及增强对外吸引力有着重要的作用。因此，应从理念上重视边境学校的符号意义，将彰显国家教育形象、维护边疆教育安全作为国门学校建设的价值选择，不断完善边境学校的软硬件建设。在教育实践中，国门学校担负着育人主战场的重任。为保证国门学校育人重任的实现，建设好一批与我国教育大国形象相符、与边境教育重大使命相匹配的高质量边境学校，充分发挥学校主战场的功能，要着力解决国门学校建设的基本问题。如：加大学校基础设施的建设，解决教学楼、宿舍楼、操场、食堂等硬件条件滞后，基础设施薄弱，教育信息化设备接入不理想等问题，从硬件条件保障做起，配齐配好边境学校的基础设施。同时，进一步提高国门学校建设的水平，不仅要确保基本基础设施，还要足额配置多媒体设备、功能教室、文体活动设施、图书资源等。

第二，加大配套政策保障力度，启动国门学校建设政策规划及政策保障机制。加强国门学校建设系统规划，教育行政部门、财政、发改等相关部门应结合边境地区社会经济发展情况、人口居住规模等科学规划边境学校布局，形成国门学校建设的科学预测与计划，使边境学校布局满足我国边境地区适龄儿童就学的需要，与边境地区人口居住分散的事实相匹配。同时，对国门学校建设经费来源、投放比例、建设进度统筹规划，着力建立国门学校经费保障机制及管理体制，有效解决资金不到位的问题，改变临时性经费分配的现状，使得国门学校建设有固定、连续的经费来源，有统筹的进度安排。进一步规范资金管理，提高资金使用效率，形成经费保障可持续模式，保证国门学校建设设施设备的配套性与连续性。如学校校门、围墙、道路等配套设施的修缮，多媒体设备、体育器材、音乐美术材料、实验器材及药品等一次性配置到位，而且能够及时得到补充、维护、升级、更新，切实提高教育资源配置水平，保证"够用"且"能用"，提高设备使用效率。

第三，增强教育内容的吸引力，建立边境地区特色化发展的课程体系及保障机制。目前边境学校课程按照国家规定课程开展，由于边境地区地方课程开发能力不足，边境特色并不鲜明。事实上，国门学校的服务对象具有一定的特殊性，如：边境学校招收的外国籍来华小留学生数量较多，且这些小留学生又与我国的部分学生民族相同、语言相通、习俗相通，但又不属于同一个国家，各自带有本国的意识形态、价值观、文化印记，这就面临着引导我国边境地区各民族学生增强国家认同、铸牢中华民族共同体意识的挑战。以国门学校为代表的边境学校应通过系统、丰富的教育教学形式，润物细无声地引导边境地区各民族青少年树立正确的民族观、文化观、历史观，增强中华文化认同感。引导小留学生了解中国，形成友好情感。上述重要的思想引领作用，要依托丰富的学校课程体系得以实现。边境地区义务教育阶段在按照国家要求开齐开足相关课程的基础上，还应考虑边境地区的地方实际及学生学习情况，做好课程设计，改善地方课程处于薄弱甚至是空白的状态。应加强顶层设计，对边境地区义务教育课程体系统筹设计，将知识体系、课程方案整合起来，形成有梯度、有体系的学习内容，给予充分的课时、师资保证。边境学校的课程首先应整合国家认同、国防、民族团结进步教育、民族文化传承、文化理解、社会发展形势等不同的专题教育，以爱国主义教育为主线，将若干彰显边境地区教育特色的专题教育内容渗透到学科教学中。并开发独具特色的校本课程，发挥地方教育资源优势，有效补充地方特色教育内容。开发丰富多彩的活动课程，如云南省的某所国门小学恰被国境线穿越，校园里就矗立着一块界碑，学校应充分利用该校这一得天独厚的教育教学资源，围绕"国境线、界碑、领土、主权"这一主题开展系列爱国主义活动课程，引导学生在体验式学习、参与性学习的过程中进一步激发情感、态度、价值观。同时，开展以增强中华文化认同为核心的民族文化传承教育，正视边境地区民族文化的多样性与丰富性。根据学生的年龄特点，采取相适应的教育内容与教育手段，保护并传承民族文化，并增进对中华文化的理解与认同，引导学生热爱、学习、弘扬中华文化。营造国门学校浓厚的爱国氛围与校园文化。在学校建设中融入边境特色元素，营造保疆卫国的氛围与环境，发挥校园文化对学生思想塑造潜移默化的作用。

四　加强边境地区中小学教师"留得住""教得好"政策保障机制

师资是边境地区义务教育质量提升中最活跃的因素。而师资力量薄弱恰恰是制约边境地区义务教育高质量发展的重要因素之一，也是解决难度较大的问题。边境地区由于自然条件恶劣、社会经济发展水平不高、交通闭塞等难以克服的困难，师资普遍存在数量不足、质量不高、稳定性不够等问题。受制于客观条件，边境地区义务教育师资建设与改善的困难较大，所需周期较长，必须立足实际，从培养、培训、激励等方面加以保障，着力解决师资力量薄弱的问题，打造一支"留得住""教得好"的师资队伍。

（一）加大师范教育改革，从源头上培养扎根边疆的高水平教师

第一，转变师资培养思路，以师范院校为主体，以培养应用型人才为导向，培养胜任边境地区中小学教育教学的教师队伍。随着教师专业化进程，我国教师队伍已经站在了学历本科化的入门线上。边境地区义务教育阶段的教师在学历层次上虽与其他地区有一定的差距，但也基本达标。可见，边境地区义务教育阶段教师培养的主要方向不是提升学历层次，而是提升教学实践能力，提高教学水平。因此，从源头上解决高水平教师从哪里来的问题非常重要。削弱师范教育并不适应边境地区的特点。边境地区由于主客观条件的限制，教育教学水平相对偏低，教育对象情况较为复

杂，人才培养难度较大。这就要求边境地区从教的教师具备高尚的师德、扎实的教育教学基本功、较强的实践能力。特别是对于教学点和小规模学校而言，更加需要应用型教师。由此，应进一步加快师范教育改革，加强师范院校的师资培养功能，发挥师范院校师资培养优势，加大对准教师师德师风、教学专业能力训练，提升准教师的教学胜任力，培养一支"教得好"的师资队伍。

第二，增强边境地区教师培养的针对性，调整招生对象结构、专业设置等，进一步满足边境地区对师资的实际需求，培养一批"用得上"的师资。加大本土教师培养力度，特别是要以本地师范院校为主体，尽量吸引本地生源，重视边境地区特别是乡村本土教师的培养和补充，通过情感联系、社会关系联系增强教师在边境地区从教的稳定性。根据当地师资缺口、紧缺专业分布等实际情况调整专业设置，培养当地需要的学科教师。并调整师范专业的课程结构，加入边境地区较为个性化的学习模块，加大支持高校特别是民族类高校开设相关专业课的师范专业培养力度，从源头上解决边境地区教师思想信念、知识结构、专业素养、认知能力的问题，提高教师在边境地区从教的能力。同时，在一定范围内加强"计划性"，以免费培养和定向到县为主要培养方式，增强边境县师资补充能力。降低免费师范生培养学校的层次，将国家免费师范生政策延伸到边境地区的师范院校，支持边境地区相关省区属师范院校举办专科层次师范教育专业，公（免）费师范生安排一定比例的定向计划，增强对本地生源的吸引力，有助于提高师资培养的稳定性。针对边境地区办学分散的实际情况，适当增加准教师通适性课程学习，培养一定数量的全科型教师，为农村寄宿制、小规模学校、教学点补充一专多能的师资。

第三，以准师资学习成长需求为出发点，探索教师培养培训一体化、多主体协同的培养模式，使职前培养与职后培训有序衔接，大幅提升师资培养水平。建立职前培养与职后培训一体化机制，培养单位与用人单位在前端紧密结合，共同促进准师资的成长。在培养环节，充分考虑用人单位实践要求，师范院校将培养重点放在业务素质培养，研究改进培养培训计划，改革传统的培养模式，夯实学生的理论基础，掌握教育教学技能，并运用实践性教学等多种方法，努力提升人才培养质量。鼓励用人单位（主要是中小学校）深度参与准师资培养，通过联合培养、参与培养等方式，增强师资培养的针对性。培养单位与用人单位共同研究制定计划、共同实施培养培训、共同考核评价，特别是用人单位提供实践、实习平台，缩短准师资成长周期。职后培训建立多主体参与机制，鼓励当地师范院校、教研室深度参与师资职后培训，精准把握培训需求，科学设置培训项目，针对边境地区教育教学的真实情境，有的放矢，开展情景式培训，提高培训有效性；中小学校要积极开展校本培训，发挥主观能动性，激发教师自身的积极反思。

（二）凸显边境特色，构建以实践为导向的教师培训体系

第一，培训形式上增强实践性，重视校本培训。边境地区的教师多疲于应付各种教学任务、安保任务等常规性工作，陷于保学控辍、提高升学率的泥潭难以分身，参加培训、提高自我的动力和机会双重缺乏。

针对此类情况，应加强对边境地区教师侧重实践操作层面的指导和培训。第一个层次是制订教学标准，让教师明白什么样的课才是好课。依托高校、省级师资培训中心，建立完善各地常态化的教师培训制度，规范教育教学的要求和质量标准。第二个层次是专家、教研员走进课堂，"手把手"教会教师上课。通过示范课、公开课、评课等方式，让教师学会如何组织教育教学活动。第三个层次是带领教师开发校本课程。由高等院校专家、教研员、一线教师共同组成科研团队，将学科教学与社会实践活动相结合，将爱国主义、民族团结、文化理解、交流开放等内容纳入课程体系，开发校本课程。在校本课程的开发中，避免理论化倾向，而是带领教师做好校本课程设计的每一个步骤和环节。让教师明白开发校本课程的目的、方法、主要思路等。第四个层面是打造名师工程与精品课程。实施名师培养工程，培育各学科教学名师、德育名师，打造精品课程。

第二，培训内容上将国家认同教育、边疆学、民族宗教理论、国际形势分析、国际理解等内容纳入教师培训课程。边境地区的很多教师自身缺乏对边疆国防等方面的清醒认识，缺乏对学生有效开展铸牢中华民族共同

体意识教育的能力。在回答"您所参加的教师培训中，是否有关于国家认同、国防、边疆形势等教育教学方法、教育理念等内容的培训"时，参加过省培、国培项目的教师表示，在培训中基本不涉及上述教育教学方法的相关内容。承担德育相关课程的教师表示，学校会对教授相关课程的教师进行课程计划、教学内容进度的布置，但是有针对性的培训较为缺乏。因此，边境地区应针对自身的需求，在省级、市级、县级、校本培训中增加铸牢中华民族共同体意识、民族团结、国家认同等内容，从知识储备、实践能力、教学能力等方面加强培训。

（三）制定激励政策，吸引更多优秀人才投身边疆教育事业

习近平总书记提出，支持优秀人才长期从教、终身从教，并要求制定切实可行的政策措施，鼓励有志青年到农村、到边远地区为国家教育事业建功立业。① 吸引优秀人才投身边疆教育事业，必须通过教育政策规划将经费、资源等要素向边境地区教师队伍倾斜，帮助边境地区中小学校获得一支"留得住"的师资队伍。

第一，提升边境地区中小学教师的社会地位。《关于全面深化新时代教师队伍建设改革的意见》中首次明确了教师职业的公共属性，要求强化教师承担的国家使命和公共教育服务的职责，确立公办中小学教师作为国家公职人员特殊的法律地位。边境地区地方政府要在提高中小学教师社会地位上出实招，如保障教师的社会权益，吸纳一线教师参与教育政策规划，将其子女就读学校列入政府保障计划，设立边境地区从教荣誉奖等。在社会上营造尊师重教的浓厚氛围，使广大公众建立对教师尊敬、感恩的情感。

第二，提高边境地区中小学教师的经济地位。《关于全面深化新时代教师队伍建设改革的意见》要求"健全中小学教师工资长效联动机制，核定绩效工资总量时统筹考虑当地公务员实际收入水平，确保中小学教师平均工资收入水平不低于或高于当地公务员平均工资收入水平"。边境地区

---

① 中华人民共和国教育部．习近平总书记在同北京师范大学师生代表座谈时的讲话（2014年9月9日）[M]．习近平总书记关于教育的重要论述摘编，2019：311.

应积极筹措资金，从省级层面加强制度设计，进一步落实艰苦边远地区津贴等政策，由省级财政支付边境地区从教教师的津贴补助，依据教师任教学校边远艰苦程度、守边戍疆任务艰巨程度实行差别化补助，对于在边境地区从教多年的教师根据年限划定不同档次，给予不同数量的物质奖励。鼓励有条件的地方提高边境地区补助标准。

第三，关爱在边境地区任教的教师，完善生活保障机制、畅通专业发展通道。切实提高边境地区尤其是乡村、牧区、高寒区教师生活待遇，投放足量的教师周转房，使教师的生活有基本的保障。并配置相对完善的文体、娱乐设施，开展丰富的业余活动，提高教师生活舒适度，增强教师在边境地区的稳定性。在保障边境地区教师生活的基础上，重视教师的专业发展。统一城乡教职工编制标准、职称（职务）评聘向乡村学校倾斜、推动城镇优秀教师向乡村学校流动。在培训、职称评聘、表彰奖励等方面向边境地区特别是乡村青年教师倾斜，优化乡村青年教师发展环境，提供专业成长的平台和机会，加快乡村青年教师成长步伐。

五　推动"学校—家庭—社会"三位一体协同育人机制

学生的知识学习、品德培养、行为习惯养成等并不是"原生性"的，而是接受生活所在地各种环境因素无形的浸润与基于政治诉求有形的培养而反复刺激、强化的习得过程。教育是使个体增强"五个认同"的重要方法。社会化过程决定了学生培育的复杂性，是多场域共同作用的结果，而非单一途径。个体获得全面发展有两条基本途径，一是学校外的教育场域，学生通过日常生活中的亲身体验而自然对某些事物形成看法，习得某些知识；二是作为专门教育机构的学校教育场域通过有目的、有计划的系统教育教学而完成。因此，学校是个体发展的重要渠道，而不是单一渠道，在边境地区义务教育阶段学生的培养过程中，应形成"学校—家庭—社会"相互协调推动共同发力的机制。

第一，发挥学校主阵地作用，构建边境地区义务教育阶段学校教育框架。学校系统是教育的主渠道，具有系统性、规模化、标准化、高效率等特点。义务教育具有统一性、基础性、强制性等特点。统筹规划边境地区义务教育阶段学校教育的框架，形成针对学校运转及管理、教师发展、课程教学体制等全方位的学校体制顶层设计，充分发挥边境地区义务教育学校主战场的功能。

第二，形成学校教育—家庭教育的有效衔接与积极互动常态化机制。家长在学生身心发育、思想成长、学业成绩提高等方面承担着重要的责任。家长的教育观念与学校教育的成效成正比。边境地区教师认为，学校教育成效低的重要原因之一是家长的教育观念落后，具体体现为家长对孩子的教育不重视、对学校的工作不配合，家长自身缺乏良好的素质。边境地区与内地物质生活条件差距较大，个别边民会产生不满情绪，在家发牢骚会传递给孩子错误信息，形成片面的认识。边境学校应从学校的角度做好家校联系、沟通工作，发挥学校的辐射作用，改变家长的教育观念。对在读学生家长建立联系卡，随时与家长沟通联系，上门家访，向家长反馈学生在校的表现，定期召开家长会，并定期推荐适合家长阅读的材料，向家长传递正确的教育观念。适当组织一些亲子活动，以学校为桥梁，通过亲子活动课程将家庭与学校紧密联系起来。同时，学校和教师定期进行家访，尽自己所能，帮助家长解决一些实际问题与困难，拉近学校与家长的距离。教师在承担脱贫攻坚入户帮扶的过程中，注重对家长教育思想的纠偏，关注家长的思想状况，做好思想帮扶。

除学校以外，家长的教育问题应纳入继续教育体系中，通过多种力量联合解决。如：学校、工会、妇联等单位联动合作，开办"家长学校"，重点对边境地区学生家长的民族观、国家观、宗教观进行必要引导。通过面授、网络等多种方式，以家长为教育对象展开思想政治教育及劳动技能教育。培训内容可包括若干相对独立的学习模块，如爱国主义教育、边境社会形势与问题、时事政治、法律常识、职业技能培训等。这既有利于家长自身思想观念的转变，又有利于学生思想政治教育的顺利进行。

第三，发掘社会资源，构建边境地区义务教育阶段教育资源的社会共建共享机制。社会相比学校、家庭，是一个更大规模的组织，具有更为复杂的运行规则和丰富的教育资源。学校教育是社会教育的一部分，必须融入社会教育的大环境中，才能达到预期的教育效果。社会是边境地区各民族青少年生活的环境，对于铸牢中华民族共同体意识发挥着重要作用。

营造良好的社会氛围，推动建立各民族互相嵌入式的社会结构和社区环境，为各民族之间的交流互动搭建平台。长期以来，我国各族群众在共同的工作和生活中，形成了你中有我、我中有你的相互嵌入式居住的社会结构格局，呈现出"大杂居、小聚居、互相交叉居住"的团结、和睦、尊重、包容、理解、帮助的局面。各族群众对互相嵌入式居住生活习以为常，愿意共同居住，向往团结和谐的生活，希望能够长期和睦相处，共同工作、学习和生活。增进各民族之间的交往交流，才能使各民族彼此了解。在社会基础设施的建设中，要加强规划，扩展社区服务功能，建设和完善社区图书阅览室、老年活动室、社区蔬菜直销店等，为各民族文化生活交流提供平台。让各族群众的生活幸福指数提升，感到生活的幸福，以增进国家认同感。充分发挥社区的功能，以社区为单位，举办各种文化娱乐活动，鼓励开展学唱各民族歌曲、学跳民族舞蹈、了解民族习俗等活动，加强民族交往交流交融。

建立社会资源共享机制，有效整合文化资源与教育资源。边境地区铸牢中华民族共同体意识等思想政治教育要格外注意本土化的特色资源，充分利用本地鲜活的教育资源，如：民族传统节日、民族传统文化与传统技艺、民俗博物馆、边贸市场、界碑、历史纪念馆等。图书馆、博物馆、文化场馆、社区服务等公共资源开放共享，形成政府、学校、企事业单位、社区共建的模式。博物馆、纪念馆、文化历史遗址是藏有丰富史料的文化场所，其生动的历史场景，容易唤起人们的民族情感和爱国热情。我国各类博物馆、爱国主义教育基地、红色旅游资源十分丰富，这些公共文化服务设施是进行思想政治教育的良好载体。应树立起公共文化场馆服务社会的思想，主动向中小学校开放，并简化审批程序，能够方便快捷地满足中小学校的教学要求，并建立起长期合作机制，共同策划、组织国家认同教育实践活动。对于一些营利性单位的资源共享，应由政府采购，再向中小学开放；对于一些协调难度大的资源产权单位，由政府出面进行协调，帮助中小学校组织参观学习。

　　围绕国防、中华文化、中国革命史、现代科技成就等主题，设计、策划一系列丰富多彩的社会活动。通过文体活动、音乐舞蹈等艺术表演、各种主题的展览，使各民族青少年了解中华民族的历史发展脉络，充分体会中华民族"你中有我、我中有你"的中华民族一体化格局。通过文化交流、文化展览等活动，了解"一带一路"建设的理念，增进文化理解宣传教育，并对全球化进程中存在的威胁国家安全的因素以多种形式加以宣传，提高青少年的安全意识。

　　建立网络传播机制与预警机制，有力、有效增强积极的舆论影响力。当互联网成为威胁国家安全的潜在因素时，唯有有效利用、趋利避害才是明智之选。新兴媒体只是一种信息传播的方式与载体，应成为边境地区各民族青少年了解国际形势、学习中华民族传统文化与现代知识的有利途径。可通过制作国家安全、中华民族一家亲等多种题材的宣传片，甚至鼓励全民参与，激发边民特别是其中的青少年探求中华民族历史文化的求知欲和维护国家安全的热情。同时，要做好安全意识的引导与网络环境的净化，形成正面舆论引导。

第八章

总结与展望："十四五"期间边境地区义务教育政策规划应关注的重点问题

边境地区义务教育发展具有连贯性，本课题通过实地调研等方法所发现的当前边境地区义务教育与"一带一路"建设存在较大的反差，相对薄弱的状态将在一段时间内仍然存在。诸如教育质量低、控辍保学巩固难度大、就学保障压力大、师资薄弱等这些老生常谈的长期困扰边境地区义务教育发展的问题，在"十四五"期间应通过教育政策规划加以创造性突破，迎来边境地区义务教育高质量发展的新局面。

一 教育政策规划的辩证法

第一，凡事预则立，不预则废，教育政策规划在边境地区义务教育治理中发挥着重要的作用。从现代意义上说，苏联是世界上第一个"五年计划"的发明者。在制定第二个五年计划过程中，苏联已经非常明确有单独编制的教育规划，这也就是苏联的第一个教育规划，当时是1928年。在东西方冷战过程当中，特别是苏联解体后，教育规划作为一种长期的发展战略思想方法，其效用也不断地受到挑战。对于教育规划的态度，有的人说是灵丹妙药，也有的人说是灾难祸水，在20世纪60年代到90年代，世界各国的争执非常大。① 担任联合国国际教育规划研究所第一任所长的著名教育家和经济学家、美国第一任负责教育的助理国务卿库姆斯教授对教育规划给出了客观的定义。他认为，教育规划是对教育发展进程加以理性分析，从而使教育的发展更加"经济"，能够在满足学生、社会需求的同时付出最小的代价。

因此，教育政策规划是非常必要的，特别是在教育发展环境日益复杂的形势下，统筹规划就显得非常重要。在"一带一路"建设的推进过程中，我国与周边各国的教育交流在形式上和内容上都将更加频繁，教育也将担负起构建人类命运共同体的责任。在全球一体化进程加速的状态下，人类命运共同体成为必然，因此随着空间距离的拉近，蝴蝶效应将更加明显，个体的发展不仅取决于自身的努力，而且越来越多地受到多方面因素的影响。教育政策规划的作用则是告诉我们，哪些因素会对未来的发展起到制衡作用，立足于未来，当下我们更应该关注什么、做些什么；更为有价值的是，教育政策规划绘制了未来发展的蓝图，既有方向，又有创造条件到达目的地的方法。特别是应对边境地区教育发展的复杂情境，更应该抽丝剥茧，对影响其发展的因素进行理性分析，通过科学有效的干预控制不良影响。

第二，计划赶不上变化，教育政策规划并不是万能的，存在一定的局限性。教育政策规划虽然是站在未来看当下，具有适当的前瞻性与引领性，但毕竟对未来趋势的判断与把握并不能穷尽，因此在瞬息万变的社会环境下，教育政策规划不可能框住全部的问题。特别是在"一带一路"建设过程中，各国社会经济条件差别较大，思想文化碰撞较为激烈，在出现突如其来的新情况时，难免出现一些分歧，难免对某些问题的判断出现反复。这就要求教育政策规划在把握方向的同时，丰富教育政策规划的形式，通过多层次教育政策规划相衔接，便于及时调整以适应新的形势。简言之，教育政策规划要保持战略的稳定性以及战术的灵活性。

教育政策规划在战略方面，应以不变应万变。"不变"集中体现在教

---

① 张民选. 教育规划编制的方法及实践 [J]. 宁波大学学报（教育科学版），2020（4）：13–17.

育政策规划的内在价值上，即以人才培养为核心促进教育发展，将内在价值与工具价值结合起来。杜威在其教育哲学中提出了"内在价值"和"工具价值"的教育价值区分。所谓内在价值，主要是指一个事物本身的意义；所谓工具价值，就是指事物为达到一定的目的所起的作用。[①] 当教育政策规划以人的培养为逻辑起点，将政策价值、政策目标、政策方案统筹起来时，就把握住了教育发展的根本性问题，这些战略与原则是万变不离其宗的。

教育政策规划在战术方面，应保持适度的灵活性。战略定位准确的前提下，需要调整手段、方式等战术问题以达成政策目标最优。教育政策规划不同于具体的政策方案，是对整个发展趋势的战略规划，不是对某些具体问题的构想。因此，教育政策规划框架应回应重要的战略问题，形成准确的发展定位和方向引领，确立处理现实问题的原则和规则。对于针对具体问题的政策方案要保持适度的开放性，在程序上设定政策规划调整的时机条件、启动调整的流程机制。同时通过短期规划、年度规划与中长期规划相结合的方式，增强政策规划的灵活性，能够对意想不到的"变化"保持敏感，形成跟得上"变化"的"计划"。

二　教育政策规划本土经验的总结

边境地区由于地理位置上边远的特点，教育发展不充分、不平衡的问题更加突出，同时，教育治理能力的提升面临着更加浓厚的乡土环境。因此，教育政策规划应把握住实事求是、从实际出发的根本原则，立足于本地实际情况，运用适合本土的思路与方法，避免生搬硬套国外教育政策规划理论和其他发达地区教育政策规划方案，要重视对本土经验的总结。

第一，运用协作式规划模式突出边境地区教育治理的系统性与协调性。基于对教育政策规划功能的认识，本课题从生态环境、政策链、生态机制三个维度，构建了边境地区义务教育系统协作式规划模式，对边境地

---

① 杨志成. 新中国基础教育政策价值取向演变——政策生态学视角 [M]. 北京：教育科学出版社，2015：32.

区义务教育政策规划回应时空环境、协调生态政策链各环节、适应生态机制提出了规划视角、规划作用、规划模式三方面的核心理念，政策问题、政策目标、政策规划主体、政策议程、政策方案五个重点环节及其思路。本研究所提出的边境地区义务教育政策系统协作式规划模式，在某种程度上是对本土经验的总结与探索。协作式规划模式强调教育政策规划的系统性与协作性。这一模式之所以适应边境地区，是因为运用这一模式在教育规划过程中实现了多个层面的对话。即：一是教育与环境的对话。将教育发展置于当时当地的时空环境中，能够最大限度地克服制约教育发展的环境条件，创造新的发展条件。二是教育内部各主体、部门、环节的对话。行政部门、学校、教师、学生、家长等主体，围绕教育发展的利益诉求与核心目标进行对话，尽可能实现教育制度安排的系统性、教育资源配置的合理性。三是教育内部与教育外部的对话。坚持教育优先发展的战略定位，将教育事业置于社会公共服务之首，同时保持社会资源、社会文化等外部因素对教育发展的支持，保持教育与社会需求的切合，突出教育服务于社会政治经济文化发展的功能。

第二，敏锐把握"十四五"期间教育政策规划环境的重要变化。本课题强调教育政策规划对政策时空环境的回应，这就要求边境地区义务教育政策规划对未来五年教育发展环境保持高度的敏感性，对中国特色社会主义发展形势与格局能够清醒认识并保持充分的适应，对我国边境地区特殊战略地位与社会发展特点能够鲜明反映并保持适度的前瞻。如：关注若干时间点，"十四五"期间是 2021~2025 年，其中，2020 年是教育脱贫攻坚的收官之年，2021 年是中国共产党诞生一百周年，2022 年党的二十大召开，这些时间点都将会出现发展思路的转向，以及更新更高的部署和要求。边境地区义务教育政策规划应以这些时间点形成的发展思路作为引领，将宏观战略思想与边境地区区域环境相结合。

第三，重视当地政府及多元主体的主观能动性，做好本级教育政策规划。国家教育政策规划的框架固然重要，为地方教育政策规划提出了方向与依据，但由于国家教育政策规划的宏观性，边境地区地方政府应针对边境特有的问题积极做好规划。如着力解决教育发展不充分、不平衡与优质教育资源需求之间的矛盾，维护国家教育安全与教育对外交流健康发展的关系，对当地优质教育资源均衡发展、提高义务教育标准化办学水平、外国籍小留学生来我国边境地区接受义务教育等具体问题给予充分的关注，并综合运用首创式规划、协作规划、行政规划等多种策略，为形成具有操作性的政策方案提供制度空间。

三　教育政策规划制度空间的重构

教育综合改革不仅是"十三五"期间教育领域的重点问题，也是"十四五"期间的延续思路。特别是对于边境地区而言，教育发展牵涉多种因素，亟须通过系统性思维协调统筹，实现边境地区教育治理的"善治"。由此，边境地区义务教育政策规划需实现两个层面的制度空间重构。

第一个层面是对于制约边境地区义务教育发展的体制机制进行调整。特别是义务教育办学体制、课程体系、师资培养培训等关键环节，构建适合于边境地区特点的制度空间，从根本上改变对义务教育发展的不利因素。如经费保障机制，对中央—省—县三级政府经费分担机制作出适当调整，使边境县从繁重的财政压力中解放出来；对经费使用的规则作出一些调整，使边境县掌握更多的主动权，能够根据当地教育事业发展需要增强经费使用的效能。

第二个层面是对边境地区义务教育发展较为薄弱但非常重要的问题、潜在的关键性问题，探索新的制度空间。教育政策规划应对边境地区义务教育发展中的重要问题保持高度的重视，如边境教育安全问题，谨防多种类型的非传统安全因素。在"一带一路"建设推动的过程中，边境地区的开放性前所未有地突出。伴随着开放，就会出现更多非传统安全因素影响的可能性。通过教育政策规划对边境地区教育对外交流开放给以全新的制度空间，使其规范、快速、健康发展。同时，教育政策规划应对边境地区义务教育发展过程中的新问题有足够的预见性。特别是对教育信息化的制度空间搭建，诸如教育信息化的普及与推广、线上教育形式的兴起，这些高科技因素在为教育发展带来便利的同时，由于边境地区硬件条件的限制、家庭文化观念及文化素养的限制，很可能成为进一步扩大边境地区与其他地区教育水平差距的新的因素。因此，边境地区义务教育政策规划应对软件条件改善、人力资源保障、构建"立德树人"育人体系等问题高度重视。通过教育政策规划使教育和学习更好地促进人的全面发展、更好地服务社会主义现代化建设的现实需求。

四　区域教育发展多样性与统一性的结合

边境地区作为一个战略意义重要的区域，其义务教育要置于我国教育发展的大背景中，主动融入新时代我国教育体系基本框架中，同时，教育政策规划要特别关注边境地区义务教育发展的特殊性，解决好区域教育发展多样性与统一性的问题。"十四五"期间边境地区义务教育政策规划应进一步明确战略定位，通过恰当的教育政策方案推动边境地区义务教育的健康可持续发展。

第一，通适性与差异性的关系。义务教育是国民教育体系中的重要组成部分，并具有鲜明的强制性、统一性、基础性特征。这就要求"全国一盘棋"，"一盘棋"反映在发展质量的一致性上。边境地区无论历史条件等若干原因，都应以通适性为主，在课程内容、学制安排、学业质量标准等方面与全国其他地区保持一致，为今后的竞争打牢基础，获得发展的先决条件。特别是在新时代，边境地区义务教育要力争实现均衡发展，并迈向城乡一体化，初步形成教育治理新格局，向教育现代化迈进。为了这个"一盘棋"的全局性目标，教育政策规划就必须关注差异性的问题，正视边境地区义务教育发展环境的先天不足与后续掣肘，充分关注"一带一路"建设等社会发展动向，为边境地区因地制宜留有余地，允许边境地区义务教育发展突破现有的体制，适当构建新的政策空间，采取特殊的手段与方法，推行差别化的政策方案。这样才能使先天的薄弱环节实现快速发展，达到统一的质量要求。

第二，全面性与个性化的关系。义务教育是打基础阶段，青少年的品德、习惯在此时期形成，全面发展具有重要的意义。边境地区义务教育的对象也必须成长为德智体美劳全面发展的社会主义事业建设者与接班人。而在全面发展五育并举的过程中，教育教学应注意个性化需求的满足。针对边境地区义务教育对象生活成长环境、发展基础、思想成长等方面的特殊性，教育教学必须是尊重个性化的，合理安排教育教学内容、难度、方式，根据教育对象的需求与特点，适当调整教育内容和教学方法，特别是加强地方课程建设、增加实践活动课程，为因材施教与个性发展留有空间。

第三，规范性与灵活性的关系。边境地区虽然具有诸多特殊性，但其发展轨道必须是规范的，不能因为历史、现实原因而降低标准。教育政策规划可以确立适应边境地区义务教育发展的若干特殊措施，但这些措施的前提是符合人类社会发展的普遍价值理念、中国特色社会主义建设的基本原理、法律道德规范、时代发展主题；这些措施的特殊性表现在方式方法上，比如教育资源配置、教育经费投入、教育内容选择、教育规模与布局统筹等方面的"厚此薄彼"。通过非常规的办法，为边境地区义务教育发展开通一条快速路，这条快速路的质量标准、管理规范都是统一的，特殊性在于具备了补齐短板全速前进的条件。

附　录

资料搜集的框架

一级指标	二级指标	三级指标
政策规划的环境	时间线索	历史（战略定位、发展措施）
		现实（"一带一路"建设的理念、行动、挑战、影响）
		未来（发展方向、要求）
	空间线索	边境地区教育对象特点
		边境地区教育环境特点（观念、现有基础、发展条件）
		边境地区社会人文特点（文化、习俗、习惯）
政策规划的政策生态链（环节）	政策问题	学校（边境学校、国门学校、标准化建设）
		教师（师资队伍结构、规模、教育教学胜任力、专业发展、福利待遇、职业认同感）
		学生（课程、教学、学习条件、学校管理、人文关怀、学习动力、外国籍来华小留学生）
	政策目标	直接目标（教育发展目标、教育现代化）
		外部目标（教育扶贫、学校教育辐射家庭教育、培育文化多样性与文化理解、改变教育观念与人文素质）
		本质目标（人的培养）
	规划主体	政府（国家—省/区—地/市/州—县/市各层级间的权责）
		中小学校

续表

一级指标	二级指标	三级指标
政策规划的政策生态链（环节）	规划主体	非政府组织等第三部门、社会机构、媒体等
		以专家为代表的专业群体
		公众
	政策议程	规划主体互动
		流程（议程启动前－议程过程－议程结束）
		技术方法
	政策方案	价值导向
		利益诉求
		制度安排
	政策评估	参与式方法
		评估过程
		评估结果应用
政策规划的生态机制（核心理念—规则意识）	层级响应	行政系统内外沟通
		行政系统内部平级、跨级沟通
	规划意识	战略思维
		教育治理目标
		政策方案轻重缓急统筹
	规划策略	首创规划—创新策略（无据可依）
		协作策略（政出多门、政策打架）
		计划策略（政策零散）
		行政策略（政策执行阻滞、上有政策下有对策）

政府机关、教育行政部门人员访谈

1. 请您介绍下本地区义务教育的发展概况（多少所中小学、师生数量、学生构成等）？农村中小学、教学点各有多少？

2. 您认为相比于内地学校，边境学校办学的特殊性表现在哪些方面？

3. 当地政府、教育主管部门在边境学校的发展上出台了哪些优惠政策？在落实中遇到哪些问题？家长、学生对这些优惠政策的满意度如何？

4. "国门学校"如何界定？本市（县）有多少所"国门学校"？

5. 本市（县）义务教育是否存在辍学问题？近三年辍学情况有无准确统计？

6. 本地区有无境内学生到境外就学、境外学生到境内就学情况？这种流动对教育发展有哪些影响？对此有什么政策措施？

7. 您如何看待学校教育中关于"铸牢中华民族共同体意识"的问题？有没有具体措施？

8. 您如何评价您所在地区的教育发展，您认为目前边境教育发展面临的主要困境有哪些？为什么会遇到这些问题？您对此有什么好的建议吗？

9. 谈谈您对教育政策和教育规划的认识。

10. 您参加过本地的教育事业发展"十三五"规划吗？请您讲述一下您所参加的教育规划工作。

11. 您觉得规划存在哪些问题？包括规划过程中存在的问题。

12. 您觉得目前最应解决哪些教育问题？

13. 您对本地区义务教育发展有哪些设想？

14. 您觉得影响教育政策规划的因素有哪些？

15. 您觉得当地教育政策规划应有哪些调整和改进？

教师和家长访谈

1. 您认为相比于内地学校，边境学校的特殊性表现在哪些方面？

2. 您认为学校的特色体现在哪里？

3. 学校有无开设地方课程和校本课程？情况如何？

4. 学校过去开设过哪些课外活动？现在的情况如何？

5. 教师与家长的联系情况如何？家长对学校工作的支持情况？

6. 您是如何看待民族文化传承与学校教育之间的关系？民族习俗对学生的影响有哪些？

7. 对于学生而言，您觉得学校教育最重要的是教给他们什么？

8. 您如何看待中华民族共同体意识？在教学、生活中，通过怎样的方式，加强中华民族共同体意识的培育？遇到了哪些困难？

9. 您在日常工作中接触过规划吗？谈谈您对教育规划的认识与理解。

10. 您参与过当地或本校的教育政策规划吗？讲一讲您参与的情况。

11. 如果没有参与过，您愿意参与吗？您希望以什么样的方式参与？

12. 您对本地、本校最关心的教育问题是什么？

13. （教师）您对自身发展最关心的问题是什么？有哪些好的建议？

（家长）您对孩子教育问题最关心什么？您对学校、教师有哪些好的建议？

14. 您对本地、本校教育发展有哪些建议？

15. 您对本地、本校的教育规划有哪些建议？

后 记

　　初次与"边境线"亲密接触，是在云南瑞丽的一个小村寨，这个村寨被称作"一寨两国"，国境线恰巧从村寨穿过，把一个自然村落分成了两个国家，国境线的一边是中国，另一边是缅甸。村民给我看了他们进出国门的边民证，他们就是带着边民证，早出晚归，早晨去缅甸务工，收工了就回家。他们每天都要往返两国。一个当地的小伙儿戏谑地说："在我家院子里给你架一个秋千，我一推，你就出国了。"秋千自然没有荡到缅甸，但我站在村子里的一条便道上，看到了来来往往的缅甸人，当地边民教我如何从衣着、打扮上分辨国籍。穿梭于国境线，上学、务工、经商，是边民平常得不能再平常的生活，而我却对此充满好奇。就是出于这份好奇，我先后去了6省（区）数十个边境县，每到一处都有不同的景象。除了上述日出而耕、日落而归平静生活的场景，还有国境线另一端战火纷飞带给我国毗邻边境地区的紧张与不安。这些边境县有的与毗邻国家紧密相连，走一条便道就能出国；有的与毗邻国家隔着高山、大河、沙漠，自然屏障减少了两国边民的互动。但这些边境县的共通之处就是在秀美风景之下，掩盖着自然条件恶劣、交通闭塞等不利条件。在怒江，当地边民自豪地向我讲述着"山有多高，水有多高"的优势，讲述着他们靠山吃山、靠水吃水、自给自足、悠然闲适的生活，我也不禁感慨"这样的日子也不错"。"不错?！你在这儿住上一年半载就不说不错了，"当地干部冲我说着，"别多待，就待两个星期，你那脸就成红脸蛋啦！还有，你看到那个溜索了吗？这可是交通工具，有没有胆量试试？"望着汹涌翻滚的怒江，我的腿直发抖，那能试吗？稍有不慎，就坠入怒江瞬间被冲走了。

每每置身于边境县，我一面感受着原生态的乐趣，另一面也体会到了当地群众饱受欠发达的磨难。这种欠发达首先受制于不可更改的自然、历史条件，在这些先赋性因素面前，我们的能力是微不足道的。而造成欠发达的人为因素，特别是制度障碍，我们是可以改变的。边境县当地的干部经常说"国家就是这么要求的"，那么，如果国家的要求与边境地区实际情况是符合的、能够为边境地区带来利好，边境地区的欠发达状态不就改变了吗？而且我国始终对边境地区教育发展高度重视，事实证明，正是一系列的优惠倾斜政策使边境地区义务教育水平不断提升。就是基于这样一种朴素的想法，我展开了边境地区义务教育政策规划的研究。顶层设计是边境地区义务教育发展的制度框架，如果这个制度框架能够正视边境地区独特的战略地位与发展特点，能够对边境地区义务教育发展中的主体关系给予引导协调、能够破除现有制约边境地区义务教育发展的制度障碍，那么边境地区义务教育发展将呈现出崭新的面貌。而这个让人充满期望的魔法棒就是政策规划。政策规划从发展定位、理念、思路、路径等各方面的统筹谋划，将开启边境地区义务教育高质量均衡发展的新旅程。

在本书出版之际，我衷心感谢全国教育科学规划办的资助，为本研究的开展搭建了平台、提供了经费支持。衷心感谢教育部民族教育发展中心领导与同事的支持、帮助、鼓励、建议甚至是批评，为我注入持久的研究热情。更要衷心感谢边境地区教育系统的各位前辈与同伴，有了他们无私的帮助，各项研究工作才得以进展顺利。感谢在课题研究中一直支持我的老师和伙伴，他们的点拨与讨论让我突破一个个难关。最后，衷心感谢社会科学文献出版社的任文武老师及本书责任编辑连凌云老师，他们对本书专业的编辑修改以及严谨的工作态度，使本书不断完善，避免了诸多谬误。

初始之物其形必丑。边境地区义务教育政策规划是一个复杂的研究课题，可借鉴的成熟经验并不多，理论体系也不够完善，同时边境地区地域广、差异大，研究难度非常大。本课题仅是研究边境地区教育政策问题的一个开端。在今后的研究中，我希望能够更多地深入边境地区教育一线，在鲜活的教育场景中，以"在场"的方式，探究更多有意义、有价值的教育问题。我也希望在"十四五"期间高质量教育发展的主题下，更多关注教育政策规划的作用，形成更多有深度的研究成果。由于水平与能力的局限，本书仍有很多不足之处，恳请广大读者与同行给予批评指正！

李　芳

2021 年 1 月

图书在版编目（CIP）数据

　　边境地区义务教育政策规划：逻辑与方法／李芳著
. —— 北京：社会科学文献出版社，2021.7
　　ISBN 978 - 7 - 5201 - 8702 - 2

　　Ⅰ.①边…　Ⅱ.①李…　Ⅲ.①边疆地区 - 义务教育 -
教育政策 - 研究 - 中国　Ⅳ.①G522.3

　　中国版本图书馆 CIP 数据核字（2021）第 146537 号

边境地区义务教育政策规划：逻辑与方法

著　　　者／李　芳

出 版 人／王利民
组稿编辑／任文武
责任编辑／连凌云

出　　版／社会科学文献出版社·城市和绿色发展分社（010）59367143
　　　　　　地址：北京市北三环中路甲 29 号院华龙大厦　邮编：100029
　　　　　　网址：www. ssap. com. cn
发　　行／市场营销中心（010）59367081　59367083
印　　装／三河市龙林印务有限公司

规　　格／开　本：787mm × 1092mm　1/16
　　　　　　印　张：16　字　数：242 千字
版　　次／2021 年 7 月第 1 版　2021 年 7 月第 1 次印刷
书　　号／ISBN 978 - 7 - 5201 - 8702 - 2
定　　价／88.00 元

本书如有印装质量问题，请与读者服务中心（010 - 59367028）联系